**Kohlhammer
Urban-
Taschenbücher**

D1670627

P. Waldemar Molinski S.J
in herzlicher Verbundenheit
überreicht
München, den 11. XI. 99
Norbert Brieskorn SJ.

Band 398

Grundkurs Philosophie

Der Grundkurs Philosophie in den Urban-Taschenbüchern gibt einen umfassenden Einblick in die fundamentalen Fragen heutigen Philosophierens. Er stellt die wichtigsten Bereiche der Philosophie systematisch dar; ergänzend gibt er eine Übersicht über ihre Geschichte von der Antike bis zur Gegenwart. Anliegen des Grundkurses ist es, den Einstieg in die Philosophie zu ermöglichen und zu eigenständigem Denken anzuregen. Besonderer Wert wird deshalb auf eine verständliche Sprache und eine klare Gliederung der Gedankenführung gelegt; zu allen Abschnitten ist weiterführende Literatur angegeben.

Koordination: Friedo Ricken und Gerd Haeffner

Norbert Brieskorn

Rechtsphilosophie

Grundkurs Philosophie 14

Verlag W. Kohlhammer
Stuttgart Berlin Köln

CIP-Titelaufnahme der Deutschen Bibliothek

Grundkurs Philosophie. –
Stuttgart ; Berlin ; Köln : Kohlhammer.
   (Urban-Taschenbücher ; …)
   Literaturangaben
14. Brieskorn, Norbert: Rechtsphilosophie. – 1990
Brieskorn, Norbert:
Rechtsphilosophie / Norbert Brieskorn. –
Stuttgart ; Berlin ; Köln : Kohlhammer, 1990
   (Grundkurs Philosophie ; 14)
   (Urban-Taschenbücher ; Bd. 398)
   ISBN 3-17-009966-3
NE: 2. GT

Verlagsort: Stuttgart
Gesamtherstellung:
W. Kohlhammer Druckerei GmbH + Co. Stuttgart
Printed in Germany

Inhalt

Einleitung

1. Programm, Position und Status des Entwurfes

Aus der Beschäftigung mit geltenden Rechtsordnungen und mit der europäischen Rechtsgeschichte entstand vorliegender Entwurf. Die Einleitung stellt ihn vor und führt in das Rechtsdenken ein.

Jede Theorie hat ein Programm, eine Position und einen Status.

Das *Programm* ist der Inhalt, der mit möglichst klaren Begriffen in 1 einem systematischen Zusammenhang geboten werden soll. Es ist der einer »Rechtsphilosophie in zwei Achsen«, deren vertikale fast ausschließlich den vorliegenden Entwurf darstellt (A–C), während die horizontale Achse immer gegenwärtig, im Teil D aber ausdrücklicher bedacht ist. Welches ist ihr Anliegen? Daß vorliegender Entwurf mit seinem ihm eigenen Aufbau und Inhalt sich zusammen mit anderen rechtsphilosophischen Ansätzen in die gesellschaftliche Erörterung des Zusammenlebens einbringt. Er hat sich den Herausforderungen zu stellen und seine Antworten hörbar zu machen. Die Erörterung dieser Teilnahme ist deswegen Thema der Rechtsphilosophie, weil das Recht bei der Organisierung der Gesprächsverfahren unverzichtbar ist.

Was die vertikale Achse betrifft, so stellt die Einleitung einen Ausschnitt aus dem Recht, den Einführungsfall, vor, um die Einstimmung zu erleichtern. Sodann folgen drei Teile (A, B, C). Der Einführungsfall dient in allen drei Teilen der Erläuterung.

In Teil A soll auf die Fragen, warum es überhaupt Recht und eine Rechtsordnung geben soll, und wie Recht begrifflich zu fassen ist, eine Antwort versucht werden. Das Verhältnis des Rechts zu anderen Ordnungen ist zu bestimmen. Untersuchungen zu Fragen der Gerechtigkeit, zur Erkenntnis der sozialen Ansprüche sowie zur Normentheorie beschließen diesen Teil, welcher die Grundlegung des Entwurfes leisten will.

Die Formen, in denen Recht anzutreffen ist, sind in Teil B zu besprechen und zu werten. Die Legislative, die Judikative, aber auch alle jene, die einen Vertrag schließen, setzen Recht. Gesetz, Vertrag, Urteil und Strafe sind deshalb zu behandeln. Im Recht auf Widerstand und in den Menschenrechten nehmen menschliche Ansprüche Rechtsform an.

Nachdem das Recht in seinen häufigsten Existenzformen untersucht worden ist, kommen wichtige, wenn auch nicht alle Beziehungen des Rechts in Teil C zur Sprache, so das Verhältnis des Rechts zur Wirtschaft und zur Politik, sowie das sittliche Verhältnis zum Recht. Auf Probleme der »horizontalen Achse« wird eingegangen (D).

2 Die *Position* läßt sich so umreißen: An den Menschen richtet sich ein Sollen, seine Lebensstrukturen zu bejahen. Eine Rechtsanthropologie stellt sie in dem Entwurf vor. Sie erläutert den Menschen mit seinem Freiheitsvermögen und in seinen sozialen Beziehungen, als geschichtliches Lebewesen und als ein Innen-Außen-Verhältnis. Ihr zufolge sind die Menschen der eigenen Lebensgestaltung überantwortet, ihre Freiheitsgestaltung hat sich mit der aller anderen zu vermitteln: dabei sind die Gestalt und die Gestaltung des Rechts unerläßlich. Es sei hier ausdrücklich betont, daß nicht nur gegenüber dem Sollen, sondern auch zu solcher Beschreibung und darüber hinaus zu dem Beschriebenen selbst noch einmal Stellung zu beziehen ist. Den Akzent legt dieser Entwurf auf die den Menschen ausmachenden Ansprüche, zum Recht wandelt sie menschliche Anstrengung. Zwischen »Anspruch« und »Recht« wird begrifflich scharf unterschieden, gemessen wird das Recht an den Ansprüchen des Menschen. Ohne Arbeit am Recht verkümmert der Mensch. Es ist also nicht bloß um irgendeines Nutzens willen da.

Hervorgehoben ist der Charakter des Rechts als Zuordnung von Menschen, so daß die Figur der »subjektiven Rechte« von der Zuordnung her gedacht wird und nicht umgekehrt. Wird »Recht« den Ansprüchen nicht gerecht, ist es solange nicht ein »Nichts«, als es noch die Funktion einer Zuordnung erfüllt: Recht gehört nie dem einzelnen ausschließlich, sondern auch den anderen.

Die Ausführungen aller Teile nehmen auf die anthropologischen Daten Bezug.

Neutralität vorliegenden Entwurfes war und ist nicht beabsichtigt, wenn sie denn überhaupt möglich sein sollte. Vorliegende Einleitung versteht sich als verbesserungs- und hoffentlich als diskussionswürdig.

3 Mit *Status* wird näherhin der Ort dieser Rechtsphilosophie innerhalb anderer Denkansätze bezeichnet und festgelegt. Das Anliegen ist, möglichst alle Rechtsphänomene – auch dies bedingt Vorentscheidungen – zu berücksichtigen, ohne lediglich induktiv Maßstäbe gewinnen oder das in der Geschichte Geschehene schon allein deswegen, weil geschehen, als gerechtfertigt annehmen zu wollen. Feststellen und Rechtfertigen sind zu unterscheiden. Die Rechtfertigung der zentralen Aussagen des Entwurfes bestimmt sich von Grundentscheidungen des Verfassers vorliegenden Entwurfes her.

2. Der Einführungsfall

4 Zur Einstimmung in die Region des Rechts und zur genaueren Kenntnis des Instruments, das unseren Alltag bestimmt, ist ein Gesetzestext

vorzustellen und zu erklären. Zugleich sollen Anliegen der Rechtsordnung erfahrbarer, Grundzüge gekennzeichnet und Engführungen
in der Begriffsfüllung vermieden werden. Der »Fall« ist in der Jurisprudenz unter der Bezeichnung »Wiederverheiratung vermeintlich
Verwitweter« oder – häufiger – »Wiederverheiratung im Falle der
Todeserklärung« klassifiziert. Für die folgenden Bezugnahmen in dem
Entwurf wähle ich die Bezeichnung »Einführungsfall«. Die §§ 38 und 39
des Ehegesetzes vom 20. Februar 1946 mit späteren Änderungen
lauten:

§ 38. (1) Geht ein Ehegatte, nachdem der andere Ehegatte für tot
erklärt worden ist, eine neue Ehe ein, so ist die neue Ehe nicht deshalb nichtig, weil der für tot erklärte Ehegatte noch lebt, es sei denn,
daß beide Ehegatten bei der Eheschließung wissen, daß er die Todeserklärung überlebt hat.

(2) Mit der Schließung der neuen Ehe wird die frühere Ehe aufgelöst.
Sie bleibt auch dann aufgelöst, wenn die Todeserklärung aufgehoben
wird.

§ 39. (1) Lebt der für tot erklärte Ehegatte noch, so kann sein früherer
Ehegatte die Aufhebung der neuen Ehe begehren, es sei denn, daß er
bei der Eheschließung wußte, daß der für tot erklärte Ehegatte die
Todeserklärung überlebt hat.

(2) Macht der frühere Ehegatte von dem ihm nach Absatz 1 zustehenden Recht Gebrauch und wird die neue Ehe aufgehoben, so
kann er zu Lebzeiten seines Ehegatten aus der früheren Ehe eine neue
Ehe nur mit diesem eingehen. Im übrigen bestimmen sich die Folgen
der Aufhebung nach § 37 Abs. 1. Hat der beklagte Ehegatte bei der
Eheschließung gewußt, daß der für tot erklärte Ehegatte die Todeserklärung überlebt hat, so findet § 37 Abs. 2 Satz 1, 2 entsprechende
Anwendung.

Bis in die Frühzeit europäischer Rechtsgeschichte – und sicherlich auch
in nicht-europäischen Rechtskulturen – ist das Ringen um die Frage
nachweisbar, wie die Rückkehr des für tot erklärten Ehegatten rechtlich
in bezug auf eine mittlerweile neu geschlossene Ehe seines früheren
Ehegatten zu »behandeln« sei. Auch im Gefolge des Zweiten Welt-
krieges stand eine erst einmal unabsehbare Zahl von Fällen dieser Art
zur Regelung an. Normalerweise wird die Gesetzgebungs-»maschinerie«
nicht schon bei *einem* einzigen Anlaß tätig oder wenn nur *ein* Fall zu
regeln ist, der – nach aller Voraussicht – auch in der Zukunft nur selten
auftreten wird. Erst wenn ein sozialer Vorfall größerer Häufigkeit nach
Regelung verlangt, ging und geht man daran, ihn rechtlich und das
heißt innerhalb einer Rechtsordnung zu regeln: ein ökonomisches
Prinzip. Im Gegenschluß weist in aller Regel ein Rechtssatz auf ein
soziales Geschehen von einiger Häufigkeit hin.

15

Ob ein Fall als regelungsbedürftig eingestuft wird, liegt in der Verantwortung der politisch organisierten Gemeinschaft. Gleichfalls übernimmt sie die Verantwortung dafür, *wie* sie diesen Fall regeln will. Einen Fall regeln, heißt, ihn immer auch anders regeln zu können. Das kanonische Recht bevorzugt die Erstehe (Can. 1085 i. Vbd. mit 1707 CIC 1983), das Allgemeine Preußische Landrecht von 1794 hingegen die Zweitehe (2. Teil, 1. Tit. § 666). Das Verhältnis des für verschollen erklärten Ehegatten zu seinem wiederverheirateten Ehepartner wurde aber keinesfalls dem einzelnen, in unserem Falle dem Heimkehrenden oder dem früheren Ehegatten, zur Regelung überlassen, nicht also ihren vernünftigen Abwägungen oder den Gefühlen und schon gar nicht der Gewalt.

Der Gesetzgeber hat in unserem Fall eine Entscheidung getroffen. Sie muß mit dem übergeordneten Recht, der Verfassung, übereinstimmen. An die Gesetze gebundene Organe, wie die Gerichte, haben wiederum ihre Entscheidungen an dem Gesetz und der Verfassung auszurichten. So steht die politisch organisierte Gemeinschaft mit jeder rechtlichen Regelung zu ihrem in der Verfassung »geronnenen« Wort.

Die §§ 38 und 39 verweisen auf gesetztes Recht, sei es innerhalb oder außerhalb des Gesetzes, so etwa auf die in der Verfassung berücksichtigte Institution der Ehe und das Scheidungsverfahren, welches im Bürgerlichen Gesetzbuch geregelt ist. Jedes Gesetz steht in einem Verbund, fügt sich regelmäßig in ihn ein und prägt ihn zugleich. Die Einordnung der Einzelregelung in ein Gesamt an Regelungen bestimmt die Auslegung. Geschichtlich gesehen hat es immer gewisse Vorläufer der einzelnen Regelungen gegeben, keine wiederum vermag zu beanspruchen, die unüberholbar letzte zu sein.

Die Regel wird im Gesetz selbst nicht begründet oder gar gerechtfertigt. Jede Begründung liefert mögliche Gründe für den einengenden Gebrauch der Norm. Der Zusatz einer Begründung schränkt erfahrungsgemäß den Einsatz einer den Adressaten belastenden Regelung ein. Absichten des Gesetzgebers würden offenbar werden, welche allein ihretwegen und nicht wegen der Regelung selbst zur Ablehnung durch die Adressaten oder die Gerichte führen könnten. So geschehen Schweigen und Verschweigen um der Anwendung der Regelung willen. Die Kürze des Textes verbürgt eher als seine Länge Dauerhaftigkeit.

In beiden §§ ist – erstes Charakteristikum – ein konservativer Zug zu entdecken, denn die Erstehe wird »bewahrt«: die Todeserklärung, im Gegensatz zum Tod, löst die Erstehe ja nicht auf. Erst »mit der Schließung der neuen Ehe wird die frühere Ehe aufgelöst« (§ 38 II 1 EheG). Schutz wird der Erstehe auch darin zuteil, daß im Falle der Aufhebung der Zweitehe die Ehe nur zwischen den beiden Partnern der Erstehe geschlossen zu werden vermag (§ 39 II 1 EheG). Die Aufhebung der Zweitehe kann übrigens nur binnen Jahresfrist nach Kenntnisnahme vom Überleben verlangt werden (§ 35 I EheG). Geschützt wird auch die Zweitehe. Sie ist gültig, selbst wenn der für tot erklärte Ehegatte im Zeitpunkt der Eheschließung noch gelebt hat und mindestens einer der Ehegatten der Zweitehe zu diesem Zeitpunkt gutgläubig war (§ 38 I EheG). Die Zweitehe erfährt aber dann keinen Schutz, wenn das Wissen vom Überleben des für tot Erklärten bei beiden Ehegatten im Zeitpunkt der Eheschließung der neuen Ehe vorhanden war. Die Nichtigkeitserklärung (§ 38 I EheG) muß das Gericht aussprechen. Beantragen können die Erklärung sowohl der Staatsanwalt als auch die beiden Gatten der Zweitehe und der heimgekehrte Ehegatte (§ 24 I EheG). Die Zweitehe ist übrigens auch vernichtbar, wenn der oder die fälschlich für tot Erklärte nach Abschluß der Zweitehe stirbt.

Ein zweites Charakteristikum dieser rechtlichen Regelung ist die »Kann«-Vorschrift (§ 39 I EheG). Der jetzt in Zweitehe lebende frühere gutgläubige Ehegatte kann, muß aber nicht die Aufhebung der Zweitehe verlangen. Nach Aufhebung der Zweitehe darf sich aber der heimgekehrte Partner dem früheren verweigern. Dem früheren Ehegatten ist es infolgedessen erlaubt, in die Zweitehe zurückzukehren, deren Aufhebung er eben noch verlangt und erreicht hat. Ist dies nicht möglich oder unzumutbar, so darf er eine Drittehe eingehen.

Die freie Entscheidung des heimkehrenden Partners wird darin geachtet, daß er nicht die Erstehe fortsetzen muß – ein neuer Eheabschluß ist nötig – und ehelos bleiben darf. Verehelicht er sich vor Auflösung der Erstehe, so ist er eine vernichtbare Doppelehe eingegangen.

Was ist rechtlich für den Dritten im Bunde, den anderen Gatten der Zweitehe, vorgesehen außer dem bereits erwähnten Recht, die Nichtigkeit beantragen zu dürfen – bei Wissen vom Überleben des Zeitpunktes der Todeserklärung? Ihm steht es bei Gutgläubigkeit zu, die Aufhebung der (für seinen anderen Partner Zweit-) Ehe wegen arglistiger Täuschung zu fordern (§ 33 I EheG).

Diese Regelungen waren hier vorzustellen, um die Wertentscheidungen des Gesetzgebers gegenüber der Erst- und der Zweitehe wie auch bezüglich der einzelnen Partner aufzuzeigen und die gesetzgeberischen Kompromisse zu nennen.

Der Gesetzgeber bewirkt durch die Publizierung des Gesetzes, daß die Betroffenen von ihren Rechten und Pflichten Kenntnis nehmen und ihr Verhalten daraufhin einrichten können.

Einen Fall regeln, heißt auch, mit der Regelung nicht alles zu erlauben. In unserem Falle hat der Staatsanwalt kein Recht, die Aufhebung zu verlangen, um den früheren Partner des für tot Erklärten in die Altehe wieder einzugliedern; auch steht dem für tot Erklärten selbst kein Recht zu, die Aufhebung der neuen Ehe zu fordern (§ 39 I und II EheG). Aufmerksamkeit verdienen die Fälle, welche nicht unmittelbar geregelt sind, wie der Fall der Weigerung des einen oder des anderen Partners der Erstehe oder beider, nach Aufhebung wieder zusammenzuleben. Die Rechtsprechung hat und hatte hier zu entscheiden. Es können aber auch schon die Kommentatoren Richtlinien für die Entscheidung entwickelt haben.

5 Als erste Hinweise auf die Eigenart des Rechts lassen sich somit nennen: Es liegt in aller Regel eine gewisse Häufigkeit im Auftreten des zu regelnden Falltypes vor. Die Regelung selbst muß sich in einen rechtlichen Kontext einpassen und hat beschränkte oder weitreichende konsensbildende oder eine den gesellschaftlichen Konsens in Frage stellende Funktion. Die Bewahrung der Institution der Ehe, die Achtung der freien Entscheidung und die Hilfestellung bei dem Konflikt des früheren Ehegatten, zwischen dem Partner der Erst- und dem der Zweitehe wählen zu müssen, sind als Werte zu vermerken. Ein Wissen des Gesetzgebers um die Unberechenbarkeit und Unverrechenbarkeit der Gefühle ist ebenso zu unterstellen, wie der Wille, sie möglichst zu schonen. Auch wenn Gefühle so wenig berechenbar sind – und schon gar nie erzwungen werden können –, wird ein Zuneigungskonflikt des Zurückgebliebenen zwischen seinem heimgekehrten und dem neuen Partner angenommen. Den Interessen aller Beteiligten wird das Gesetz, so eine vorläufige Bewertung, nicht voll gerecht. Doch sind gerade darin das Ringen um einen von allen annehmbaren Kompromiß und die Absage an die Willkür erkennbar.

6 Die knappe Kommentierung dieses Gesetzestextes gab bereits einige Antworten auf die Frage nach dem Warum des Rechts, seiner Erkenntnis und nach den Elementen eines vorläufigen Rechtsbegriffs. Dieser ist so zu fassen: Recht ist eine Sollensordnung, welche für eine benennbare Gesellschaft von Menschen in einem Verfahren gesetzt und als geltend betrachtet wird. Diese Ordnung dient der Vermittlung der Freiheiten sowie der Stabilisierung dieser Vermittlungen. Institutionen sorgen für die Anwendung des Rechts.

Vor dem Hintergrund des Einführungsfalles sind nun die Grundfragen zu besprechen.

Literatur zur Rechtsphilosophie insgesamt:

Henke 1988.
Henkel 1977.
Kaufmann/Hassemer 1989.
Küchenhoff 1973.

Legaz y Lacambra 1965.
Marcic 1969.
Naucke 1986.
Villey 1978.

A. Die Gebotenheit des Rechts, sein Begriff und sein Verhältnis zu anderen Ordnungen

I. Die Gebotenheit des Rechts

Daraus, daß Recht ist, folgt nicht, daß es auch Recht geben soll. Soll es 7 aber Recht geben? So wird uns das Sollen von Recht, die Frage nach der Notwendigkeit des Rechts für die Menschen beschäftigen. Bei der Frage nach der Gesolltheit des Rechts eröffnet sich zugleich ein erster Blick auf das Recht als Sollensordnung.

Es ist zuerst der praktische Syllogismus herauszuarbeiten, ihn erläuternde Anmerkungen werden folgen.

1. Der praktische Syllogismus

a) Du sollst dein Leben verwirklichen! – Du sollst in Ordnungen leben! – Du sollst im Recht leben!

Der praktische Syllogismus ist in drei Abteilungen gegliedert. Die Prämissen sind mit (1) und (2), die Konklusion ist mit (3) angegeben.

1. Abteilung:
(1) *Du sollst dein Leben verwirklichen!*
(2) Dieses Leben hat als Felder
    das soziale Netz der Beziehungen samt den Beziehungen zur Umwelt,
    die Vergangenheit und die Zukunft, welche sich im Menschen begegnen, und
    das Außen und Innen des Menschen.
(3) *Die Verwirklichung des Lebens soll in diesen Feldern geschehen.*

2. Abteilung:
(1) *Du sollst deine Freiheit in diesem Beziehungsnetz, das heißt in Berücksichtigung der Freiheit aller anderen leben!* Unter dem Gesichtspunkt der Freiheit sind Vergangenheit und Zukunft zu vermitteln. Dabei ist möglichste Achtung auf das Außen und Innen des Menschen zu legen.
(2) Als Beziehungsnetz von Freiheiten ist dieses Netz von grundsätzlicher Unbeständigkeit und damit Unbestimmtheit gekennzeichnet. Das Verhältnis von Vergangenheit und Zukunft als »Nicht-

Mehr« und »Noch-Nicht« bedarf einer vom Menschen zu leistenden Vermittlungsarbeit. Keine einzige Vermittlung ist vorgegeben. Entfaltung wie Schutz des Außen und Innen bedürfen einer vom Menschen zu schaffenden Balance.

Wer die Freiheit bejaht, der bejaht erstens damit auch den Lebensschutz des Freiheitsträgers. Freiheit ist zweitens nicht nur Entscheidung, sondern auch »Ausleben« der Entscheidung und fordert damit, den Inhalt der getroffenen Entscheidung im Leben ausloten zu können. Dieses »Ausloten« führt zu weiteren Herausforderungen. Damit zeigt sich aber auch drittens Freiheit als Vermögen je neuen »Ausschreitens«, für welches das Wiederholen oder die Rückkehr auf ein früheres Entscheidungsniveau nur als Weitergehen und Vertiefung Berechtigung hat. Allen drei Aspekten der Freiheit vermögen Ordnungen Unterstützung zu geben.

Damit kann der Imperativ »Du sollst dein Leben verwirklichen!« wegen seiner Bejahung der Freiheit die Form annehmen:

(3) *Du sollst in Ordnungen leben!*

3. Abteilung:

(1) *Du sollst in Ordnungen leben!*

(2) In der Vielzahl von Ordnungen steht dem Menschen *eine* schon immer als Möglichkeit zur Verfügung, welche einerseits für den Schutz des Lebens, für die Absicherung getroffener Entscheidungen und Beständigkeit im Beziehungsnetz unter Ermöglichung neuer Entscheidungen und ihrer Verwirklichung sorgt, andererseits so ausgestattet werden kann, daß sie in Zuverlässigkeit diese Rolle erfüllt und Planbarkeit ermöglicht. Zwischen der Absicherung der Beziehungen und der möglichsten Schonung des Menschen ist die Abwägung vorzunehmen.

In einer Gesellschaft mit einer Vielzahl an Lebensformen und Berufen, einer Fülle sozialer Beziehungen und damit auch Ordnungen zeigt eine solche Ordnung ihre Unabdingbarkeit als Rahmen und als Ausfüllung anderweitig eröffneter Lebensordnungen.

Eine solche Ordnung nenne ich Recht. Es folgt also:

(3) *Du sollst im Recht leben!*

Einige Anmerkungen zu dem praktischen Syllogismus seien angefügt.

8 Für alle drei Abteilungen gilt: Die *Prämisse* (1) ist aus einem Imperativ gebildet. In die *Prämisse* (2) wird die Beschreibung dessen eingesetzt, an den sich die Prämisse richtet, nämlich der Mensch in seinem Tun. In ihr ist zu skizzieren, in welchen grundlegenden Beziehungen sich menschliches Leben entfaltet: Es erhält in den Beziehungen, die ein für alle Menschen immer gleiches und zugleich ein jedem Menschen eigen-

tümlich-unverwechselbares Muster aufweisen, seine geschichtliche Gestalt. Als ein Innen-Außen-Verhältnis vollzieht sich diese Entfaltung in
Freiheit. Als *Konklusion* (3), ergibt sich: Wenn dieser Mensch und diese
so skizzierten Menschen diese Gestaltung wollen, dann muß sie in eben
diesen Beziehungen und frei geschehen. Die Gestaltung als Vermittlung
und Stabilisierung der Freiheitsräume verlangt nach einer Ordnung.
Als vermittelnde, stabilisierende, auf Berechenbarkeit der sozialen
Geschehnisse und auf Entlastung angelegte Ordnung wird sie in vorliegendem Entwurf Recht genannt. Recht ist – vorläufig – als notwendige Bedingung der Möglichkeit zu verstehen, Gesolltes zu tun. Es ist
also mit dem Recht zu leben und eine Rechtsordnung einzurichten. In
einer Rechtsordnung zu leben ist unerläßliches Mittel menschlichen
Lebens, es ist daher nicht *das* Ziel des Lebens, sowenig wie Recht zu
erhalten und zu behalten, letztes Ziel menschlichen Lebens ist. Von
seiner Eigenschaft als Mittel her sind die Ausweitung und die Einschränkung rechtlicher Normierung zu bewerten. Vermehrung oder
Verringerung der Rechtsordnung ist kein Wert für sich. Das Recht hat
sein Maß, die Aufgabenerfüllung für die je konkrete Menschengruppe
gibt es vor.

b) Zum Verhältnis von Sein und Sollen   9

Dieses Verhältnis (vgl. Ricken 1989, 43–51) ist auch in der Rechtsphilosophie zu klären und eine dem rechtsanthropologischen Ansatz
angemessene Antwort zu suchen. Dabei ist das Recht als Sollensordnung zu unterscheiden von dem Sollen der Ordnung selbst. Um letzteres geht es hier, ob nämlich diese Sollensordnung sein soll. Bedeutung
und Grenzen des Verhältnisses von Sein und Sollen sind für den Bereich
des Rechts aufzuzeigen.
Wenn mit Hume angenommen wird (Hoerster 1969, 12), daß sich ein
normatives Urteil nicht aus einem deskriptiven ableiten lasse, so gilt
doch auch, daß das von Hume angesprochene Problem sich eben auch
einer bestimmten Fassung der Begriffe des Seins und des Sollens verdankt. »Vor allem dort, wo man – wie etwa in der aristotelischen, auch
der hegelschen Tradition – das Sein in Begriffen optimaler Wesensver-
wirklichung denkt, sind weder die Prämissen bloß deskriptiver Art noch
hat die Konklusion den Status eines reinen Sollens« schreibt Höffe zu
Recht (1980, 10; vgl. Marquard 1964, 103 ff.). Humes Bemerkung zu
dem kaum wahrnehmbaren Übergang vom Sein und Sollen ist von
seinem auf das Beobachtbare eingeschränkten und nicht teleologisch
gefaßten Seinsbegriff bestimmt. Zugleich aber lenkte Hume selbst den
Blick auf mögliche bereits in den Seinsbegriff eingebrachte Sein-Sollens-
verbindungen, so wie sie Höffe bei bestimmten Autoren vorfindet.

10 Das Anliegen Humes stelle ich in die Freiheitsgeschichte, bejahe und
deute es von dorther. Daraus daß es ein Gesetz bestimmten Inhaltes,
eine Rechtsordnung, einen Staat und seine Macht gibt, folgt nicht, daß
es diese Ordnungen und Institutionen geben soll. Es wird Distanz gegenüber dem Bestehenden gewonnen. Überprüfung ist unumgänglich,
ob sein soll, was ist, und, falls es sein soll, in welcher Form es sein soll.
Die Eigenständigkeit der Bewertung ist herausgehoben – und wird
nicht mehr stillschweigend bereits und abschließend durch die Kenntnisnahme des Bestehenden miterledigt. Außerdem wird dem in vielerlei
Formen auftretenden Sollen erst einmal sein angegebener Rechtferti-
gungsgrund in Frage gestellt; es fordert zur Suche nach tragfähigen
Grundlagen auf.
Diese Unterscheidung von »Sein« und »Sollen« besagt nicht, daß damit
alles Sollen beliebig abänderbar sei – was sein Ende bedeuten würde –,
oder daß es alle Verhältnisse verflüssige und gegen bestehende Zustände grundsätzlich Front mache. Wofür sich der Mensch entscheidet,
welche inhaltliche Füllung er seinem Sollen gebe, ist noch nicht mit der
Unterscheidung entschieden. Es ist das Ja zur bestehenden Ordnung
genauso wie das Nein oder eine nuancierte Stellungnahme eröffnet.
Humes These von der Unableitbarkeit eines normativen Urteils aus
einem deskriptiven berührt nun aber nicht die Gültigkeit eines Syllogismus, in welchem eine der Prämissen normativer und eine deskriptiver
Art ist. Die Konklusion ist normativer Art (vgl. Hoerster 1969, 14 f.).

11 Auch das Verhältnis des Sollens zum Sein verdient eine Bemerkung.
Das Sollen zielt auf Verwirklichung, behauptet aber nicht, daß ihm
Beachtung erwiesen wird. Das Gebot unparteiischer Verhandlungs-
führung darf das Mißtrauen und die Wachsamkeit nicht einschläfern.
Aus dem Verbot der Kinderarbeit zu schließen, daß es sie nicht gibt,
zeugt von Naivität. Der Historiker, der auf Gebote oder Verbote stößt,
wird regelmäßig auf die Abwesenheit des Gesollten oder dessen krisen-
haften Zustand folgern dürfen.

12 Für die Einordnung des »Sein-Sollen-Verhältnisses« gilt es allerdings
zu berücksichtigen, daß es der *eine* Mensch ist, der existiert *und* bewertet: sich selbst und die Beziehungen. Dem Entscheiden entrinnt er nicht.
Auch wer sich dem Entscheiden verweigert, entscheidet sich. Die Frage
ist, in welcher Bewußtheit und aus welcher ganzheitlichen Sicht die
Orientierung für die Lebens-»führung« gewonnen wird. Zu jeglicher
Weltsicht – dies trifft auch für ein Ordnungs- und Kosmosdenken zu –
wurde und wird Stellung genommen. Jede Weltsicht ist als Aufforderung zur Stellungnahme aufzufassen, nicht als deren Ersatz.
Der Mensch selbst muß und darf sein Leben also nicht bereits, weil es
so ist, als in dieser Weise auch gesollt auffassen. Er ist für vielfältige
Entwurfsmöglichkeiten offen. Die Verweigerung einer Festlegung ist

ebenso Festlegung wie die bewußt-gewollte Hin-Richtung seines Lebens. Kam der Mensch solcher Verwirklichung nach, so findet sich das von ihm übernommene Sollen in sein Leben durch seine Anstrengung und Bemühung eingeschrieben: das Sollen ist sein Leben geworden.

Literatur:

Haeffner 1989.
Höffe 1980.
Hoerster 1969.

Marquard 1964/1965.
Ricken 1989, 43–51.

2. *Skizze einer Rechtsanthropologie*

Unter »Rechtsanthropologie« verstehe ich das Gesamt jener Aussagen über den und die Menschen, die sein Leben und seine Verantwortungen gegenüber dem Recht und in dem Recht zum Gegenstand haben.

a) Das Feld der Beziehungen 13

Der Mensch hat ein Verhältnis zu der von seinem Willen nicht beeinflußbaren Natur in sich zu finden. Er kann die Zeit nicht anhalten, auf seine Raumstelle nicht verzichten, körperliche Eigenschaften nicht austauschen. Er bestimmt und ändert dieses Verhältnis jeweils zugleich mit der Ausbildung seiner Eigenschaften, Anlagen und erworbenen Fähigkeiten. Seine Einmaligkeit heißt nicht Außergewöhnlichkeit. Er ist allen in vielem gleich, einigen in bestimmten Bereichen, keinem aber völlig.

Er vermag ein umfassendes Ich-Verhältnis aufzubauen, in welches seine Geschichte, seine Erwartungen und seine Hoffnungen eingehen. Er kann in der weiten Verhaltensskala zwischen Selbstzerstörung und Selbstbehauptung, zwischen den Versuchen der Verkörperung des Selbst, der Entstellung und dem Zerbrechen in einer falschen Doppelgängerrolle leben. Verfehlte Ausschließlichkeitsansprüche, nicht verkraftete Trennungserlebnisse und verweigerte Symbiosen vermögen den Menschen ebenso zu prägen wie die geglückten Verbindungen.

Er steht in einer »Ich-Du«-Beziehung. So betont die dialogische Beziehung zu Recht in der neueren Zeit gegen einen solipsistischen Ansatz wurde, so wenig darf diese »Ich-Du«-Beziehung allerdings auch verabsolutiert werden. Distanz und Nähe sind im Miteinander und gegenüber gemeinsamen Dritten zu finden. Der Anspruch auf Einsamkeit und Schweigen kann sich solcher Beziehung sehr wohl einfügen.

Für einen anderen ist der Mensch ein »Er« oder »Sie«, ein anderer Mensch ein »Er« oder »Sie« für ihn. Vertrautheit ist in *dieser* Beziehung nicht gefragt, Distanz vielmehr gewünscht. »Er« oder »Sie« wird beobachtet, besprochen, geachtet oder verachtet. Urteile werden in Abwesenheit gefällt.

Er bezeichnet sich als »Wir«, indem er für sich und für andere spricht und in dieser Sprechweise sich als einer Gruppe eingegliedert ausweist. Als »Wir« grenzt er sich von anderen Gruppen mit gleichfalls gemeinsamem Selbstverständnis oder von einem einzelnen ab. Auch kann er den Konflikt in sich selbst hineintragen. Das Ich vermag in sich selbst, im inneren Kampfe, gegen das Wir anzutreten und eine Zerreißprobe zu wagen. Über andere Gruppen läßt sich in der Mehrzahl sprechen: »sie« dort, »jene hier«. Grenzen werden gezogen, Öffnungen vorgesehen.

Zugleich tritt der Mensch in Rollen auf: er sieht sich einer Summe normativer Verhaltenserwartungen von seiten einer Bezugsgruppe ausgesetzt. Zu nennen sind hier die Rollen, welche das Rechtsleben auferlegt und anbietet, etwa die des Richters oder Schuldners. Reflexions- und Entscheidungsfähigkeit verhindern, daß der Mensch in einer Rolle oder in allen zusammen restlos aufgeht. Da die Rolle dem »Haben« zuzurechnen ist, kann sie dem Ich nie Genüge tun. Rollenverständnis und Rollenausdruck sind gestaltbar. Rollen können auch eine Gruppe von Menschen oder ein Volk spielen.

b) Die Achse Vergangenheit–Zukunft

14 Der Mensch »steht« in der Zeit. Er kann sie nicht nach Laune mit ihren Ereignissen wieder-holen oder noch einmal als offene Zeit angeboten erhalten. Gegen die Vorgaukelei eventuell geschehener radikaler Brüche spricht, daß immer von ihrer Zeit geprägte Menschen die Umbrüche gestalten und so Vergangenheit weitertransportieren. »NullStunden« sind nie gezählt worden. Ebensowenig gibt es die schlichte Fortsetzung der – scheinbar – festgefügten Gestalt einer Epoche. Denn bereits die Absicht, an ihr festzuhalten, ist mit neuer Auslegung und weiterer Kontaktnahme verbunden. Die Stellungnahme zu dem »Woher?« ist unausweichlich, sie bestimmt das »Wohin?«.

Diese Achse hat die Geschichtlichkeit des Menschen zum Thema. Ihr gebe ich nicht den Vorrang, sondern ordne sie in die vorangegangene und nachfolgende Achse gleichrangig ein.

15 c) Das Innen-Außen-Verhältnis

Unter »Innen« ist das Gesamt an Erinnerungen, Gedanken und Wünschen samt den Stellungnahmen zu diesen Vorgängen zu verstehen. Er kann es mitteilen, so wie er will, profitierend von der Undurchsichtigkeit. »Fürs Denken darf man keinen henken« lautet ein friesisches Rechtssprichwort. Er ist fähig zur Verzerrung und zur Geheimhaltung. Jede Rechtsordnung wird ihren Pfad zwischen der Beschränkung auf den äußeren Anhaltspunkt einerseits und dem Zugriff auf das Innere andererseits suchen. Die Entscheidung ist darüber zu treffen, ob erst das äußere Geschehen oder bereits die folgenlos gebliebene Absicht zur Strafe führt.

Der Mensch vermag nun nicht nur, sein Innenleben zu gestalten, sondern auch sein Außenleben und die Beziehung zwischen beiden zu bestimmen oder, vorsichtiger ausgedrückt, mitzubestimmen. Es steht nicht immer in seiner Gewalt, sein Mienenspiel, seine Augenrichtung oder die Tönung seiner Sprache so zu lenken, daß nur das, was er will, nach außen dringt. Er kann durch Drogen oder Folter zu einer nicht beabsichtigten Durchlässigkeit des Außen gezwungen werden. Ebenso ist die Wirkung des Außen auf das Innen nicht völlig steuerbar und der Zugang zum Inneren nicht völlig kontrollierbar. Die Rechtsordnung kann dieses Verhältnis schützen und benützen, etwa durch Jugendschutzgesetze, durch das Heranziehen psychologischer Sachverständiger zwecks Wahrheitsfindung, durch die Berücksichtigung des Gesamteindrucks des Täters, aber auch durch das Verbot, bestimmte Verhörmethoden anzuwenden.

Das dem Menschen mitgegebene Entscheidungsvermögen bildet sich im Kontakt der Menschen untereinander aus. Freiheit geschieht als »Selbstbezug im Fremdbezug« (vgl. Heinrichs 1978, 16–25) und formt sich als Vermögen zum Guten heraus. Ein monologisches Freiheitsverständnis entspricht weder dem immer schon vorhandenen Netz an Beziehungen noch läßt es die Gefährdung bewußt werden, welche der Freiheit von den anderen drohen.

d) Die Unerläßlichkeit von Gestaltung

Der Mensch ist zum Ordnen fähig. Selbst seine Leidenschaften vermag er Regeln zu unterwerfen: Epikur, de Sade, de Laclos beschrieben diese Zucht (vgl. Adorno 1986, Exkurs II). Die Fähigkeit zur Stellungnahme eröffnet den Blick für die Unerläßlichkeit von Gestaltung. Die »Stellung«-nahme ist Gestaltung einer Distanz für eine gewisse Dauer. Da die Beziehung auf andere Menschen geht, ist nie nur *eine* Kraft am Werke. Das Neben-, Gegen- und Miteinander vielfältiger Stellungnahmen erfordert Absprachen, die über Nähe und Distanz zu den anderen und damit über die Grenzen der Freiheitsräume zu befinden haben. Die *Vermittlung der Freiheitsräume* kann zwischen zwei Menschen erfolgen, innerhalb einer Gruppe und zwischen einzelnen und einer Institution.

16 Der Mensch hat *Stabilisierung* von Beziehungen nötig. Unter »Stabilisierung« wird hier die Tätigkeit oder der Prozeß verstanden, der Beziehungen festlegt und Vertrauen in ihre Beständigkeit schafft. Das Verlangen nach einer dauerhafteren Sicherung der Räume legt sich dem Menschen nahe, um zu wissen, über welche Freiräume er in Zukunft verfügt, welche Leistungen von ihm erwartet werden und welche er von anderen erwarten darf. Erst diese glaubhafte Versicherung erlaubt den Genuß. Zwei Beispiele erläutern dies. »Der Schulderlaß kann nicht unter einer Bedingung erfolgen« (Pomponius 9 ad Sab: Dig. 46. 4. 4.): gültig ausgesprochen ist auf seine Wirkung Verlaß. Forderungen können aus dieser Beziehung nicht mehr entstehen. Das Recht »Sicherheit«, die »Sûreté« des Artikels 2 der Menschen- und Bürgerrechtserklärung vom 26. August 1789, spricht die Stabilität an. Sie verhilft dazu, die Früchte der Freiheit, des Eigentums und der Arbeit zu genießen. Der Ruf nach einer leistungsfähigen Justiz und Polizei ist eingeschlossen. Das Wort »genießen« wird immer auftauchen, wo Dauer erreicht ist, Zustände endgültig geworden sind oder als endgültige ersehnt werden. »Stabilität« ist der Erfolg dieses Prozesses. Ist Stabilität erreicht, so ist das Vertrauen berechtigt, mit bestimmten Ergebnissen, bestimmten Handlungen, bestimmtem Unterlassen oder Dulden innerhalb der stabilisierten Beziehungen rechnen zu dürfen.

17 Absprachen sind um der *Entlastung* willen nötig, die den Menschen für andere Aufgaben und Beziehungen frei werden läßt. Die »Entlastung« bezweckt, eine Beziehung in *der* Weise festzulegen, daß die Aufmerksamkeit und die Anstrengung von ihr abgezogen und dem Knüpfen neuer Beziehungen zugewendet werden können. Entlastung setzt Stabilisierung voraus, weil der Mensch nur dann zu einer Weiterentwicklung seines Lebens kommt, wenn er bestimmte Beziehungen als festgelegt, als nicht mehr in Frage gestellt und auf längere Sicht jedenfalls hin als geschützt betrachten darf.

So wie in der Zeitachse Lebensabschnitte, die dem Menschen unabstreifbar zugehören, der Abänderung – nicht der je neuen Stellungnahme – entzogen sind, so vermag sich der Mensch auf der Raumachse nicht sämtlichen ihm zugehörigen Beziehungen gleichzeitig zuzuwenden. Jede Blickkonzentration ist mit dem Verzicht auf Überblick erkauft, jedes genaue Hinhören mit Weg- und Überhören bezahlt. Bezüglich des frei gestalteten Lebens führt dieser Umstand der Aussparung zu einer Art Stufenbau, auf dem die Entscheidungen aufeinander aufbauen und die jeweils unteren – nach freiem Entscheid – außer acht gelassen werden dürfen. Wäre alles zu jeder Zeit immer neu zu besorgen und zu regeln, bliebe jede Zeit die Zeit eines umfassenden Neuanfangs in der Sorge um das Lebensnotwendigste. Beständige Rückkehr zur elementarsten Lebenssicherung zwänge sich jederzeit auf und menschliches Leben wäre nur um sich und sein Überleben besorgt gekrümmt. Erst diese Absprachen erlauben das Weiter- und Aufrechtgehen in gewählter Richtung und sind darin menschlich. Ohne sie wäre ein »Fortschritt« kaum vorstellbar. Die verläßlichen Absprachen sind somit auch Vorbedingung einer sich entwickelnden politischen Sozietät, der Wissenschaften und der Kunst. Zum Leben in Freiheit gehört das »stillgelegte« Leben. Auch hier sei eine Regelung aus dem römischen Recht angeführt. Es unterstreicht die Entlastungsfunktion, indem eine Ausnahme von ihr ausdrücklich benannt wird. »Unstetig bleibt der Wille des Menschen bis zum Tode« (Ulpian 33 ad Sab: Dig. 34. 4. 4): Es gilt nur das zu allerletzt angefertigte Testament und nicht ein früheres. Ausnahmsweise bleiben die »letzten« Verfügungen zu Lebzeiten überholbar. Ob die Erbregelung verläßlich und entlastend ist, zeigt sich erst, wenn eine weitere unmöglich geworden ist.

Jede Stabilisierungs- und Entlastungsleistung muß sich daran messen lassen, ob sie eine den Menschen in ihrer konkreten historischen Situation benötigte und zuträgliche Befestigung der Beziehungen gebracht und den nötigen Aufbruch ermöglicht hat. Was der Mensch ist, illustriert nicht vollständig seine bisherige Entwicklung.

Sind Beziehungen derart befestigt – was weder eine Überprüfung noch 18 ihre Abänderung ausschließt –, so dienen sie auch als *Orientierung*. Beziehungen dauerhafter Art geben eine Richtung an. Bleibt die Beziehungsstruktur rasch abänderbar, beraubt sie sich der Wegweiserfunktion, so wie sie ein wiederholt an anderer Stelle aufgestellter Wegweiser verlor. Eine stabile Rechtsordnung ermöglicht es, andere Beziehungen wiederum kontrollierbar zu überprüfen, dauerhaft abzulehnen oder auch an die normierten Verhältnisse zu gewöhnen.

Auch leisten die Absprachen insofern eine Orientierungsaufgabe, als sie Lösungen mitteilen, wie Freiheitsräume einander zugeordnet worden waren, mit Erfolg oder Mißerfolg. Eine solche Lösung, die sich keinem übergroßen Rechtfertigungsdruck ausgesetzt sieht, lautet etwa: »In unklaren Beziehungen ist immer die am wenigsten belastendste Lösung zu suchen« (Ulpian 15 ad Sab: Dig. 50. 17. 9): Auch diese vorrangig, aber nicht ausschließlich für den Richter verbindliche Auslegungsregel erfüllt die Aufgabe, Maßstäbe, hier den der Humanität, einzuüben.

3. Die Notwendigkeit des Rechts

a) Zweierlei Notwendigkeit   19

Die Feststellung von Bedürfnissen heißt nicht, sie erfüllen zu müssen. Zwischengeschaltet sind immer menschliche Stellungnahmen. Wer sein

Leben nach Grundsätzen gestalten will, welche mit der Freiheit aller anderen zusammenstimmen sollen, wird sein Handeln, Unterlassen und Dulden unter die Forderung stellen: Handle mit solchen Mitteln und unter solchen von dir akzeptierten Bedingungen, welche die Vermittlung der Freiheitsräume und damit Stabilisierung, Entlastung und Orientierung ermöglichen. Die Mittel können vielfacher Art sein. Dort aber, wo diesen vier Bedürfnissen in einer verläßlichen und organisierten Weise nachgekommen wird, ist in meinem Entwurf von *Rechts-ordnung* zu sprechen.

Das Ja zum Imperativ (§ 8), das einem niemand abnimmt und das unvertretbar wie unentrinnbar eine Antwort fordert, führt in Folgerichtigkeit dazu, die Mittel zu bejahen, welche die sozialen Beziehungen lebbarer, stabiler, entlastender und zur Orientierung geeigneter werden lassen.

Die Rede ist damit von zweierlei Notwendigkeit: Menschliches Leben, das immer in erst einmal ungesicherten, aber absicherbaren Beziehungen zu leben ist, findet eine Stütze in einer bestimmten Art von Sicherungen. Es hat sie nötig. Die sittliche Notwendigkeit des Rechts folgt nicht unmittelbar aus einer Natur des Menschen oder aus den Bedürfnissen, sondern aus der Bejahung der Pflicht der Lebensgestaltung nach Grundsätzen, welche alle anderen Menschen mit ihrer Pflicht der Lebensgestaltung einbeziehen und berücksichtigen. Lebensgestaltung vollzieht sich innerhalb von Beziehungen und ist der Unbeständigkeit menschlicher Willenstätigkeit und der Unübersichtlichkeit ausgesetzt. Sie bedarf deshalb der verläßlichen und entlastenden Beziehungen. Wer das Ziel bejaht, befürwortet die Mittel. Recht ist zum Erreichen der menschlichen Zwecke nötig.

20 b) Der Anspruch auf Recht und auf eine Rechtsordnung

Wie aber läßt sich das Mittel »Recht« erreichen? Um eine dauerhafte Stabilisierung herzustellen, ist an Absprachen zwischen den Menschen, die in Kontakt getreten sind, zu denken. Doch damit verschiebt sich das Problem auf die Ebene dieser Absprachen hinauf: denn wie erreichen wiederum diese Absprachen Verläßlichkeit und Berechenbarkeit? Es lassen sich zwar Beziehungen denken, welche die Erfüllung der Interessen unablösbar miteinander verschränken, so daß die Vertragstreue auf beiden Seiten durch den Eigennutz garantiert ist: So in der Abraham-Lot-Absprache, der zufolge Abraham das Weideland zu teilen und Lot seinen Teil auszuwählen hatte. Lot war die Teilung vorgegeben, hatte aber die Freiheit der Wahl, Abraham hatte das Recht zu teilen, mußte aber damit rechnen, daß Lot den größeren Teil wählen würde (Gen 13, 5–10).

Doch gelingt diese Verknüpfung nicht immer. Es dürfen die elementaren sozialen Beziehungen nicht lediglich auf die Hoffnung gebaut sein, daß der jeweils andere sich vertragsgemäß verhalten wird. Denkbar ist, daß zu der Absprache zusätzliche Verpflichtungen hinzutreten. Wie aber diese Verpflichtungen gesichert werden können, ist ungelöst.

Die Gewaltandrohung gegen den jeweiligen anderen auf diesem Niveau der Stabilisierungsversuche wäre ein Mittel. Doch ist Gewalt höchst unzuverlässig, muß sie doch ständig darum besorgt sein, die jeweils stärkere Gewalt zu bleiben. Damit wäre die Stabilisierung der Beziehung gerade nicht erreicht. Oder aber es wird der Andere, der Partner der Beziehung, so geschwächt, daß er auf Dauer ohnmächtig ist; dies hieße aber, letztlich auf seine physische Eliminierung hinarbeiten und die Beziehung verhindern.

Wenn aber weder der eine noch der andere für Zuverlässigkeit – aus dem Blick des jeweils anderen – sorgen kann, bedarf es eines Dritten. Die Ausführungen zum Eid, noch bei Hobbes (Leviathan, Kap. 14), zeigen das jahrhundertealte Bemühen, Gott als Dritten, als Garanten einzuführen. Die Lösung muß jedoch von den Menschen kommen, wie Hobbes betonte. Sie ist in der Schöpfung einer Instanz, eines Dritten, zu suchen, welche als garantierende Kraft über die beiden oder über mehrere zu vermittelnde Beziehungsträger gesetzt wird.

Damit ergibt sich aber, daß die Errichtung einer Institution, die für die Gemeinschaft sorgt und ihr deshalb gegenübertritt, unter dem Auftrag der Lebensgarantie für die Partner und der Garantie von Freiheitsräumen steht. Im Kern des Auftrags befindet sich das Schiedsrichteramt, das der kontrollierten Vollstreckung schließt sich an. Ist diese Institution damit zwar ganz auf die Menschen und ihre Freiheitsbetätigung zugeordnet – das Leben ist Bedingung der Freiheitsbetätigung –, so ist mit der Verpflichtung zur stabilisierenden Vermittlung zwischen beiden oder mehreren dieser Institution eine Vollmacht übertragen, die nicht einseitig von einem einzelnen zurückgenommen werden darf, die ein einzelner nicht für sich abändern und nicht – in einer für die Institution gültigen Weise – ihr aberkennen darf. Dies gilt nicht nur, weil diese Institution keinem einzelnen und auch nicht allen gehört, sondern weil nur durch eine solche Ordnung Eigenschaften des Menschen abgerufen werden und Tätigkeitsfelder zugewiesen erhalten, welche ohne diese Institution brach liegen würden (§ 23). Auch der Gesamtgesellschaft als solcher steht ein solches Rückrufsrecht nicht zu, da diese Institution die Vermittlung der Freiheitsräume leistet und sie somit Bedingung der Möglichkeit von Gesellschaft ist. Die Institution darf über die konkrete Ausgestaltung des Auftrags befinden, ihn aber weder einseitig abändern noch sich zum Auftraggeber aufschwingen. So sehr sie ihre Entstehung den Menschen verdankt, ist sie ab der Aufnahme ihrer

Tätigkeit bezüglich dieser Tätigkeit menschlicher Beliebigkeit entzogen. Obwohl Schöpfung des Menschen ist sie seiner Verfügungsgewalt nicht unterworfen – bei allen Gestaltungsmöglichkeiten im einzelnen.

Zweitens ist aber auch wiederum nur soweit und solange die konkrete Gestalt und Ausgestaltung dieser Institution zur Vermittlungstätigkeit berechtigt, als sie ihrer Aufgabe nachkommt. Sie steht unter einem Leistungsdruck: Ob sie ihre Leistung erbringt, darf dabei nicht ausschließlich von den in ihr beruflich Tätigen festgestellt werden. Auch für sie gilt, daß sie ein schlechter Richter in eigener Sache sind (§ 112). Aber auch ein einzelner ist zu solcher Beurteilung nicht fähig. Vielmehr ist die Beurteilung ein Gemeinschaftswerk, welche wiederum nur in der Vermittlung der Freiheitsräume und damit mittels des Rechts vonstatten gehen kann (§ 200).

21 Vermittlung heißt, Distanz und Nähe zu bestimmen. Die Institution des Rechts bedarf der Macht, um die Grenzziehung *zwischen* den Freiheitsräumen vorzunehmen. Ihre vorrangige Aufgabe ist es danach nicht, die Freiheitsbetätigungen *innerhalb* dieser Räume zu regulieren. Die Macht zielt zuerst auf die Grenze, nicht vorrangig auf die Inhalte der Betätigung. Da jede inhaltliche Regelung mindestens aber einen anderen Freiheitsraum berührt, muß sie sich als Grenzziehung ausweisen, die für beide Freiheitsträger annehmbar ist.

Damit ist die Notwendigkeit dieser Ordnung, die wir Recht nennen, als grenzziehende und grenzsichernde aufgezeigt.

22 c) Von der Notwendigkeit zur Qualität des Rechts

Dem Menschen wird das Recht umso mehr gerecht, je mehr sich in ihm die Freiheit aller, das heißt die Gleichheit der freien Menschen widerspiegelt, je mehr es Festlegung und Flexibilität, Entlastung und Öffnung zu verbinden weiß und auf möglichste Schonung des Innen, aber auch des Außen angelegt ist.

Hier ließe sich eine Geschichte der Rechtsbeziehung nachzeichnen, die zwar immer irgendeine Gleichheit zwischen den Beziehungsträgern der *einen Beziehung* voraussetzen mußte; denn es handelte sich um eine *Beziehung* und um *eine* Beziehung zwischen ihnen, deren Gestalter aber auch die wirtschaftliche, soziale und politische Gleichheit zum Gegenstand der Rechtspolitik machen konnten und gemacht haben.

Eine andere Geschichte wäre über das Recht zu schreiben, nämlich wie es durch menschlichen Umgang sich aus dem Konglomerat der Ordnungen immer mehr herausarbeitete, selbständiger wurde und sich von den anderen Ordnungen sozialen Lebens absonderte.

Recht hat keinen Anfang und keinen Bestand, wenn nicht Menschen es frei setzen, Menschen in Freiheit mit ihm und unter ihm leben und über es befinden. Die Rechtsordnung wird nicht als natürliche Beziehung vorgefunden, so daß sie nur der künstlichen Bearbeitung und Gestaltung bedürfte. Es benötigt das Recht die beständige Weitergestaltung; es kann in Vergessenheit geraten, es kann erstarren und zum Nichtrecht werden, wenn die Vermittlung der Freiheitsräume verhindert wird.

Freiheit als auf die Freiheit anderer Menschen ausgerichtete Freiheit hat die Institution und damit das Recht nötig. Das Recht ist Struktur und Garant des Raumes der Entscheidungen, des Freiwerdens von und des Freiwerdens zu.

Recht hilft die überwältigende Überfülle an Wahlmöglichkeiten zu bewältigen.

Indem das Recht die Freiheit erhalten und entfalten will, läßt sich von der befreienden Aufgabe des Rechts sprechen. Das Recht ist nicht um irgendeiner Nützlichkeit willen einzurichten, sondern entspricht dem Menschen, der gestalten und Verantwortung tragen soll: beides ermöglicht ihm das Recht. Erst das Leben im Recht läßt eine Seite menschlichen Lebens sprechend werden. Es trägt zur »Menschwerdung« des einzelnen bei und leistet mittels seiner vermittelnden Funktion die Selbstverständigung der Gesellschaft über sich selbst. Die Freiheit ist nicht nur Bestimmungsgrund, sondern auch Bestimmungsgegenstand des Rechts.

4. Pflicht zum Rechtsgehorsam?   24

Es ist eine sittliche Pflicht, immer dann eine Rechtsordnung zu haben, wenn sich der den Menschen unablegbar mitgegebene Gemeinschaftsbezug in die soziale Dimension hinein entfaltet. Jede Einzelverpflichtung kann somit einmal von ihrem besonderen Inhalt her bejaht werden, dann auch insofern, als sie den Aufgaben des Rechts, – Vermittlung, Stabilisierung, Entlastung und Orientierung – nachkommt. Jegliche Rechtsnorm zehrt, was ihren Gehorsamsanspruch angeht, von der Verpflichtung, in einer Rechtsordnung zu leben.

Hoerster faßt seine Antwort auf diese Frage so zusammen: »Wer erwartet, daß seine Mitbürger dem geltenden Recht Gehorsam leisten, ... ist moralisch verpflichtet, selbst ein Gleiches zu tun« (1987, 138). Der Standpunkt bloßen Kalküls ist zurückgelassen. Auf zweierlei verweist der Satz. Einmal auf die Gebotenheit der Kohärenz menschlichen Handelns: Wer Vorteile beansprucht, muß die mit der Ordnung verbundenen Nachteile in Kauf nehmen; wer nur nimmt und nicht gibt,

isoliert sich und bringt sich um sein Leben. Zum anderen ist die Gleichwertigkeit aller Menschen angesprochen: was man von anderen erwartet, muß man selbst auch erbringen, was man selbst für sich will,
muß auch anderen zustehen. – Mir geht es um ein Rechtsdenken, welches nicht mehr vom »Ich«-, sondern vom »Wir«-Standpunkt ausgeht
und die Nutzen-Betrachtung hinter der Bejahung der »Conditio-
humana« zurückstellt. Recht ist Zuordnung und Mittel gemeinsamer
Lebensbewältigung.

Literatur:

Fahrenbach 1973, 888–913.
Hoerster 1987, 129–141.

Haeffner 1989.
Thyssen 1957.

II. Der Rechtsbegriff

Ein vorläufiger Umriß des »Rechts« ergab sich. Er ist nun genauer zu
zeichnen.

25 *1. Etymologische Annäherung*

Aus »diaión« sei, so Sokrates im »Kratylos«, »díkaion« geworden
(412 d–e). Ursprünglich wäre demnach unter dem Gerechten »das
durchgehend Richtige« im Sinne von »discurrens« oder auch von »per-
manens« verstanden worden. Aristoteles sah in »díkaion« das Adverb
»dícha« (NE V 7, 1132a 31 f.) enthalten, mit »zweigeteilt« zu über-
setzen: Das Gerechte bildet das Ergebnis eines Teilungs- und Vertei-
lungsprozesses zwischen mindestens zwei Personen.
Der Ursprung des Wortes »ius« läßt sich nicht völlig aufklären. Liegt
die Sanskrit-Wurzel »Yu« zugrunde, welche sich in »iungere«, »iugum«,
auch »Joch« wiederfindet und die Verbindlichkeit ausdrückt? Oder
steckt in »ius« die indogermanische Wurzel »Yos« oder »Yaos«, welche
»rein«, »heilig«, »gut«, »himmlisch« bezeichnet, oder ist in »ius« gar
»Ious« zu finden, der Name Jupiters, wie G. Vico 1744 in seiner »Neuen
Wissenschaft« (Nr. 398) behauptete? Ist »ius« von dem in »iubere« enthaltenen »In-Bewegung-setzen« abzuleiten? Aus »ius« wären dann
»Auftrag« und »Befehl« herauszulesen.
Als Ulpian nach der Herkunft des Wortes »ius« fragte, antwortete er:
»est autem a iustitia appellatum« (1 instit: Dig. 1. 1. 1. prc.). Th. v. Aquin
berief sich auf diese Verbindung von »ius« und »iustitia« (Summa
Theologiae II–II 57, 1), wobei die etymologische Herleitung des Isidor
von Sevilla zusätzliche Unterstützung leistete: »Ius dictum est quia est

iustum« (Etymol., lib. V, c. 3). Ausdrücklich bei dem römischen Juristen Paulus (14 ad Sab: D. 1. 1. 11. prc.) hervorgehoben, sah auch Th. v. Aquin »ius« zuallererst als eine »gerechte Sache« an (II–II 57, 1 ad 1), dann als »ars boni et aequi«. Fr. Suárez leitete »ius« von »iussum« ab, verknüpfte damit »Recht« und »Befehl« und gelangt auf diese Weise zum »Gesetz« als *dem* Ausdruck des Rechts und zur Betonung der Setzung wie des Befehlscharakters des Rechts (Tract. de legibus ac legislatore Deo, lib. I, cap. II. Nr. 1, 6 und 11 in fine).

Das Wort »Recht« hängt mit »richtig« und »Richtung« zusammen. Die Wahl zwischen zwei Möglichkeiten, von denen die eine »falsch«, die andere »richtig« ist, schwingt im Begriff des »Rechts« mit. Diese Entscheidung ist am Menschen selbst als »links« und »rechts« erlebbar, verlangt jedoch nicht notwendigerweise die Überwölbung durch ein dualistisches Weltbild. »Droit«, »Diritto« und »Derecho« weisen gleichfalls auf »das rechte Verhalten«, die Haltung der »rectitudo« hin, welche weiter zu fassen ist als die der Gerechtigkeit (vgl. Villey 1987, 114).

Eine mit dem menschlichen sozialen und unsozialen, aber nie asozialen Leben mitgegebene Einrichtung wie das Recht konnte den eigenen Begriff nicht vor dem vielfältigen und sich wandelnden Sprachgebrauch bewahren. Der Begriff ist farbig, unpräzis und »in aller Munde«. Im gewöhnlichen Sprachgebrauch ist der Begriff »Recht« wertgeladen.

Vorsichtig läßt sich zusammenfassen, daß die enge Verbindung von »Recht« und »Gerechtigkeit«, wie sie der griechischen und römischen Rechtslehre selbstverständlich war, heute gelockert, aber aus dem Umgangsverständnis nicht gänzlich verschwunden ist.

2. *Vorschlag einer Rechtsdefinition*

Als Recht wird eine Sollensordnung des sozialen Lebens bezeichnet, welcher die Vermittlung der Freiheitsräume, die Stabilisierung, die Entlastung und die Orientierung aufgegeben ist, deren Setzung und Inhalt von einem angebbaren Menschenkreis als verbindlich angesehen und deren Durchsetzung letztlich von einem organisierten Verfahren und von bestimmten Institutionen besorgt wird.

Die Rechtsdefinition nimmt auf, was in den §§ 16–20 erarbeitet wurde. Außerdem soll sie zu einer klaren Abgrenzung gegenüber anderen sozialen Ordnungen führen. Deshalb sind die Setzung – die Positivität – und die Entstehungs- wie Anwendungsverfahren betont.

(1) Recht ist *Ordnung* und *Zuordnung* mindestens zweier Freiheitsräume. 26 Erinnert sei an den Einführungsfall des wiederauftauchenden, als verschollen erklärten Ehegatten. Der Fall illustriert, wie die drei unmittelbar betroffenen Personen mit ihren Entscheidungen und ihren Inter-

essen in ein Beziehungsnetz zu bringen waren, welches Dauerhaftigkeit in den Beziehungen herstellen sollte. Das Recht ordnet Tun, Unterlassen und Dulden der Menschen einander zu. Die Ordnung bezieht in unserem Einführungsfall die drei Ehegatten ein, nicht aber weitere Personen, wie etwa eventuell vorhandene Kinder. *Eine* Bedingung von »Ordnung« ist ihre Übersichtlichkeit. Immer abstrahiert sie. Der Einführungsfall zeigt, wie die subjektiven Rechte sich aus dem Rechtsgefüge herleiten. Als Ordnung für Menschen bezieht sich das Recht nie auf einen allein und untersteht keiner Alleinverfügung, selbst nicht das »Menschenrecht«. Die Setzung ist bereits eine öffentliche Angelegenheit. Für das Recht gilt, was Locke über die Wörter sagte, daß sie »nicht Privatbesitz eines einzelnen, sondern das gemeinsame Maß für den gegenseitigen Verkehr« seien (An Essay Concerning Human Understanding III, Kap. XI § 11: 1968, 2, 152). Rechtliche Regelungen sind Zuordnungsregeln. »Recht« begegnet immer als »Rechtsordnung«. Zwischen beiden Begriffen wird in meinem Entwurf nicht unterschieden.

27 (2) Eine *bestimmte* Zuordnung soll sein. Recht ist eine Regel. Als *Sollensordnung* steht das Recht im Dienst der Vermittlung, der Kontaktnahme und der Aufrechterhaltung der Freiheitsräume, der Stabilisierung und Öffnung, der Entlastung und der Orientierung. In unserem Einführungsfall sind Zweit- und Erstehe unter dem Gesichtspunkt möglichster Schonung der freien Entscheidungen und der eingegangenen Beziehungen von dem Gesetzgeber gewertet worden. Ein Ausgleich war zu finden, der stabil ist; so ist die Aufhebungsklage nur innerhalb einer Jahresfrist gestattet. Ab dem Moment, der eine weitere rechtliche Gestaltung der genau bestimmten Rechtsbeziehung nicht mehr zuläßt, tritt berechenbare Festigkeit in den Beziehungen und damit auch Entlastung ein: entweder ist der frühere Ehegatte in der Zweitehe geblieben, auf diese verwiesen und fähig, sie mit seinen freien Entscheidungen weiterzugestalten, oder er hat die Erstehe erneuert und lebt in dieser auf neue Gestaltungen hin (§§ 11–14, 17): Recht stand insofern immer gegen ein Kreislaufdenken und gegen Ideen beständiger Wiederkehr, wie die Freiheit selbst.

Nicht eigens sind die Friedenssicherung, die Konfliktregelung und die Planungsaufgabe erwähnt. Dem Wert des Friedens einer Gemeinschaft wird durch die Vermittlung der Freiheitsräume Genüge getan, wenn sie zum Zwecke der Freiheitsermöglichung und -sicherung erfolgt. Friede ist Folge der Aufgaben-Erfüllung, nicht ein unmittelbar anzustrebendes Gut. Damit ist auch behauptet, daß die Dauerhaftigkeit des sozialen Friedens auf dem allen Betroffenen gerecht werdenden Vermittlungs-, Stabilisierungs- und Entlastungsprozeß aufruht.

28 (3) Recht liegt nur dann vor, wenn die Ordnung gesetzt ist, wenn ihr

also *Positivität* und *Verbindlichkeit* zukommt. Es ist eine unnötige Verdoppelung, wenn von »gesetztem Recht« gesprochen wird. Die Setzung beinhaltet die ausdrückliche Abfassung und die Veröffentlichung des Rechts. »Recht« läßt sich aber nicht nur im formell verstandenen Gesetz (§ 97) antreffen, sondern auch außerhalb des Gesetzes. Der Promulgation als Verlautbarung des Rechts kommt konstitutive Bedeutung zu. Es gibt keine der Promulgation vorausgehende Existenz des Rechts. Die Positivierung hilft, sich zu orientieren, die Folgen von Entscheidungen zu berechnen und die Stabilität der Beziehungen mitzugarantieren. Das Recht transportiert Informationen. Zutreffend nannte Marsilius von Padua das Recht »regula« und »doctrina« (Defensor Pacis I, Kap. X § 4: 1958, 1, 97).

Der Adressatenkreis muß angebbar sein, schon um die Tatsache der Promulgierung feststellen zu können. Er umfaßt nicht nur die unmittelbar Betroffenen, also nicht nur wiederverheiratete Ehegatten oder für tot Erklärte. Die Angebbarkeit ist weiterhin nötig, um darüber befinden zu können, ob das Recht *als verbindlich angesehen* wird.

Was aber heißt nun »Verbindlichkeit«? Abzugrenzen ist der Begriff der Verbindlichkeit von dem der »Geltung«: das Ausmaß der Geltung ist das der tatsächlichen Einhaltung der Rechtsregel. Die »Wirksamkeit« mißt sich an dem Grad der Verwirklichung der von dem Recht angestrebten Ziele, während die »Auswirkung« des Rechts die beabsichtigten und nichtbeabsichtigten Folgen der Anwendung des Rechts bewertet (vgl. Blankenburg 1977, 31–58). Eine Regelung als verbindlich betrachten heißt, Pflichten ihretwegen aufsichnehmen.

Die Gründe, ein Gesetz für verbindlich zu halten, und die Motive, es zu befolgen, sind zu trennen. Empirisch feststellbar ist zuerst nur die Erfüllung. Um die Befolgung zu erforschen, sind zusätzliche Sondierungen nötig. Nicht das Ausmaß äußerer Erfüllung entscheidet über die Existenz des Rechts; solche Verknüpfung verbietet die Sein-Sollen-Trennung. Die dem Recht beipflichtende Annahme ist konstitutiv. Beides kann sich allerdings fast ununterscheidbar im äußeren Akt ausdrücken. Mißachtung und Ablehnung des Rechts als Sollensnorm, nicht aber das bloße Faktum der Verletzung und Mißachtung befinden über seine Existenz.

Es ist zwischen drei Rollen des Menschen innerhalb des angebbaren Kreises zu unterscheiden, zwischen der des Bürgers, der des Rechtsunterworfenen und der des von der Regelung unmittelbar Betroffenen. Keineswegs decken sich die drei Rollen immer: Jemand kann nur in einer der drei Gruppen, wie der von der Regelung nicht unmittelbar betroffene und zugleich nicht Stimmberechtigte, ein anderer in allen dreien anzutreffen sein. Vom Gebrauch der Menschenrechte (§ 138) ist niemand aus den drei Gruppen auszuschließen. Unterschiedliche Ausdehnung liegt vor, was den vom Gesetzesrecht betroffenen Personenkreis betrifft, wenn man an die nicht zu den politischen Wahlen Zugelassenen denkt, die aber sehr wohl von zahlreichen Regelungen des Kommunalrechts bis hin zum Verfassungsrecht erfaßt sein können. Deckungsgleichheit fehlt, was die Verantwortung für die Abfassung des Rechts angeht. Die Stimmberechtigten tragen eine ungeteilte Verantwortung für die von ihnen mitgestaltete Rechtsordnung, egal ob sie je von bestimmten Einzelregelungen betroffen werden. Für die Bürger ist es – wenn auch auf vermitteltem Weg – ihr eigenes Werk, dem sie Gehorsam leisten oder aufkündigen. Die Gruppe der von einer Regelung unmittelbar Betroffenen ragt in die zwei anderen Gruppen hinein. Die Frage kann hier sein, wie ihr Protest oder ihre Fügsamkeit bezüglich der Anerkennung der Regelung gewichtet wird, oder ob etwa nur die unmittelbar betroffenen Stimmbürger »ernstgenommen« werden. Unterschiedlich kann auch die Stellung der Rechtsadressaten bezüglich der Akzeptanzfrage geregelt sein. Ich halte aus Gründen der Einheit der Gesellschaft, der Verantwortung für sie und der Solidarität dafür, daß alle drei Gruppen in der Wertung der Verbindlichkeit für gleichberechtigt eingestuft werden.

Bei der Äußerung zur Verbindlichkeit ist nun zu unterscheiden:

a) Einer gesetzten Ordnung, welche als »Rechtsordnung« ausgegeben wird, aber den Aufgaben (§ 27) nicht gerecht wird, ist das Merkmal »Recht« abzusprechen. Es läßt sich aber grundsätzlich vom »grünen Tisch« keine genaue Angabe von Noch-Erfüllung und Nicht-Mehr-Erfüllung der genannten Aufgaben machen. Den drei Gruppen steht diese Entscheidungsfindung zu.

b) Im Vorfeld des Erlasses sollte nicht nur den Bürgern ein irgendwie geartetes Mitspracherecht gegeben sein, sondern allen künftigen Rechtsadressaten.

c) Mit Erlaß der betreffenden Ordnung sind mehrere Fälle möglich, wenn die als »Recht« ausgegebene Ordnung der Aufgabenerfüllung nachkommt oder nicht nachkommt: Die Adressaten in ihrer Mehrheit verweigern der Ordnung – meist einem Gesetz, wohl selten der Ordnung als ganzer – den Gehorsam und sprechen ihr die Verbindlichkeit ab; unerheblich sollte sein, ob die Mehrheit der Verweigerer Bürger sind oder nicht; dies gilt auch für die Bejahung. Sie gehorchen zweitens dem Gesetz als Adressaten, es engagieren sich aber die Bürger unter ihnen für die Beseitigung des Gesetzes. Es trifft das Ja des Bürgers mit dem Nein des Adressaten zusammen oder das Nein des Bürgers mit dem Ja der Adressaten. Unzulänglich wäre es, wenn allemal nur auf die Reaktion der unmittelbar Betroffenen Wert gelegt würde. Ist jede Regelung jeglichen Inhalts zu dulden, bevor sie zur Anwendung kommt? Ihre bloße Existenz kann die Menschenwürde verletzen.

d) Um der Stabilität willen sind Ablehnung oder Zustimmung nachweisbar und deutlich festzustellen. Wahlen, Abstimmungen liefern Indizien.

(4) Von anderen Ordnungen unterscheidet sich das Recht durch das *Verfahren der Androhung von Durchsetzungszwang und der eventuellen Anwendung von Zwang.* 29

Die Betonung liegt auf der *Organisation* der Androhung, die mit der Promulgation des Gesetzes einsetzt. Abgelehnt werden Positionen, welche den Zwang als äußeres, verzichtbares Moment des Rechtes betrachten. Die Erzwingbarkeit bildet ein Definitionselement.

Über die Aufforderung, Mahnungen und die grundsätzliche Eröffnung von Gerichtswegen reicht diese Androhung bis hin zu der im voraus vorgesehenen und geregelten Anwendung des Zwanges weiter.

Damit fällt das zwischen den Staaten geltende Recht nicht aus dem »Recht« heraus, verfügt es doch über Verfahren und Gerichtshöfe, es duldet Selbsthilfe und Repressalien nur in genau beschriebenem Ermächtigungsrahmen (vgl. Kimminich 1975, 33–43; 275–303). Anders ist der völkerrechtliche Menschenrechtsschutz zu bewerten. Er ist weitgehend unzureichend ausgestattet.

Das Gewohnheitsrecht geht gleichfalls nicht seines Rechtscharakters verlustig, weder als »consuetudo secundum legem« noch als »consuetudo praeter legem« (§ 95). Auch die »consuetudo contra legem« ist als Recht zu klassifizieren, falls sie bestimmte Verfahren festlegt, in welchen den Rechten zur Durchsetzung und den Pflichten zur Beachtung verholfen werden soll. Der Grundsatz der Erzwingbarkeit bleibt erhalten, auch wenn der Gesetzgeber einige Normen aus der Erzwingbarkeit herausnimmt, wie etwa den § 888 II ZPO, welcher zwar zur Wiederherstellung des ehelichen Lebens eine Verurteilung zuläßt, dieser aber den Zwang verweigert.

Angefügt sei, daß eine Ordnung oder gar eine Norm nicht den Rechtscharakter verliert, wenn sie tatsächlich in einem Einzelfall und für eine Zeitlang – auch hier ist eine präzise Angabe nicht möglich – nicht erzwungen wird. Ist allerdings über die Dauer einer Generation von Menschen hindurch die Durchsetzung nicht möglich gewesen, so ist zu untersuchen, ob nicht neue Beziehungen ins Recht zu heben sind und ältere Beziehungen damit erlöschen; denn Recht ist die Vermittlung von Freiheitsräumen *lebender* Menschen, etwa zwischen Israelis und Palästinensern, zwischen Polen und Deutschen.

Ob beispielsweise ein Gesetz als verbindlich angenommen ist oder nicht (§ 102), zeigt sich auch in dem Verhalten der zur Setzung, Anwendung und Durchsetzung des Rechtes berufenen Institutionen, des Rechtsstabes (vgl. Weber 1956, 17): Der Legislative, der Exekutive und der Judikative, nicht nur der Vollstreckungs- und Vollzugsbehörden 30 im engeren Sinne, welche der Exekutive zuzuordnen sind. Wendet der Rechtsstab das Recht an und sorgt er für seine Durchsetzung, zeugt dies von der bejahenden Haltung gegenüber dem Recht. Es sind auch auf dem Niveau des Rechtsstabes das normative Gelten und das empirisch feststellbare Gelten zu unterscheiden.

Im Extremfalle ist ein Zwang gegen die Mitglieder des Rechtsstabes unverzichtbar und nötig. Wem fällt das Zwangsrecht zu? Die Frage offenbart, wie begrenzt das Mittel des Zwanges ist, abgesehen von den finanziellen und politischen Grenzen, die dem Aufbau eines allgegenwärtigen Zwangsapparates gezogen sind. Von Erzwingbarkeit sprechen, heißt Menschen voraussetzen, welche sich ungezwungen in den Dienst der Durchsetzung des Rechts stellen. Der Fehler liegt nahe, diese Menschen, die außerhalb der Zone der Erzwingbarkeit stehen, auch als außerhalb des Rechtes anzusiedeln (§ 39). Insofern mündet auch die Überlegung über den Zwang letztlich in die Einsicht, daß die Rechtsordnung sowohl den Bürgern wie den Adressaten, den einzelnen wie dem Rechtsstab anerkennenswert sein muß. Den Zwang als letzte Sicherung der Rechtsordnung betrachten, ist daher irrig. Letzten und das heißt ihren festesten Halt bezieht die Rechtsordnung aus der Bejahung.

31 Recht zeigt sich in einer Organisation des sozialen Lebens. Auch wenn heutzutage eine solche Organisation fast in allen Kulturen eine staatliche Organisation ist, so ist doch das Recht nicht von der Form des Staats abhängig, wie er sich in Europa ab dem 16. Jahrhundert herauskristallisierte.

Auch ist grundsätzlich das Recht nicht vom Staat her zu denken; es ist Maßstab, um die Organisationen, den Staat mitinbegriffen, in ihren Mindestbedingungen festzulegen (§ 20). Recht liegt danach schon vor, wenn in einem bestimmten, wenn auch aus noch so minimalen Schritten bestehenden Verfahren sich die Norm fand und ihr wiederum durch Verfahren zur Durchsetzung verholfen wurde oder wird. Dies kann auch durch die Verschränkung der Interessen erfolgen. Als Beispiel aus der Übergangszeit zwischen Nomaden- und Ackerkultur sei noch einmal auf die Absprache zwischen Abraham und Lot verwiesen (§ 20). Die enge Verschränkung der Interessen und die höchstmögliche Beteiligung beider Parteien an dem Erzielen der »Lösung« ließen ein Ergebnis zustandekommen, gegen das Vorwurf und Infragestellung ausgeschlossen waren.

Ähnliche Interessenverknüpfungen, welche von sich aus die Vermittlung von Freiheiten leisten und deren Stabilität garantieren, lassen sich auch nach Herausbildung eines staatlichen Zustandes finden. Hier zeigt sich das von dem Gesichtspunkt der Freiheit aus begrüßenswerte Bestreben, den Zwang der bereits organisierten politischen Gesellschaft möglichst nicht anzuwenden. So waren dem Gesetzgeber Solon zwei

Forderungen vorgetragen worden: die eine ging dahin, den Eltern das Recht zu geben, von ihren Kindern eine Altersversorgung zu erhalten, die andere bezweckte, den Eltern die Pflicht aufzuerlegen, ihren Kindern eine Ausbildung zu besorgen. Beide Anliegen verknüpfte Solon zu *einer* Norm, indem er bestimmte, daß diejenigen Eltern, die ihren Kindern keine Ausbildung ermöglicht hätten, im Alter von ihren Kindern nichts verlangen dürften (Plutarch, Lebensbeschreibungen. Solon, Kap. 22).

In diesem Zusammenhang ist daran zu erinnern, daß ernsthaft um die letzte Jahrhundertwende diskutiert wurde, ob es Recht im staatlosen Gebiet gebe (vgl. Stammler 1925, 1, 349–374). Gegen die Position, die den staatlosen Zustand als per definitionem rechtlosen qualifizierte, wurde jene andere vertreten, die zwar jede menschliche Gesellschaft auch im staatlosem Zustand als im Recht befindlich ansah, dem eigenen Staat aber das Recht zubilligen wollte, seine Rechtsordnung auf das staatlose Gebiet auszudehnen. Ein rechtsfreier Raum innerhalb des Staates liegt dann vor, wenn grundsätzlich auf die Erzwingbarkeit verzichtet wurde.

In einem Dreischritt läßt sich unser Ergebnis so veranschaulichen.   32
Der einzelne und die Gemeinschaft erfahren im Zusammenleben Werte und erkennen sie für sich und ihr politisches Leben an. Wenn menschliche Vereinigungen diese Werte nicht mehr als bloße Diskussionspunkte oder als Parolen betrachten, sondern als Regeln sozialen Lebens, ist die zweite Stufe erreicht. Nach politischen Kämpfen oder auch auf dem vorgesehenen Verfahrensweg nimmt die staatliche Gesetzgebung auf einer dritten Stufe diese Normen aus der ersten oder zweiten Stufe in den Katalog der Vorschriften auf und versieht sie – in letzter Instanz – mit Durchsetzungskraft. Oder diese Normen formen weiterhin das in der zweiten Stufe grundgelegte und ins Gewohnheitsrecht weiter entfaltete Umgehen der Menschen miteinander.

Mein Vorschlag ist, auf der zweiten und dritten Stufe von Recht zu sprechen. Denn auch auf der zweiten Stufe lebt eine Gemeinschaft diese Normen und richtet auch ein Durchsetzungsvermögen mit ihrer Bejahung ein. Dieser Rechtsbegriff deckt sich damit nicht mit einem Begriff, der Recht nur als staatlich gesetztes Recht begreift, eventuell aber mit dem Begriff von Recht als der »Summe aller positivrechtlichen Normen eines Staatswesens« (Hoerster 1987, 129).

Die Ordnung X ist demnach Recht und eine Rechtsordnung zu nennen, wenn die drei Elemente der Ordnung, der bestimmt ausgearbeiteten Zuordnung um der Aufgabenerfüllung willen, der als verbindlich anerkannten Setzung und der irgendwie organisierten Durchsetzungsverfahren gegeben sind. – Eine andere Unterscheidung, um die es bei der Prüfung der Rechtsbestimmung nicht ging, ist die in Recht, das einmal verbindlich war, und in Recht, das verbindlich ist, oder Recht, welches zur Verbindlichkeit gelangen soll. Rechtsgeschichte und Rechtspolitik definiere ich von dem oben erläuterten Rechtsbegriff her.

Literatur:

Dreier 1986.
Hoerster 1987, 181–188.

Hruschka 1968.
Stammler 1925, 1, 349–374.

3. Der Vergleich mit anderen Rechtsauffassungen und Rechtsdefinitionen

Es sei nur auf eine Auswahl der Rechtsbegriffe eingegangen, welche das europäische Rechtsdenken beeinflußten. Unter (3) erfolgt jeweils die Stellungnahme.

33 a) Ulpian (gest. 223 n. Chr.):

(1) »Recht bezieht aber seinen Namen von der Gerechtigkeit her ... Recht ist die Kunst des Guten und Billigen« (1 instit: Dig. [534 n. Chr.] 1.1.1. prc.); »Die Gebote des Rechts sind, ehrenhaft und anerkennenswert zu leben, den anderen nicht zu schädigen und das Seine einem jeden zuzuteilen« (1 regul: Dig. 1.1.10. § 1).

(2) Recht soll sich der Sache nach von der Tugend der *Gerechtigkeit* herbestimmen. Der Umgang mit dem Recht ist *Kunst* und somit bis zu einem gewissen Grade erlernbar und verlernbar. Das Recht als Kunst hat zugunsten der Gesellschaft eine soziale Leistung zu erbringen, es hat nämlich für das Gute und Billig-Angemessene unter und zwischen den Menschen zu sorgen. An die Menschen als Beziehungsträger ergehen Forderungen: Sie sollen, wenn sie im Recht bleiben wollen, sich eine bestimmte Art von *Lebensführung* auferlegen: »honeste« ist zu leben. »Honos, die Anerkennung, ist nur gleichsam die nach außen gewendete Seite der virtus. Und damit wird das Eigentlichste des Menschen, das auf der eigenen Kraft beruht, in der Leistung sich objektiviert und nur in Freiheit gedeiht, zugleich ganz abhängig von der Gemeinschaft des Volkes und ihrem Urteil« (Büchner 1980, 83f.). Recht als Beziehung hat eine sozio-politische Dimension, welche über jede Zweierbeziehung hinausgeht. *Der Nächste darf nicht beeinträchtigt werden:* »Der Genuß der Macht und der Lebenskraft ist für den Römer aber nicht vollkommen, wenn er auf Kosten eines anderen geht« (Büchner 1980, 92). Die Kriterien für die *Zuteilung des Zustehenden* erhält der Römer von der politischen Gemeinschaft: »Gerade weil er aber von der res publica her denkt, nicht vom einzelnen, erschließen sich ihm neue Seiten am Menschen, der funktionale Charakter seines Daseins in der

Gemeinschaft« (Büchner 1980, 68). Das »suum« erdehnt sich auf Sachen, Leistungen, Ämter und Beziehungen.

(3) Die römischrechtliche ius-Umschreibung als »ars boni et aequi« bezieht sich auf die Gesetzgebung, auf die Anwendung der gesetzten Normen und auf die Rechtsprechung. Die von mir in Vorschlag gebrachte Definition sieht Prozeß und Resultat in einem Zusammenhang, indem vom Finden, Setzen und Durchsetzen die Rede ist, *und* von der vermittelnden Ordnung.

Die enge und von Ulpian als selbstverständlich ausgegebene Beziehung von sittlich aufgeladenen mores und ius, von guten Sitten und Recht ist heute für uns nicht mehr schlicht vorfindbar, es herrscht die Abtrennung und Verselbständigung dieser Ordnungen vor. Ulpian sah richtig, daß im Recht nur lebt, wer nicht nur im Recht lebt.

Ich nehme aus der römischrechtlichen Umschreibung auf, daß die Vermittlungsfunktion, wie sie etwa den Einführungsfall gestaltet, die Tätigkeit einer ars boni et aequi ist und sein soll. Keiner der drei Beziehungsträger darf sich von vornherein auf der Verliererseite befinden, keinem darf ein schutzwürdiges Interesse abgesprochen werden, wenn die Verhältnisse als Rechts-Verhältnisse gestaltet werden.

Der Freiheitsraum, der des Rechtes bedarf (§ 23), ist in der zweiten römischrechtlichen Formel auch als suum in das »suum cuique tribuere« einsetzbar.

Literatur:

Gigon / Fischer 1988.   Verdross 1948.

b) Thomas von Aquin (1225–1274)   34

(1) »Recht, beziehungsweise das Gerechte bezeichnet eine Beziehung oder Anmaßung an den anderen« (Summa Theologiae [ca. 1265] II–II 57, 4). »Die Gesetzesgerechtigkeit ordnet den Menschen in genügender Weise in den Beziehungen, die sich auf den anderen richten, bezüglich des Gemeinwohls unmittelbar, bezüglich des Wohls der einzelnen Person mittelbar« (Summa Theologiae II–II 58, 7 ad 1).

(2) Eine eigentliche »Rechts«-Definition fehlt wie bei Ulpian so auch bei Th. v. Aquin. Er wandte seine Aufmerksamkeit der Gerechtigkeit und dem Gesetz zu.

Recht ist »ad alterum«. Es betrifft weder unmittelbar die Gottesbeziehung noch die Verantwortung des einzelnen für sich selbst. Recht zielt aber auch nicht unmittelbar auf einen einzelnen, sondern ist Ordnung der politischen Gemeinschaft und erst in Vermittlung mit deren Anliegen geht Recht auf den einzelnen zu. Für den Aquinaten ist die Regel, der es zu folgen gilt, ein Ergebnis vernünftiger Betätigung. Die Ratio liefert die Unterscheidungskraft. Ihr zu folgen, ist Pflicht, ihr gefolgt zu haben, rechtfertigt die Handlung. Recht ist eine vernünftige Regel, welche die Beziehung zum anderen und den anderen ordnet, indem sie die Güter und Interessen in sachlich zutreffender Weise vermittelt. Die Regel hat sich argumentativ zu rechtfertigen. Gelang sie, liegt eine Ordnung vor, die den Titel Recht verdient.

(3) Das sich bei Th. v. Aquin angesprochene Ringen um die Vernünftigkeit ist in vorliegendem Entwurf mit der Aufgabenstellung präzisiert. Im Rückgriff auf Aristoteles, der mit dem »díkaion« sowohl die Ordnung der Polis als auch die Urteile der Gerichte bezeichnete (Politik I. 2, 1253 1 35–37), hob Th. v. Aquin die Communitas als Rechtsgemeinschaft hervor (Summa theologica I–II 90, 4). Ich sprach nur von dem angebbaren Kreis von Menschen (§ 28), die das Recht als verbindlich betrachten, nicht von Polis als *dem* Raum der Rechtsgestaltung. Maßstab für den Umfang des Kreises ist aber jeweils die Möglichkeit der Mitgestaltung am Recht.

Literatur:

Lachance 1948.   Villey 1987.

35 c) Thomas Hobbes (1588–1679)

(1) »... *Recht* besteht in der Freiheit, etwas zu tun oder zu unterlassen, während ein *Gesetz* dazu bestimmt und verpflichtet, etwas zu tun oder zu unterlassen« (Leviathan [1651], Kap. 13, 3. Abs.).

(2) »Right« bezeichnet für Hobbes »liberty«: Recht ist als Zugriffsbefugnis auf alles und jeden die unbeschränkte Freiheit des Tuns und Unterlassens, deren Maß nur das individuelle Überlebenskalkül bestimmt. »Law« hingegen bedeutet für Hobbes die allgemeine, einem jedem Individuum auferlegte Verpflichtung. Das so begriffene »right« behindert die Vergesellschaftung, wenn es sie auch nicht verunmöglicht. Das »Recht« des einzelnen hat eine erste und zugleich letzte konkrete Form im wechselseitigen Verzichtsvertrag anzunehmen. Der Selbsterhaltungswille ist gegen den Gesetzesgehorsam auszutauschen. Da das Gesetz Werk des Staates ist, vermag nur der Staat die politische Gemeinschaft aufrechtzuerhalten und zu verteidigen.

(3) Fehlen innere Formen, müssen sie von außen aufgedrückt werden. Wo »Recht« unbegrenzt angesetzt wird, werden ihm von außen Grenzen gezogen. Alles Leben in Gesellschaft ist bei Hobbes durch die Staatsgewalt vermittelt. Solange die Rechtsordnung funktioniert, ist der gewalttätige Umgang der Menschen miteinander storniert, aber

eben nur aufgeschoben. Wovor Furcht zu haben ist, ist jetzt genauer zu benennen, die Furcht selbst aber bleibt.

Literatur:

Brandt 1980, 41–56.   Fetscher 1976, IX–LXIV.
Brieskorn 1988, 172–190.

d) Immanuel Kant (1724–1804)   36

(1) »... Recht ist ... der Inbegriff der Bedingungen, unter denen die Willkür des einen mit der Willkür des anderen nach einem allgemeinen Gesetze der Freiheit zusammen vereinigt werden kann« (Metaphysik der Sitten [1797], Einleitung in die Rechtslehre § B: VI, 230).

(2) Kant grenzt in dieser Passage wiederholt den Rechtsbegriff ab und arbeitet so seine Konturen heraus. Recht ist nicht ein einseitiges Verhältnis, sondern eine auf einander wechselseitig antwortende Verbindlichkeit, es ist nicht Macht *eines* Subjekts, sondern Vereinigung von mindestens zwei Willküren. Nur das äußere Verhältnis kann Gegenstand des Rechtes sein und gleichfalls nur ein Verhältnis von Personen, die mittels ihrer Handlungen aufeinander Einfluß nehmen können. In grundsätzlicher Gleichheit treffen zwei oder mehr »Willküren«, das heißt die Vermögen, die aktiv auf Erfüllung ihrer Begehren bedacht sind, aufeinander. Der rechtlichen Beziehung sind die Motive und Zwecke der Partner gleichgültig. Es sind die zwei Freiheiten so zu verknüpfen, daß die Verknüpfung selbst Ausdruck von Freiheit ist. Kant betont, daß zwei oder mehr Willküren nicht bloß verglichen und in ein Verhältnis gebracht werden, sondern die Zuordnung selbst ein eigenes Gewicht hat und daß sie als Maßstab – als »das allgemeine Gesetz der Freiheit« – auf die Willküren einwirkt. Freiheit muß auf beiden Seiten vorliegen, die Beziehung selbst geht nicht auf irgendeine Art von Gleichheit oder einen anderen Zweck, sondern auf Freiheit. In der Vielfalt von Beziehungen zwischen Menschen stellt sich das Recht als das äußere, praktische Verhältnis mindestens zweier auf Erfüllung ihrer Begehren ausgerichteter Personen dar.

(3) Kant denkt den Begriff des Rechts von der Rechtsfigur des gegenseitigen Vertrags aus, stellt aber unverzüglich das Recht als Ordnung und nicht als subjektive Eigenmacht vor.

Scheinbar läßt Kant offen, wem denn die Befugnis zu zwingen zustehe, mit der das Recht verbunden sei. »Recht und Befugnis zu zwingen bedeuten also einerlei«. Recht geht auf Freiheit, der Zwang auf die Verhinderung eines Hindernisses der Freiheit. Die Akzentsetzung ist jedoch erheblich: »Recht« betont die Vermittlung von Willküren unter einem Freiheitsgesetz, «Zwang» ist nur von der Behinderung her zu denken. Wer darf zwingen? Kant schließt nicht aus, daß auch ein Dritter den Zwang ausübt (VI, 231–233). Deutlicher wird er im »öffentlichen Recht«. Im § 42 (VI, 307) nennt Kant das Handeln berechtigt, welches einer als möglich gedachten Behinderung zuvorkommen wolle. Es wird die einzelne »Willkür« auf die »hinreichende Macht (die nicht die seinige, sondern eine äußere ist)« (VI, 312) verwiesen. Meines Erachtens denkt Kant das Recht von vornherein auf den Staat zu, »der Vereinigung einer Menge von Menschen unter Rechtsgesetzen« (VI, 313), bei aller Betonung des im vorstaatlichen Raume existierenden provisorischen Rechtes, das aber der Sanktion der öffentlichen Gesetze, der öffentlichen Gerechtigkeit und der dies Recht verwirklichenden Gewalt ermangelt (VI, 312).

Recht skizziert Kant zutreffend als Produkt einer Vereinigungs- und Verbindungsarbeit. Auch wenn ein Dritter die Zuordnung zwischen beiden vornimmt, legt er seinen Freiheitsraum gegenüber dem der beiden und jedem der beiden fest. Wird Recht so verstanden, so steht derjenige, der mit Recht umgeht und zuordnet, nicht außerhalb der Rechtsordnung, sondern in einer grundsätzlichen Gleichheit auf derselben Stufe mit dem anderen, dem Rechtsadressaten. Im Bilde gezeigt: Justitia, die die Waage hält, bemißt zugleich ihr Verhältnis zu den Gewogenen. Wer zwischen sich und einem anderen eine Grenze zieht, stellt sich und ihn auf die *eine* Ebene der rechtlichen Nachbarschaft. Kant blendet zwar diesen Zusammenhang aus, von seinem Ansatz her läßt sich aber sehr wohl die Rechtsbeziehung von Staat und einzelnen denken.

Literatur:

Batscha 1976.   Brandt 1982.
Kersting 1984.

37 e) Georg Wilhelm Friedrich Hegel (1770–1831)

(1) »Der Boden des Rechts ist überhaupt das *Geistige* und seine nähere Stelle und Ausgangspunkt der *Wille*, welcher *frei* ist, so daß die Freiheit seine Substanz und Bestimmung ausmacht und das Rechtssystem das Reich der verwirklichten Freiheit, die Welt des Geistes aus ihm selbst hervorgebracht, als eine zweite Natur, ist« (Grundlinien der Philosophie des Rechts [1820], § 4).

(2) Nach Hegel erreicht Freiheit ihre volle Wirklichkeit, wenn sie nicht mehr bloß Gedanke, vage Vorstellung oder Wunsch geblieben ist, sondern im Verhältnis der Menschen untereinander ein Dasein gefunden hat. Insoweit dieses Verhältnis rechtlich gestaltet ist, bildet das

Recht sich der Freiheit nicht bloß äußerlich an. Rechtsverhältnisse sind die Bedingungen des Daseins der Freiheit und selbst Schöpfungen der Freiheit. Angewiesen auf das Recht entfaltet sich die menschliche Freiheit in der Geschichte der Menschen, Recht als Raum für die Freiheit entwickelt sich in der Weltgeschichte. So sind Recht, Freiheit und Geschichte voneinander unabtrennbar (vgl. Liebrucks 1966, 487 ff.). Jetzt läßt sich verstehen, was Hegel mit dem Satz meint, daß der objektive Geist – in einer bestimmten Phase seiner Entwicklung – als Recht auftrete und die Freiheit zu ihrem Recht komme (Grundlinien § 258). Das »Recht« ist für Hegel ein Sollen und ein »Seiendes«; sein Auftreten weist auf einen bestimmten Entwicklungsschritt der Geistwerdung hin (vgl. Beyer 1964, 561).

(3) Hegel hat sich der Vermittlungsarbeit von zwei philosophischen Ansätzen unterzogen, welche beide für ihn ihr begrenztes Recht hatten, nämlich des aristotelischen sozialphilosophischen Denkens, dem es Hegels Beurteilung zufolge an der Anerkennung des einzelnen und des Subjekts mangelte, und des Ansatzes der Aufklärungsphilosophie, welche der Substantialität nach Hegel nicht mehr das ihr gebührende Recht zukommen ließ. Eine Kritik seines Rechtsdenkens kann der Stellungnahme zum Gesamt seiner Philosophie nicht ausweichen. Zu fragen wird sein nach der Sicht des Subjekts und der Tragweite des Versöhnungsgedankens in der Hegelschen Philosophie. Bedenken melden sich gegenüber der Wahrheit geschlossener Systeme an, die Sinnhaftigkeit des Fragmentarischen ist zu betonen.

Literatur:

Liebrucks 1966.   Riedel 1975.

f) Karl Marx (1818–1883) und Friedrich Engels (1820–1895)   38

(1) Zur Klassenbestimmtheit der Rechtsordnung schrieben sie:

> »Die unter diesen Verhältnissen herrschenden Individuen müssen, abgesehen davon, daß ihre Macht sich als *Staat* konstituieren muß, ihrem durch diese bestimmten Verhältnisse bedingten Willen einen allgemeinen Ausdruck als Staatswillen geben, als Gesetz – einen Ausdruck, dessen Inhalt immer durch die Verhältnisse dieser Klasse gegeben ist, wie das Privat- und Kriminalrecht aufs Klarste beweisen« (Die Deutsche Ideologie [1845/46], in: MEW 3, 311).
> »Eure Ideen selbst sind Erzeugnisse der bürgerlichen Produktions- und Eigentumsverhältnisse, wie euer Recht nur der zum Gesetz erhobene Wille eurer Klasse ist, ein Wille, dessen Inhalt gegeben ist in den materiellen Lebensbedingungen eurer Klasse« (Manifest der Kommunistischen Partei [1847/48], in: MEW 4, 477).

(2) Beide Autoren setzen bei ihren Lesern ein Verständnis von Recht voraus, beabsichtigen aber, es als Produkt *einer* sozialen Gruppe zu entlarven. Nicht neutrale Vermittlungsinstanz, nicht leidenschaftloses Instrument der Friedenssicherung sei das Recht, sondern kaum kaschiertes Herrschaftsinstrument. Die ökonomische Struktur der Gesellschaft produziere einen juristischen und politischen Überbau und gebe ihm den Stempel der Klassensituation, so Marx im »Vorwort zur ›Kritik der politischen Ökonomie‹« 1858/59 (MEW 13, 8). Zwischen Struktur und Produkt, anders ausgedrückt zwischen Basis und Überbau, bestehe ein dialektisches, kein mechanisches Verhältnis (vgl. Basso 1975, 27). Die weltanschauliche Prägung des Rechts anzuprangern, ist allerdings weder neu – Machiavellis »Discorsi« sparten nicht an Kritik – noch *der* schwerwiegende Umstand. Die Rechtsordnung verweigere vielmehr, so Marx, einem Teil der Bevölkerung ihr »suum« zu geben, lasse sie nicht »honeste« leben, verzichte zwar in aller Regel auf die »laesio« als körperliche Beeinträchtigung, entwürdige aber auf subtilere Weise beständig die Menschen. Dieses Recht sei nicht eine einmalige oder seltene gesellschaftliche Entgleisung, sondern das typische und auf Dauer eingerichtete Instrument einer Klasse. Erst mit ihr werde es fallen.

Da Marx und Engels wie Hegel anerkannten, daß sie nur ihre Zeit in Gedanken fassen könnten, waren zuverlässige Aussagen über die Zeit nach der Diktatur des Proletariats nicht möglich. Spärliche Bemerkungen lassen darauf schließen, daß Marx auch für diese Zeit eine die Freiheitsräume vermittelnde, stabilisierende Ordnung als unumgänglich ansah, im Vertrauen darauf, daß in diesem Stadium auf Repressionsinstrumente verzichtet werden könne.

(3) Es bleibt festzuhalten, daß die Frage nach Herkunft und Art des Einflusses auf das Recht und nach seiner Instrumentalisierung zu den unverzichtbaren Fragen gehört, wenn menschliche Freiheiten in der Absicht der Freiwerdung vermittelt werden sollen. Marx erkannte aber auch, daß manches Gesetz als universelle Regelung den Anliegen der Industriearbeiter und – innen nützlich sein konnte.

Literatur:

Basso 1975.   Reich 1972.
Petev 1989.

39   g) Die sogenannte »Imperativentheorie« in der Ausarbeitung von John Austin (1790–1859):

(1) »Jede *Norm* oder *Regel* (im weitesten, aber noch angemessenen Sinn des Wortes) ist ein Befehl … Die charakteristische Eigenschaft einer Rechtsnorm,

die sie von anderen Normen unterscheidet, läßt sich folgendermaßen um-
schreiben: Jede Rechtsnorm, das heißt jede Norm im eigentlichen und engeren Sinne, wird von einer souveränen Person oder Körperschaft erlassen und
richtet sich an eines oder mehrere Mitglieder jener unabhängigen politischen
Gemeinschaft, in der die normsetzende Person oder Körperschaft souverän
ist oder an der Spitze steht ... der die große Mehrheit der Bevölkerung gewohnheitsmäßig Gehorsam leistet ... diese Person oder Körperschaft leistet
ihrerseits *keiner* bestimmten, höhergestellten Instanz gewohnheitsmäßig Gehorsam ...« (The Providence of Jurisprudence Determined, London 1955;
übers. v. Hoerster 1987, 15 und 18f.)

(2) Für die Imperativentheorie besteht das Wesen des Rechts in Befehlen
eines staatlichen Souveräns, der dadurch charakterisiert ist, daß die
Bürger ihm in der Regel gehorchen, er selbst aber niemandem Gehorsam leistet und deshalb außerhalb des Rechts steht. Im Kernbereich des
Rechts findet sich die von oben nach unten laufende Beziehung, der
keine gegenläufige entspricht. Korrespondierende Verhältnisse betrachtet die Imperativentheorie als ebenso unwesentlich wie die Eröffnung von Räumen freier rechtlicher Gestaltung durch die Adressaten. Die einlinige Struktur des Befehls ist bestimmend.
(3) Einige Fragen bleiben offen: a) Wird eine Instanz oder Person zum
Souverän, weil ihr Gehorsam geleistet wird, oder ist der Gehorsam eine
Folge der Souveränität? Im ersten Falle wäre besser von einer abgeleiteten Souveränität zu sprechen, nämlich von den Rechtsadressaten her
abgeleiteten. Ist nicht sogar die Menge der Rechtsunterworfenen, die ja
jedes Recht zu Fall bringen kann, als der Souverän zu bezeichnen?
b) Wenn eine große Mehrheit der Bevölkerung durch ihre Gehorsamsverweigerung die souveräne Macht zu Fall bringt, sind dann nicht in
das Rechtsdenken die Werte der Selbstorganisation ohne Befehlsstruk-
tur und die eines wertgefüllten Rechtes eingeführt, da anders sich die
Gehorsamsverweigerung schlecht denken läßt?
c) Auch wenn nur eine Struktur und kein Inhalt der Rechtsordnung entworfen ist, beeinflußt doch auch die Form den Inhalt. Ist die Befehls-
form indifferent gegenüber allen möglichen Inhalten? Ändern sich
nicht die Inhalte durch die Form?
d) Wie muß sich die Fixierung auf die Durchsetzbarkeit auf die verant-
wortliche Führung des Gemeinwesens auswirken? Ist der stabilisierende Wert inhaltlich-gemeinsamer Überzeugungen nicht gesehen?
e) Indem die Imperativentheorie Recht als ein menschliches Produkt
einstuft, kommt sie zu dem Schluß, daß der Produzent letztlich nicht
unter seinem Produkt stehen kann (§ 101).
Die Folgerung, daß der Souverän von jeder rechtlichen Bindung befreit sei, setzt aber bereits mehrere Annahmen voraus: nämlich einmal
die Annahme einer einseitigen Struktur zwischen Recht-Abfassendem

und Recht-Unterworfenen sowie die Annahme eines *einzigen Produzenten*, welcher der großen Zahl der Adressaten gegenübertritt. Begründete Annahmen?

Literatur:

Hart 1971, 21–29.   Rodingen 1972.
Hoerster 1987, 11–19.

40 h) Gustav Radbruch (1878–1949)

(1) »Gemeinwohl – Gerechtigkeit – Rechtssicherheit (sind) … die höchsten Ziele des Rechts, aber nicht in schönem Einklang, sondern in scharfem Widerstreit miteinander« (Vortrag »Der Zweck des Rechts« [1937/38], gehalten in Rom).

(2) Radbruch geht davon aus, daß sich von einem einzigen Prinzip her keine Gemeinschaftsordnung aufbauen lasse. Auch verweist er auf die unabschließbare Arbeit, zwischen den drei Prinzipien einen je konkret-historischen Ausgleich zu finden.
Während formale Gleichheit und Friedensaufgabe des Rechts dem Parteienstreit weitgehend entzogen sind, geht der Kampf der gesellschaftlichen Gruppen um die Bestimmung des Gemeinwohlbegriffs und die ihm am nächsten kommende Regelung.
(3) Radbruchs Trias der Rechtssicherheit, der Gerechtigkeit und der Berücksichtigung des Gemeinwohls ist ein Versuch, der Rechtsordnung zu einer inhaltlichen Ausrichtung zu verhelfen. Ich berücksichtige dieses Anliegen mit den in den §§ 16–19 skizzierten Aufgaben und ergänze dabei, wie ich meine, Radbruchs Zwecksetzungen. So deckt sich das Anliegen der Rechtssicherheit mit dem der Stabilisierung, zugleich aber spreche ich von der unerläßlichen Öffnung auf weiteres Handeln hin. Absicherung ist nur eine Seite der Vermittlung, Vermittlung rechtfertigt sich durch die Ermöglichung weiterer vertiefender Freiheitsakte. »Gerechtigkeit« ist auf das Gut der Freiheit als »suum« hin ausgelegt, schließt jedoch das Leben und die sozialen Beziehungen mit ein, ohne welche es Freiheit dieses konkreten Menschen nicht gibt.
Nach dem Ende der Nazidiktatur betont Radbruch in dem Aufsatz »Gesetzliches Unrecht und übergesetzliches Recht« (1961, 111–124), das positive Gesetz könne in einem so unerträglichen Maße der Gerechtigkeit widersprechen, daß das Gesetz der Gerechtigkeit weichen muß. Hierzu verweise ich auf §§ 1, 20 und 26. Unter dem Ziel des Gemeinwohls versteht Radbruch später die Kulturaufgabe des Rechts und spricht – allerdings auch schon 1932 – von der »Zweckmäßigkeit«, der das Recht zu dienen habe. Vorliegender Entwurf weist diesbezüglich auf die Aufgabe hin, die Vergangenheit über die Gegenwart in die Zu-

kunft hinein zu vermitteln mittels abwägender Entscheidungen und der
Verantwortung vor den Toten und den Noch-nicht-Geborenen.

Literatur:

Hart 1971, 39–46.   Henkel 1977, § 43.

i) Max Weber (1864–1920)

(1) »Einen Sinngehalt einer sozialen Beziehung wollen wir a) nur dann eine
»Ordnung« nennen, wenn das Handeln an angebbaren »Maximen« (durch-
schnittlich oder annähernd) orientiert wird. Wir wollen b) nur dann von
einem ›Gelten‹ dieser Ordnung sprechen, wenn diese tatsächliche Orientierung an jenen Maximen mindestens *auch* (also in einem praktisch ins Gewicht
fallenden Maß) deshalb erfolgt, weil sie als irgendwie *für* das Handeln geltend: verbindlich oder vorbildlich, angesehen werden« (Wirtschaft und Gesellschaft. Grundriß einer verstehenden Soziologie, 1. Halbbd., 1. Teil. Soziologische Kategorienlehre, Kap. I: Soziologische Grundbegriffe § 5. 2:
1956, 16).
»Eine Ordnung soll heißen: ... b) Recht, wenn sie äußerlich garantiert ist
durch die Chance [des] (physischen oder psychischen) *Zwanges* durch ein auf
Erzwingung der Innehaltung oder Ahndung der Verletzung gerichtetes
Handeln eines *eigens* darauf eingestellten *Stabes* von Menschen« (§ 6: 1956, 17).

(2) Wegen ihrer Verbreitung und ihres Einflußes sei diese Rechtsdefinition angefügt. Sie ist aus dem Forschungsinteresse des Soziologen etwa
um 1915 verfaßt. Die Uneindeutigkeit und verwirrende Vielfalt der
Ziele sozialer Institutionen schließt nach M. Weber irgendeine trag-
fähige Einigung der gesellschaftlichen Mitglieder bezüglich der Ziele
aus; der Kampf der weltanschaulichen Zielvorstellungen ist unentscheidbar, auch für die Wissenschaften. Einhelligkeit läßt sich leichter
bezüglich der Mittelwahl finden. Die Wissenschaften können nach
M. Weber allerdings Aussagen über die Geeignetheit der Mittel und
ihre Folgenwirkungen treffen.
Konvention (§ 58) und Recht sind Ordnungen. Das Handeln ist an
Maximen orientiert, die benennbar sind und als verbindlich oder vorbildlich angesehen werden. Brauch und Sitte hingegen (1956, 14–16)
stellen sich nicht als Ordnungen dar; denn die tatsächliche Übung beruht lediglich auf langer Eingelebtheit, ohne je reflexiver Beurteilung
unterworfen gewesen zu sein (§ 58).
Die Orientierung am Recht ist nicht beliebig und geschieht durch das
Recht. Dreierlei kennzeichnet es: Die – nur – äußerliche Garantie, die
Chance des durch Rechtsnormen geregelten Zwanges, der auch psychischer sein kann, und der Stab von Menschen, welche eigens darauf –
nicht dafür – eingestellt sind, die – äußerliche – Befolgung des Rechts
zu erzwingen und seine Verletzung zu ahnden.

M. Weber bietet eine Rechtsbegriffsklärung an, die »für andere Zwecke ganz anders abgegrenzt werden mag« (1956, 18). Nur von einer Funktion des Rechts spricht M. Weber, von derjenigen, für Ordnung zu sorgen. Ordnung tut not. Seine Darlegungen zum »Begriff des Kampfes« gehen jenen zur »Vergemeinschaftung und Vergesellschaftung« voraus (1956, 20f.). Folgerichtig bestimmt M. Weber den Staat gleichfalls nicht durch den Zweck, sondern durch das Mittel: die Gewaltsamkeit (1956, 29f.).

Das Recht an einem Wert oder mehreren Werten zu orientieren, zwingt in einer wertemäßig zersplitterten Gesellschaft zu einer mühseligen Kompromißsuche. Wissenschaftlich ist der Streit um Zielwerte unentscheidbar.

(3) Ich setze trotz der Weberschen Skizzierung der »Moderne« als zersplitterter und aufgesprengter Kosmos beim Begriff des Rechts an und fülle ihn.

Allgemein und nicht zu Weber gerichtet ist zu bemerken: Aus der nicht zu bestreitenden Tatsache verlorener Werteinheit folgt nicht die Wertlosigkeit menschlichen Lebens. Die Tatsache des Konfliktes schließt nicht aus, daß es berechtigtere und unberechtigtere Positionen gibt, die im Meinungskampf nicht notwendigerweise den Sieg davontragen müssen. Ich betone die Aufgabe der Konsensbildung als unerläßlich. Den sittlichen Ansatz M. Webers, Werte nicht zu suggerieren, hoffe ich dabei zu beachten.

Recht als Recht hat bestimmte Funktionen, die ich nicht von der Gerechtigkeit unmittelbar her beschreibe, sondern von dem Beziehungsnetz, in welchem Menschen leben. »Recht« ist kein leerer Begriff einer Ordnung, die sich erst von der Setzung und Androhung möglicher Durchsetzung her als Rechtsordnung ausweist und zu erkennen gibt. Ihr ist eine Aufgabe gestellt. Um der Verständigung willen bleibt die Rechtsdefinition auf einem sehr allgemeinen Niveau, indem ich die drei Achsen menschlichen Lebens dem rechtsanthropologischen Diskurs zum Inhalt gebe. Mehr aber an Auffüllung scheint mir nicht nötig. Dem Recht sind genügend Aufgaben zugewiesen.

Es ist der von mir gewählte Ansatz zugleich weitgespannter, als wenn vorrangig auf den Konflikt, ja gar auf den zwischenmenschlichen Kampf um Leben und Tod, abgehoben worden wäre, um die Notwendigkeit von Staat und Recht zu zeigen. Recht trägt zur Menschwerdung bei (§ 23).

Literatur:

Gneuss / Kocka 1988. Peukert 1989.
Kronman 1983. Rossi 1987.

Es gibt mehrere Varianten »der« Spieltheorie. Nur auf einige will ich eingehen.

(1) Drei Spieltypen finden sich gemeinhin aufgezählt (vgl. Klaus 1968, 30): Reine Zufallsspiele, streng determinierte Verstandes- bzw. Geschicklichkeitsspiele und Verstandes- bzw. Geschicklichkeitsspiele mit Zufallswirkung. Das Würfelspiel mag für den ersten Typ, das Schach- und das Fußballspiel für den dritten Typ stehen. Meist geht es in den Untersuchungen um den dritten Typ, in den sich die strategischen Spiele einordnen lassen. Kooperative und nichtkooperative Spiele, Zwei-Personen-Spiele und N-Personen-Spiele und solche mit gleichbleibender und veränderlicher Gewinnsumme werden unterschieden.

Spiele sind Wettkämpfe. Als »Mensch-ärgere-dich-nicht« oder als Schachspiel imitieren die »Spiele« die Welt – meist ohne Blutvergießen. Das Spiel ist ein Modell der Welt. Es kennt den Falschspieler, den Glücksspieler und immer mehr Verlierer als Gewinner.

Das Spiel kann auf den Lebenskampf vorbereiten, es vermag sich aber auch von dieser Aufgabe zu lösen und kann zum Selbstzweck werden.

Ein erster Vergleich mit dem Recht ergibt, daß die Versuchung zur Errichtung eines streng determinierten Rechtslebens immer wieder gegeben war, daß Recht als Zuordnung sowohl zweier Personen aber auch von N-Personen auftritt und daß Zusammenarbeit und isoliertes Gegeneinander das Rechtsleben bestimmen können. Das »Spiel« der Rechtsinstitutionen vermag sich als Selbstzweck zu entfalten und die Durchsichtigkeit auf die Aufgaben zu verlieren. Recht scheint sich teilweise weiterhin insofern im Spiel zu erkennen zu geben, als dieses nicht nur rechtliche Beziehungen abbildet, wie in »Monopoly«, sondern selbst soziales Beziehungsnetz ist: In der Freiheit der Züge und der Regelunterworfenheit, in der Gleichheit der Spieler, indem jeder an die Reihe kommt und keiner – etwa beim Würfeln – übergangen werden darf. Das Spiel hat seine Regeln. Spielregeln lassen sich verstehen als »normative Festlegungen über die Gesamtheit zulässiger Operationen der beteiligten Spieler sowie über die Gesamtheit der Möglichkeiten zur Informationsgewinnung über die Spielsituation und über die möglichen Spielausgänge (Gewinn, Unentschieden, Verlust)« (Klaus 1968, 40). Die Regeln können fair oder unfair sein. Spielregeln erfüllen auch die Aufgaben einer gewissen Berechenbarkeit und somit der Stabilisierung und der Orientierung. Spielvorstellungen finden sich auf das Recht übertragen: Rechtsnormen, z.B. die Normen eines völkerrechtlichen Vertrages, nennt man Spielregeln im Umgang der Staaten miteinander. Die

Strafprozeßordnung enthält, so läßt sich sagen, Spielregeln für die Auseinandersetzung zwischen Verteidiger, Angeschuldigtem, Staatsanwalt, Richter und Publikum. In beiden Bereichen ist von Fairneß die Rede. Doch gibt es engere Verwandtschaften und zugleich tiefere Unterschiede zwischen Spiel und Recht.

(2) Die Regeln werden vor dem Spiel »ausgemacht«. Es können Absprachen existieren, daß die Regeln während des Spiels geändert werden dürfen. Ob die Regeln nun frei ausgehandelt werden oder ob der Spieler sich fertigen und festen Regeln vor dem Spielbeginn unterwirft, es kann der Spieler sich dem Spiel verweigern und immer auch aus dem Spiel ausscheiden. – Die freie Gestaltung der Rechtsordnung vollzieht sich über sich vermittelnde Stufen von politischer Wahl, Einflußnahmen, Petitionen etc. Unterwerfung unter die Rechtsregeln aus Vertrauen auf ihre Ausgewogenheit ist nicht selten. Auszusteigen aus dem rechtlich geordneten Leben und sich zu verweigern läßt sich hingegen kaum verwirklichen. Der Fall des Otanès, den Herodot schilderte, fand wenig Nachfolger. Otanès votierte bei einer Verfassungsdebatte in Persien für die Demokratie, unterlag aber. Die Monarchie wurde eingeführt. Den Unterlegenen nahm der Monarch von der Herrschaft aus, beließ ihn und seine Nachkommen außerhalb der Hierarchie und verlangte nur, daß sie die Gesetze nicht übertreten (Herodot, Geschichten. Buch III, 80–82: 1961, 85–87). Die Interessenbedingtheit der Rechtsregeln ist bestimmender und wirkt sich auch tiefgreifender aus als beim Spiel, gerade wenn eine Beeinflussung der Rechtsregeln durch ökonomisch oder politisch mächtigere Teilnehmer vorliegt.

(3) Als System von Regeln müssen die Spielregeln logisch widerspruchsfrei sein. – Dies ist ein Unterschied zum Recht, das durchaus innerhalb einer Ordnung widersprüchliche Normen kennt und mit ihnen umzugehen hat. Angezielt ist allerdings auch im Recht die Widerspruchsfreiheit.

(4) Das Spiel kennt den Sieger. Gewinnen heißt zwar nicht, auch nicht beim Boxen, den Gegner zerstören. – In pervertierter Form kann auch eine Ordnung, die nur noch zum Schein den Namen »Recht« trägt, Verlierer und Sieger hervorbringen und sie in ihren jeweiligen Positionen festhalten. Recht als Recht geht aber nicht auf Sieg, sondern auf den Kompromiß. Die Vermittlungsaufgabe sucht die Totalgefährdung zu vermeiden. Innerhalb dieses Rahmens der Bewahrung der Freiheitsräume treten dann die Prozeßsieger und Prozeßverlierer auf.

(5) Die Spieler des Spiels unterziehen sich verschiedenen Anstrengungen. Auch dies ist ein Unterschied zum Recht, das nicht nur für die aktiven Teilnehmer zu sorgen hat. Als »Spieler« kann auch die Natur oder eines ihrer Elemente in das Spiel einbezogen werden (vgl. Klaus 1968, 35). Für das Recht scheidet die Natur als Rechtsträger jedoch aus,

als Widerpart des Menschen beschäftigt jedoch auch die Natur die Rechtsordnung, wie beim Deichbau. Die Natur-Interessen können Menschen, die als »Vertreter der Natur auftreten – aber durch wen bevollmächtigt? – in der Ebene des Rechts wahrnehmen (§ 48). Geschicklichkeit, körperliche Kraft, Ausbildung etc. spielen auch im Umgang mit dem Recht eine Rolle. Dem einen gelingt die Auswahl seines Verteidigers oder die Mobilisierung der Medien für seinen Fall, dem anderen nicht. Der Genuß des Asylrechts, sowohl in Alt-Israel wie auch noch im Hochmittelalter, hing von der Sprintfähigkeit des Verfolgten ab: er mußte in die asylgeschützte Zone vor dem Verfolger gelangen. Gewandtes Auftreten und gehobene Ausdrucksweise können sich günstig auf den Prozeßverlauf auswirken. Die Entwicklung der Ausgestaltung der Rechtsordnung lief und läuft auf eine Entkoppelung hin: Recht oder unrecht haben wurde um der Gleichheit der Menschen willen von dem »Haben« vielfältigster Art, eben auch ökonomischer Güter und körperlicher Fähigkeiten, getrennt. Recht ordnete sich – nächster Schritt – dem Sein und dem zurechenbaren Tun zu. Doch ist eine solche – diesmal berechtigte – »Rücksichtslosigkeit« noch nicht überall gelungen und wohl immer erschwert, denn einmal handeln Abgeordnete, Richter und Verwaltungsbeamte auch immer nach Sympathien, Vertrautheiten mit den Lebenswelten, und zum anderen wird das In-anspruch-nehmen des Rechts immer eine Anstrengung fordern und insofern auf unterschiedliche Leistungskraft stoßen.

Literatur:

Engelkamp 1989.
Höffe 1975.
Huizinga 1939.

Klaus 1968.
Kußbach 1968.
Neumann / Morgenstern 1973.

k) Hans Kelsen (1881–1973)   43

(1) »Das Recht: Ordnung menschlichen Verhaltens ... Eine Zwangsordnung ... Ein System von Normen ... (Es) ist eine Definition des Rechtes, die dieses nicht als Zwangsordnung bestimmt, abzulehnen. Vor allem dadurch, weil nur durch die Aufnahme des Zwangsmomentes in den Begriff des Rechtes dieses von jeder anderen Gesellschaftsordnung deutlich geschieden und mit dem Zwangselement ein für die Erkenntnis der sozialen Beziehungen überaus bedeutsamer, für die als ›Recht‹ bezeichneten Gesellschaftsordnungen höchst charakteristischer Faktor zum Kriterium erhoben wird, der in dem für die Erkenntnis des Rechts bedeutendsten Fall, dem des modernen staatlichen Rechts, zwischen Recht und Staat besteht, der wesentlich Zwangsordnung, und zwar eine zentralisierte und in ihrem territorialen Geltungsbereich begrenzte Zwangsordnung ist« (Reine Rechtslehre 2. Aufl. 1960, 31. 34. 48. 55). »Eine ›Ordnung‹ ist ein System von Normen, deren Einheit dadurch konsti-

tuiert wird, daß sie alle denselben Geltungsgrund haben; und der Geltungsgrund einer normativen Ordnung ist ... eine Grundnorm ... aus ... (ihr) kann nur die Geltung, nicht der Inhalt der Rechtsordnung abgeleitet werden« (ebda., 32 und 224).

(2) H. Kelsen beabsichtigt eine Wissenschaft vom positiven Recht zu erarbeiten, die sich jeglichem naturrechtlichen Anliegen verweigert und sich von den Sozialwissenschaften absondert. Eine Sicht des Rechts soll gewonnen werden, die für jede nur denkbare Rechtsordnung zutrifft: eine transzendentallogische formale Struktur des Rechts, die jeden Inhalt aufnehmen kann. Die strikte Trennung von Sein und Sollen, von Stoff und Form und von Wirksamkeit und Geltung einer Norm kennzeichnet diese Sichtweise, welche die Rechtsetzenden übernehmen sollten. Deren Engagement wie das der Rechtsadressaten entscheidet über den Inhalt. Die Inhalte sind nicht rein, die Rechtsetzung nicht wertungsfrei, wohl jederzeit veränderbar. Die Rechtsordnung bildet einen Stufenbau, der nie in das Sein hinüberführt, und beschließt sich mit einer obersten Norm, von Kelsen Grundnorm genannt, die »keine durch den Willensakt einer Rechtsautorität gesetzte, das ist positive, sondern eine im juristischen Denken vorausgesetzte Norm (ist) ... sie bestimmt den Geltungs*grund*, nicht den Geltungs*inhalt*« (1960, 443). Die Grundnorm transformiert nach H. Kelsen Macht zu Recht und schreibt vor, daß der Rechtsadressat die Verfassung, die höchste gesetzte Norm im Stufenbau, wollen solle.
Die gesellschaftliche Wirksamkeit der Rechtsordnung ist Bedingung der Geltung, aber eben nicht Geltungsgrund.
(3) Die der »Reinen Rechtslehre« zu Recht bescheinigte »geradezu auffallende Gedankenschärfe« (Beyer 1972, 931) bezweckt es auch, die Menschen wissen zu lassen, daß das »Recht« selbst nicht schon einen wertvollen, achtenswerten Inhalt meint und daß jedem Adressaten die Sorge für die inhaltliche Ausgestaltung der Rechtsordnung aufgetragen ist.
Wenn H. Kelsen in der »Reinen Rechtslehre« begründend ausführt: »So wie die transzendental-logischen Bedingungen der Erkenntnis der Naturwirklichkeit in keiner Weise den Inhalt der Naturgesetze, so kann die Grundnormen [sic! N. B.] nicht den Inhalt der Rechtsnorm ... bestimmen« (1960, 208 Anm.), dann läßt sich die Richtigkeit dieser Abstützung begründet bestreiten (vgl. Oberer 1977, 92ff.).
Eine weitere Anfrage betrifft die Reinheit der »Reinen Rechtslehre«. Ist eine solche überhaupt möglich? Wird nicht doch ganz unvermeidlich auf Werte Bezug genommen? »So etwas wie eine unveräußerliche Freiheit« tritt beispielsweise in den Blick, jetzt aber »nicht als ein dem Menschen eingeborenes, natürliches Recht, sondern als eine Konsequenz der technisch beschränkten Möglichkeit positiver Regelung mensch-

lichen Verhaltens« (1960, 45). Ist ein solcher Umgang mit Werten harmlos? Zu nennen ist auch die Aussage, daß Recht gleich Staat und Staat gleich Recht sei (1960, 289 ff.).

Ist die Reinheit gegeben, wenn zur Bedingung der Geltung die Ablehnung oder Annahme durch die Mehrheit der Rechtsadressaten gehört? Die Reinheit verlangt, das Recht geschichtslos und nur als Struktur zu denken. »Was allen möglichen Moralsystemen gemeinsam ist, ist ihre Form, das Sollen, der Normcharakter« (1960, 67). Provozierend ist, daß H. Kelsen unablässig mit der wertgeladenen Sprache arbeitet: »Moralisch gut ist, was der ein bestimmtes menschliches Verhalten statuierenden Sozialnorm entspricht; moralisch böse, was einer solchen Norm widerspricht« (1060, 67).

H. Kelsen trug viel zur Erkenntnis der Einheit der Rechtsordnung, des Stufenbaus und der Sanktion bei.

Literatur:

Beyer 1972, 931–933.   Dreier, H. 1986.
Kimmel 1961, 289–299.   Oberer 1977, 87–111.
Stranzinger 1977, 399–411.

l) Niklas Luhmann (geb. 1927)   44

(1) »Die Rechtlichkeit der Beziehungen zwischen Menschen kann nicht mehr aus ihrer Natur und ihren Lebensbedingungen als Teil der Gesellschaft abgeleitet werden ... Sie ergibt sich vielmehr aus den Problemen der Komplexität und Kontingenz ... Das Recht muß demnach als eine Struktur gesehen werden, die Grenzen und Selektionsweisen des Gesellschaftssystems definiert. Es ist keineswegs die einzige Gesellschaftsstruktur ... aber das Recht ist als Struktur unentbehrlich, weil ohne kongruente Generalisierung normativer Verhaltenserwartungen Menschen sich nicht aneinander orientieren, ihre Erwartungen nicht erwarten könnten. Und diese Struktur muß auf der Ebene der Gesellschaft selbst institutionalisiert sein, weil nur hier ins Voraussetzungslose gebaut werden kann und jene Einrichtungen geschaffen werden können, die für andere Sozialsysteme die Umwelt domestizieren« (Rechtssoziologie 1972, 134). »Das Recht ist eine selbstsubstitutive Ordnung, es kann Rechtsnormen nur durch Rechtsnormen ersetzen, und nicht ... durch gute Zwecke« (Ausdifferenzierung des Rechts. Beiträge zur Rechtssoziologie und Rechtstheorie 1981, 87).

(2) Die neuartige und nicht leichte Ausdrucksweise läßt Aspekte des Rechts neu in den Vordergrund treten. N. Luhmann zehrt von den Inhalten und den Begriffen der Rechtslehre, welche er selbst eine alteuropäische zu nennen liebt. Seine Aussagen zum Recht beanspruchen, die für eine komplexe Gesellschaft einzig mögliche Antwort über das

Recht zu geben. Er qualifiziert auch noch H. Kelsen als der alt-europäischen Fragestellung verhaftet (H. Dreier 1986, 241). Getragen von dem evolutionären Prozeß der Geschichte erleidet das Recht die Differenzierungsprozesse an sich selbst, nimmt an Komplexität zu und muß beständig Vereinfachungen leisten, seiner eigenen Unübersichtlichkeit wegen an sich selbst, aber auch im Dienste aller anderen sozialen Systeme. Die Vereinfachungen bedürfen der Sicherstellungen und auch dafür ist das Recht zuständig.

(3) Was ist aber neu an N. Luhmanns Theorie? Die Stabilisierungs- und Entlastungsfunktion wird betont und durch die Aufgabe präzisiert, »Grenzen und Selektionsweisen des Gesellschaftssystems zu definieren«. Der Verweis auf die Gerechtigkeit, Bestandteil klassischer Rechtsdefinition, ist unter dem Hinweis auf eine obsolet gewordene »alteuropäische Gesellschaftsphilosophie« (Habermas/Luhmann 1974, 9) weggelassen, so daß die Luhmannsche Theorie selbst Leistung einer Reduktion ist.

Recht beschäftigt sich fast ausschließlich mit Produkten gesellschaftlichen Lebens, nämlich mit der Komplexität und der Kontingenz. Recht steht nicht mehr in direktem Regelungskontakt mit den Lebensbedingungen der Menschen. Es ist subjektfreie Selbstsetzung. Recht, selbst in den Zusammenhang von Komplexität und Kontingenz gestellt, beschäftigt sich weitgehend mit sich selbst.

Der Einführungsfall zeigt, daß die Regelung Selektion ist und Komplexität vermindert, daß diese Leistungen aber jede andere Entscheidung gleichfalls erzielt hätte. Für die Gewichtung der Werte und Interessen bietet N. Luhmanns Theorie keine Hilfe an.

Sämtliche gesellschaftlichen Subsysteme setzen Recht voraus. Gibt es für das System Recht selbst Voraussetzungen? Wer so weiter fragt, erhält von N. Luhmann einen Ort in seinem System und im System der Gesellschaft zugewiesen, wo diese Fragen zu behandeln seien. Einen Ort der Antwortsuche zuweisen, heißt aber nicht, die Antwort geben.

Rechtfertigt sich die Verkürzung der Theorie aufgrund eines radikalen Paradigmenwechsel von der Neuzeit in die Moderne, oder ist die Verkürzung dem Bestand angetan, der nötig zu denken ist, um Recht überhaupt noch zu erkennen?

Literatur:

Grathoff 1987.   Habermas-Luhmann 1974.
                                  Sartorius 1966.

Recht ist als Ordnung ein Relationenbündel. Die Frage nach der Wirklichkeit des Rechts ist damit die Frage nach der Wirklichkeit und dem Grad der Wirklichkeit der Relation. Etwas ist dann für den Menschen wirklich, wenn es sich ihm aufdrängt und ihm gegenüber widerständig ist.

(1) Für Th. v. Aquin gehen Recht (Summa Theologiae II–II 57, 1 ad 1) und die Beziehung (In III Phys. lect 5) »auf den anderen«. Das Recht läßt sich somit für Th. v. Aquin als Beziehung, als ein »auf den und die anderen zu« einordnen. Er trifft die Unterscheidung in ein »Bezogensein gemäß dem Sein« – Gläubiger *ist* jemand nur durch den Bezug auf einen Schuldner – und einem »Bezogensein aufgrund sprachlicher Beziehungsknüpfung« – die Beziehung tritt zu jemandem hinzu, der auch und zuerst ohne diese gedacht wird (Krings 1941, 113). Letzteres Bezogensein rückt für unsere Frage in den Vordergrund.

Die Beziehung fügt der Person etwas hinzu: die Ausrichtung auf eine andere Person. Nur weil beide und insofern beide Personen wirklich sind, läßt sich von der Wirklichkeit der Beziehung sprechen. Sie ist als Verhältnis nicht nichts. Thomas bewertete sie als »minimum esse« und »Ens minimum« (In IV Metaph. lect. 574; I sent. d. 26 q. 2 a. 2 ad 2; vgl. Krempel 1952, 79–85). Der Bedeutung der zwischenmenschlichen Beziehung wird solche Behandlung der Relation kaum gerecht (vgl. de Vries 1980, 38 f. und 78 f.).

(2) Für K. Popper gehört das Recht in die »Welt 3«, denn es ist weder als physischer noch psychischer Zustand einordenbar. Die Erkenntnis des Rechts dringt über die materiellen Produkte der Rechtsordnung, wie den Gesetzestext oder die Asylsäule, die unter »Welt 1« fallen, weiter vor, bleibt auch nicht an der Angst haften, welche Rechtsvorschriften hervorrufen, und die mit »Welt 2« erfaßt wird, sondern als soziale Einrichtung, der ein »gewisser Grad an Autonomie« zukommt, ist das Recht Gegenstand der »Welt 3« (vgl. Popper / Eccles 1982, 65). Diese »Autonomie« ist durchaus mit der Tatsache verträglich, daß es sich bei dem Recht um ein Produkt des Menschen handelt.

(3) H. Kelsen zufolge kommt Normen überhaupt kein Sein zu. Normen sind ein Sollen, Sein und Sollen aber strikt getrennt (§ 43). Dem Willensakt, der eine Norm erläßt und dessen Sinn die Norm ist, kommt Sein zu (1960, 5). »Da die Geltung der Norm ein Sollen, kein Sein ist, muß die Geltung der Norm auch von ihrer Wirksamkeit, das ist der Seinstatsache unterschieden werden, daß sie tatsächlich angewendet und befolgt wird, daß ein der Norm entsprechendes Verhalten tatsächlich erfolgt« (1960, 10).

(4) O. Weinberger zieht es vor, von der Realität der Norm zu sprechen.

Deren Wirklichkeit kommt darin zum Ausdruck, daß es ein Soll-Erlebnis und Sollwissen gibt, daß die Norm auf das menschliche Verhalten motivierend einwirkt (1979, 103 f.). So sehr sich O. Weinberger bemüht, das Realsein der Norm von der Wirklichkeit der Setzungsakte, des Normausdrucks und des Verhaltens der Rechtsadressaten abzugrenzen, so nähert er beide Ebenen im Laufe der Darstellung doch wieder an. Es »hängt das reale Dasein der Norm eng mit der Existenz von gesellschaftlichen Institutionen, wie Verwaltungsbehörden, Gerichten, gesetzgebenden Organen usw. zusammen, deren Funktionieren der soziologischen Beachtung zugänglich ist« (1979, 104).

(5) Vorliegender Entwurf bestimmt die Wirklichkeit des Rechts von der Wirklichkeit des Menschen her. Um seiner Wirklichkeit willen bedarf der Mensch anderer Wirklichkeiten. Diese sind, um seine Wirklichkeit zu gewinnen, in erster Linie die anderen Menschen. Da kein Mensch über dem anderen steht, können und dürfen nicht alle Beziehungen und vor allem gar nicht die lebenswichtigen zur Verfügung eines einzelnen Menschen sein. So gewinnen die Beziehungen zu den Menschen um des Menschen willen einen Grad an Unverfügbarkeit, der verhindert, daß der eine oder der andere Beziehungsträger in die Verfügung des je anderen gerät (§ 20). Bezogenheit und Selbstand beider bedingt die Unverfügbarkeit der Rechtsbeziehung, die darin ihre Wirklichkeit hat, sei es als widerständige gegen die Beliebigkeit der Verfügung, sei es als nicht entziehbarer Grund. In der Auseinandersetzung mit dieser Beziehung wird ihre Realität erfahren.

Literatur:

Cavarnos 1975.
Krempel 1952.
Krings 1941.

Rombach 1965/1966.
Schulthess 1981.

5. Wer ist Rechtsträger?

46 a) Der einzelne Mensch als Rechtsträger

Jeder Mensch hat einen Anspruch auf das Leben in einer Rechtsordnung und auf die Anerkennung als Bezugspunkt rechtlicher Ordnungen (§§ 21 ff.). Die Vielgestaltigkeit menschlicher Sozialbezüge fordert eine Mehrheit an Rechten. Für die zeitlich erste und systematisch grundlegende Durchsetzung dieses Anspruchs fehlen die Organisation und die Durchsetzungsorgane, welche erst eine Rechtsordnung zu schaffen vermag. Ist eine solche aber einmal entstanden, muß sie sich die weitere Erfüllung auch dieses Anspruchs zur Pflicht machen. Ob eine Rechtsordnung vorhanden ist oder ob nicht, ist dem Belieben entzogen, und zwar in genau *dem* Grad, in dem der Mensch und die Menschen der Beliebigkeit entzogen sind. Die bestimmte und nicht änderbare Ausstattung des Menschen verlangt nach einer solchen Ordnung, um die bestimmten Leistungen zu erbringen, die Leistungen von Vermittlung, Stabilität, Entlastung und Orientierung. Ein Recht zu haben ist nicht eine Frage des – bloßen, eng verstandenen – Nutzens (§ 23 f.).

Hier ist auf die Ansicht einzugehen, welche besagt, daß der Mensch durch bestimmte Tatsachen fundamentale Rechte verwirken könne. Im besonderen lieferte diese Ansicht ein Argument für die Berechtigung der Todesstrafe. Es handelt sich um eine abstrakt-generelle Unterstellung der Verwirkung; denn der Täter verbindet wohl im seltensten Falle mit seiner Tat die Absage an sein Lebensrecht oder das Bewußtsein des Rechtsverlustes. Insoweit diese Konstruktion sich nicht als willkürlich ausgeben will, muß sie die Verwirkung begründen. (1) Ein Verzicht auf das Lebensrecht, wollte man ihn im Kern der Verwirkung annehmen, bedarf um seiner Gültigkeit willen der Annahme, und zwar grundsätzlich durch den, der das Recht gegeben hat. Dieser ist aber nicht die politisch verfaßte Gemeinschaft. (2) Selbst wenn der Täter sich der Gemeinschaft überantworten sollte, müßte sie ihren Umgang mit ihm aus eigenem Recht rechtfertigen, andernfalls würde sie sich zum bloßen Vollzugsorgan der Wünsche der einzelnen erniedrigen und damit gegen das Recht als Zuordnungsregel verstoßen, oder sich am Lebensrecht des einzelnen vergreifen; denn dieser vermag nicht in der Weise aus sich herauszutreten, daß er sich selbst in seiner Entscheidung zum vernichtbaren Gegenstand machen kann: »Die *umfassende* Totalität der äußerlichen Tätigkeit, *das Leben* ist gegen die Persönlichkeit, als welche selbst *diese* und *unmittelbar* ist, kein Äußerliches« (Hegel, Grundlinien § 70). (3) Aus der Tat allein ein Recht zu folgern, verstößt gegen die hierin berechtigte Trennung von Sein und Sollen. (4) Selbst einmal angenommen, es gäbe eine solche Verwirkung, so bedürfte jegliche Reaktion der politisch verfaßten Gemeinschaft auch noch einmal der Rechtfertigung.

Die Verwirkungstheorie ist feige, versucht sie doch, die Verantwortung für die Hinrichtung auf den Täter abzuwälzen. Damit ist keine Stellung genommen zur Frage der Selbsttötung nach Güterabwägung. Auch ist mit diesem Exkurs nicht alles zum Problem der Todesstrafe gesagt.

Unter Recht ist eine von Menschen zu schaffende Ordnung zu verstehen. Ihr sind aber Vorgaben und Auflagen mitgegeben (§§ 13–22). Diesen können Menschen nachkommen oder nicht. So läßt sich von einer den Menschen mehr oder weniger angepaßten oder sie mehr oder weniger hemmenden Ordnung sprechen (§ 21).

A. Comte (1798–1857) sei als ein Zeuge für jene Richtung genannt, die 47 dem Recht, vor allem dem subjektiven Recht, mit höchstem Mißtrauen gegenübertritt. Wer von seinem Recht her seinen Sozialbezug entwirft, entfacht nach Comte eine geradezu unersättliche Begierde nach weiteren Rechten, spaltet die Gesellschaft und gibt sich einer passiven Moral hin, denn er begreift die Pflichterfüllung gegenüber der Gesellschaft nur als notwendiges Übel. Die von A. Comte entworfene Philosophie des nachmetaphysischen Zeitalters, die sich »Soziologie« nennt, fordert:

»Jeder hat Pflichten gegen alle. Niemand aber hat Recht im eigentlichen Sinne. Der gehörige Schutz des Einzelnen ergibt sich lediglich aus der allgemeinen Gegenseitigkeit der Verpflichtungen, welche den moralischen Gehalt der früheren Rechte birgt, nicht aber ihre schweren politischen Gefahren. Mit anderen Worten: Niemand hat ein weiteres Recht, als das auf ständige Erfüllung seiner Pflicht« (Auszug aus: Discours sur l'ensemble du positivisme, aus dem Nachlaß 1907 veröffentlicht, zit. aus: Schellens 1965, 53).

Der einzelne Mensch soll nach A. Comte von den öffentlichen Belangen her und auf sie hin sein Leben organisieren, er soll sich nicht als Ursache, sondern als Wirkung begreifen. Aus der Beobachtung vorhandener Mißstände zieht A. Comte Folgerungen, welche der Selbstverantwortung des Menschen und seiner Fähigkeit zur Gestaltung nicht gerecht werden. Vorliegender Entwurf denkt das Recht vorrangig als Zuordnungsregel (§ 26). So sind der jeweils andere *und* die politische Gemeinschaft in jeden Rechtsanspruch einbezogen, aber eben in einen *Rechts*anspruch.

48 b) Weitere Rechtsträger? Die Natur?

(1) Rechtsbeziehungen finden auch nicht mit Jenem statt, das dem Menschen an Würde nicht gleichkommt, weil es ihm an Vernunft und Wille mangelt. Die Rede vom »Sachen-Recht« oder gar vom »Natur-Recht« ist abkürzend und mißverständlich. Solange Hunde das Schild »Für Hunde kein Zutritt« weder auf sich beziehen noch als Verbotsschild identifizieren – abgesehen davon, ob ihnen die Befolgung oder nur die zufällige Erfüllung möglich wäre –, besteht kein Anlaß und keine Möglichkeit, ihnen Rechte und Pflichten zuzuerkennen. Recht ist Beziehung zwischen Freiheiten (§ 22), als Beziehung zwischen Unfreiem und Freiem ist es ebensowenig möglich wie unter unfreien Wesen.
(2) Falls ein eigenständiges Auftreten der »Natur« als wünschenswert angesehen wird, müssen sie Menschen vertreten. Alle Vertretung bedarf einer Vollmacht. So bleiben nur Menschen, welche durch Gesetz zur Vertretung ermächtigen und ermächtigt werden (§ 42). Die Verantwortung für die Natur kann nicht dieser selbst übertragen oder zurückgegeben werden. Der Mensch bleibt verantwortlich – nicht nur auf Grund der von ihm angerichteten Schäden.

(3) Auch verbietet sich um des Rechtes selbst willen die Herabwürdigung eines Partners in einer Rechtsbeziehung zur bloßen Sache. Die Sachen sind aber sehr wohl Objekt der Rechtsbeziehung. Es gibt keine Rechtsbeziehung, in der nicht irgendein Bezug zu »Sachen« hergestellt wird. Die Auflassung eines Grundstücks, der Tausch- und Kaufvertrag sind klassische Beispiele. Wie steht es bei dem Arbeitsvertrag? Als Rechtsbeziehung versachlicht sich ein Teil des Menschen, der Mensch »ver-dingt« sich. Der Arbeitsvertrag muß, wenn er denn Rechtsbeziehung bleiben soll, so ausgestaltet sein, daß er die Herabwürdigung des Arbeiters zur Maschine vermeidet. Nicht ein Partner, sondern beide haben darüber zu befinden, ob »Gebrauch« oder schon »Verbrauch« des Menschen stattfinde (Kant, Metaphysik der Sitten § 30: VI, 283).

(4) Doch verbirgt die Aussage, daß die Rechtsbeziehung nur zwischen Personen möglich sei, Sachverhalte, die allenfalls halbe Siege zugunsten der Personenwürde sind. Sie wurde den wirtschaftlichen und politischen Interessen dienstbar gemacht. Dies erforderte, »Personen« zu schaffen, wie etwa das »Patrimoine« des Code civil oder die »Juristische Person«, oder den »Grund und Boden«, von welchen *die* maßgebenden Rechtsbeziehungen für die lebenden Menschen als Herrschaftsrechte über sie ausgingen. Den Kampf gegen eine oft als anonyme Macht auftretende »Person« führten unter anderen die Vertragstheorien. Auch stellte sich in der Abwehr solcher Verdinglichungen die Frage, ob überhaupt mit dem Staat als Partner Rechtsbeziehungen möglich seien.

c) Rechtsträger Volk? Staat?   49

(1) Sind aber neben dem einzelnen Menschen noch andere Rechtsträger ausfindig zu machen, etwa eine Korporation, das Volk oder der Staat? Nur durch Verleihung oder handelt es sich um ursprüngliche Rechtsträger? Eine vom Konsens der Rechtsadressaten getragene Verleihung von Rechten und Pflichten an Kollektive ist unbedenklich. Es lauten nun aber Art. 1 des »Internationalen Paktes über bürgerliche und politische Rechte« vom 19. Dezember 1966: »Alle Völker haben das Recht auf Selbstbestimmung« und Art. 16 der »Satzung der Organisation Amerikanischer Staaten« vom 27. Februar 1967: »Jeder Staat hat das Recht auf freie und natürliche Entwicklung seines kulturellen, politischen und wirtschaftlichen Lebens. Er soll dabei die Rechte des Individuums und die Grundlagen allgemeiner Moral achten«. Gegen die Annahme ursprünglicher Rechtsträgerschaft kann aber ins Feld geführt werden, daß anthropologisch gesehen nur den einzelnen Menschen Sprache und folglich auch Freiheit zustehen, und daß die »persona moralis« und die »Juristische Person« Kulturschöpfungen sind.

Demzufolge läßt sich nicht im gleichen Sinne wie vom Menschenrecht von dem Recht der Familie, eines Volkes oder eines Staates sprechen.

(2) Ich schlage vor, wenn von Rechten der Familie, des Volkes oder des Staates die Rede ist, darunter Rechte zu verstehen, welche den Menschen unter der Rücksicht ihrer Familien-, Volks- oder Staatszugehörigkeit zustehen. In diesen jeweiligen Beziehungen hat das Mitglied Anspruch auf Selbstverwaltung und Schutz. Über diese Ansprüche können die einzelnen genausowenig verfügen wie über ihre soziale »Anlage«. Wer diese Rechte ausübt und dementsprechend auch die Pflichten erfüllt, ist von den Kriterien der Vermittlung der Freiheitsräume und damit von dem Teilhabegedanken her zu beantworten. Eltern und Kinder, das Volk als Ganzes und die Vertretungskörperschaft können sich in die Ausübung teilen.

(3) Kollektiven Gebilden Recht zuzusprechen könnte deswegen abgelehnt werden, weil die Menschen, die innerhalb solcher Einheiten leben, den Folgen nach außen gestellter Rechtsforderungen ihrer Einheit ausgeliefert und unterworfen sind. Die Forderungen des Kollektivs und die einzelner in ihm lebender Gruppen können auseinanderklaffen, ja im Widerspruch stehen. Wird die Forderung nach Selbstbestimmung eines »Volkes« erfüllt, wird den Wünschen jener »Volksangehörigen«, welche für die Beibehaltung der bisherigen politischen Einordnung plädiert hatten, entgegengehandelt. Wer den Minderheiten nachgibt, behindert das Recht der größeren Einheiten. Selbstbestimmung und Minderheitenschutz sind also hier zu vermitteln. Selbstbestimmung als Volk zu fordern und sie Gruppen im eigenen Lebensraum zu verweigern, ist widersprüchlich. Jede einzelne Gruppierung hat auf die Lebensfähigkeit aller anderen zu achten. Freiheit lebt vom Austausch und erstickt in der Abkapselung.

50 (4) Wie ist von dem rechtsanthropologischen Ansatz her zu antworten? Jedem einzelnen kommt ein Anspruch darauf zu, daß seiner politisch verfaßten Gemeinschaft solche Ansprüche zugestanden sind, die um des einzelnen willen in dem sozialen Netz wegen der Aufgaben der Vermittlung der Freiheitsräume, der Stabilisierung, der Entlastung und der Orientierung unentbehrlich sind. Es besteht deshalb ein Anspruch darauf, daß die Gemeinschaft, welche zum einzelnen konstitutiv prägend und prägbar gehört, selbst von anderen außerhalb der Gemeinschaft eine bestimmte Anerkennung erfährt oder auch Anforderungen übernimmt, die im Inneren zur Erfüllung und Wahrung der Vermittlungs- und Stabilisierungsansprüche verhelfen. Jedes einzelne Recht steht immer im Verbund mit allen anderen Rechten.

(5) Werden die sogenannten Kollektivrechte als Ableitungen aus den Einzelrechten in der Weise gedacht, daß sie Schöpfung des Menschen *als* »animal sociale et politicum« sind und mit ihrer Existenz der Be-

liebigkeit entzogen sind, weil sie in dem Raum des Allgemeininteresses angesiedelt sind und ihn ausgestalten, so sind die Rückbindung an den einzelnen und die Rücksicht auf die Interessen aller einzelnen ihre Merkmale. Das »Recht auf Selbstbestimmung eines Volkes« ist dann als Recht zu bezeichnen, wenn in es die Ansprüche aller Angehörigen des Volkes eingegangen sind, die Freiheit als Gemeinschaft und in Gemeinschaft zu verwirklichen. Äußere Selbständigkeit darf daher nicht mit Unterdrückung oder kultureller Entfremdung im Innern erkauft sein.

(6) Außerdem führt das Gemeinschaftsleben zur Herausbildung einer Lebensform des einzelnen Menschen, in der er nie sämtliche seiner Anlagen und Wünsche verwirklichen kann. Statt von »Einschränkungen« und »Verzichten« spreche ich von dem Finden einer Form, deren Qualität sich von der Vermittlungsarbeit und den entfalteten Lebensmöglichkeiten her bestimmt. Vergesellschaftung kann die Gewährung von Rechten verbieten und sehr oft untersagen. Die Rechtfertigung solcher Verbote ist durch den Nachweis an Lebens- und Freiheitsgewinn zu erbringen. Der Einführungsfall zeigt an, welche Rechtswege nicht eröffnet und welche eröffnet sind.

(7) Im Verhältnis der Staaten untereinander ist an der Notwendigkeit einer völkerrechtlichen Ordnung festzuhalten, in der sich Rechte und Pflichten der Staaten regeln und für deren Erfüllung oder Nichterfüllung die Menschen in den Vertretungsorganen oder -institutionen haften. Diese notwendige Ordnung kann auf das Recht nicht verzichten.

(8) Ein solcher Konstruktionsvorschlag der sozialen Wirklichkeit ist mit der Vorstellung noch vereinbar, daß die sozialen Gebilde, wie die Familie und der Staat, deren Werden sich Menschen verdankt, in einen Raum der Ansprüche und damit auch – mittels eines Prozesses menschlicher Gestaltung – in den Rechtsraum hineinwachsen, ihn ausfüllen und weiterbilden. Es wird also beibehalten, daß erstens lediglich der einzelne der ursprüngliche Träger von Rechten ist, daß aber zweitens, insofern Gemeinschaft zum einzelnen mitkonstituierend gehört, diese selbst vom einzelnen »sozialen« Menschen Rechte und Pflichten in Ausbildung der sozialen Dimension in unwiderruflicher Weise erhält.

d) Ausschließliche Rechtsträgerschaft des Rechtsstabes?   51

Die Frage ist mit a) und b) weitgehend beantwortet. Da die Rechte nach einer überspitzt vorgetragenen Theorie (vgl. Alwart 1987, 146–163) dem Angehörigen des Rechtsstabes in seiner Funktion der Gestaltung und Durchsetzung des Rechts und nicht als Mensch zukommen sollen, wird von dieser Theorie das Recht als ausschließliches Erzeugnis des Staates und als Mittel der Ordnungsfunktion ausgegeben. Recht ist demnach nicht mehr eine jedem Menschen notwendige Beziehung. Alle Bürger des demokratisch organisierten Gemeinwesens zum Rechtsstab zu ernennen, um ihnen so eine Teilhabe am Recht zu geben, ändert nichts an dieser Engführung, da auch gemäß dieser leicht erweiterten Fassung der Theorie das Recht genau nicht den Menschen als Menschen zukommt, sondern nur den im Namen des Staates handelnden Funktionsträgern und nur insoweit, als Recht dem Funktionieren der politisch verfaßten Gemeinschaft dient. Diese Theorie verändert völlig das Rechtsverständnis. Als Beispiel diene uns das Urteil. Es ist nach der Rechtsstabtheorie Recht. Das Urteil würde aber strenggenommen gar keinen Rechtsstreit schlichten, denn erst das Urteil und nur es ist ja Recht. Für das Gewohnheits-Recht ist gemäß dieser Theorie ebensowenig Platz. Eine solche begrenzte Auffassung vom Recht überantwortet es einem – jedenfalls rechtlich – nicht mehr kontrollierbaren Staat.

Literatur:

Alwart 1987, 146–163. Kuhlmann 1990.
Hofmann 1988. Reiner 1961.

6. Einteilungen der Rechtsmaterie

52 a) Objektives und subjektives Recht

Eingebürgert hat sich die Unterscheidung von »Recht im objektiven Sinne« und »subjektivem Recht«. Meint jenes die Gesamtheit der Rechtsvorschriften, welche die Beziehungen der Menschen untereinander regeln, so ist dieses als Befugnis oder als Willensmacht zu verstehen, die sich für den Berechtigten aus dem objektiven Recht unmittelbar ergibt oder die auf Grund des objektiven Rechts erworben wird. Beide, objektives Recht und subjektive Rechte sind an der geleisteten Vermittlungsarbeit zu messen, welche die Ansprüche der Menschen erhält und miteinander in Bezug bringt.

Dem subjektiven Recht entspricht eine Rechtspflicht einer bestimmten anderen Person oder aller Anderen. Dem objektiven Recht steht nach meinem Ansatz die Pflicht aller Adressaten gegenüber, es für seine Aufgabenerfüllung zu gestalten und in ihr zu erhalten.

Die Akzentsetzung auf das eine oder das andere Recht spiegelt weltanschauliche Positionen wider, nämlich ob der Vorrang dem einzelnen, isoliert gesehenen Individuum oder der politisch verfaßten Gesellschaft gegeben ist. Der Einführungsfall weist auf die Unerläßlichkeit hin, »subjektive Rechte« zu vermitteln – innerhalb einer Rechtsordnung.

b) Ius cogens und ius dispositivum

Das Interesse, eine Gesellschaft mit möglichst weitem Freiraum für die Bürger zu schaffen, andererseits ihr aber eine wirkungsvolle unverbrüchliche Ordnung zu geben, führte zu der Unterscheidung des Rechts in »ius dispositivum« und »ius cogens«. Ersteres kennt die Freiheit der – privaten – Rechtsgestaltung, das zweite ist der Privatwillkür entzogen. Bis heute ist diese Unterteilung geläufig.

Die grundsätzliche Abänderbarkeit des Vertragsrechts und die regelmäßige Unabänderbarkeit des Verfahrensrechtes seien als Beispiel genannt (vgl. Creifelds 1987, 905 f.).

Wenn die Freiheit des Rechts bedarf und das Recht der Freiheit (§ 23), so wird von dieser Regel her das Maß des einen wie des anderen Rechtsblockes zu nehmen sein.

c) Ius aequum und ius strictum

Wenn Kant allerdings das »zwingende Recht« dem nachgiebigen gegenüberstellt, das ius strictum dem ius latum, so will er damit auch sagen: *Der* Bestimmungsgrund des strikten Rechtes ist ein äußerer, nämlich die von außen an den Rechtsadressaten gerichtete Zwangsandrohung (vgl. Metaphysik der Sitten, Einleitung in die Rechtslehre § E: VI, 232 f.). Während mit dem ius strictum die Befugnis zu zwingen verbunden ist, kann dem ius latum kein Gesetz einen solchen Zwang zur Seite stellen (Anhang zur Einleitung in die Rechtslehre: VI, 233 f.).

Auch für Kant gibt es »billiges Recht«, Recht ohne Abstützung durch Zwang. Doch für Kant ist »ein Gerichtshof der Billigkeit« ein Widerspruch in sich; ein Richter darf nicht nach unbestimmten Bedingungen Recht sprechen (Anhang zur Einleitung in die Rechtslehre: VI, 234 ff.).

Goethe trennt das Recht in »Wilhelm Meisters Wanderjahren« in zwei »Rechte« auf, als er einen Berufsplan schildert, der »die Pflege des strengen gerichtlichen Rechts (und) des läßlichern, wo Klugheit und Gewandtheit dem ausübenden zur Hand geht« (1. Buch, 8. Kap., 97), zum Inhalt hat.

d) Primär- und Sekundärregeln

Nach H. L. A. Hart (1973, Kap. II–IV) sind unter Primärregeln »rules of obligation«, Rechtsverpflichtungen, zu verstehen. Die Sekundärregeln eröffnen Freiräume der Eigengestaltung, wie etwa das Vertragsrecht. In dem Einführungsfall sind Gestaltungsmöglichkeiten eröffnet und Verpflichtungen ausgesprochen; damit finden sich beide Normgruppen innerhalb dieses Regelungskomplexes.

Zu den Sekundärregeln gehören nach H. L. A. Hart Regeln zur Änderung des Primärregelsystems, die »rules of change«, sodann die Verfahrensnormen, die »rules of adjudication«, und die »rule of recognition«, welche das Übereinstimmen des gesetzten Rechts mit dem Rechtsbewußtsein der Adressaten fordert.

Es kann hier keine detaillierte Auseinandersetzung mit H. L. A. Harts in vielem sehr erhellender und klarstellender Theorie geleistet werden. Erstaunlich wirkt die Einordnung des Freiraumes der Eigengestaltung auf der Seite der Sekundärnormen. Interessant ist die Annäherung der Rechtsgestaltung des einzelnen, etwa bei der Abfassung eines Vertrages, an die Rechtsgestaltung der verfassungsmäßig dazu berufenen Gewalten und damit die Gleichstellung des privaten und des öffentlichen Betroffenen sind die Regeln weitgehend vorgegeben, frei ist nur die Art ihres Gebrauches. Was leistet die Bezeichnung des Vertragschließenden als »Gesetzgeber«? Die Änderungsregeln beziehen sich nicht nur auf das primäre Recht, sondern auch auf die Verfahrensvorschriften. Auch diese sind der Änderung nicht entzogen, diese sollte aber geregelt sein. Treten nicht wiederum primäre Regeln auf diesen Stufen auf, etwa in dem Sinne, daß dem Parlament ein bestimmtes Vorgehen geboten ist?

(3) Daß sich die Rechtsordnung weitgehend mit sich selbst beschäftigt, hatte R. Stammler schon hervorgehoben (1925, Bd. 1, 30), A. Brinz zitierend: »Das Recht enthält vor allem Bestimmungen über sich selbst« (1873, 87). Eine Unterscheidung in einen Rechtsnormenkomplex, welcher die Tätigkeit der drei politischen Gewalten regelt, und einen Komplex, der deren Produkte – Gesetz, Verwaltungsakt, Urteil – bildet, schien mir eher als Harts Unterscheidung zur Gliederung der Normen geeignet. Eine »rule of recognition« wäre außerrechtlich angesiedelt. Ihr könnte aber teilweise im Verfahrensrecht eine institutionelle Absicherung gegeben werden.

Literatur:

Jellinek 1963.   Preuß 1979.
Mazurek 1989, 293–305.

56   *7. Was heißt es, »ein Recht zu haben«?*

Umstritten ist, ob »ein Recht haben« heißt, (1) »es einklagen können« oder (2) »beabsichtigter Nutznießer der Pflicht eines anderen zu sein« oder (3) »die Souveränität über die Pflicht des anderen zu haben, nämlich wählen zu können, ob er etwas tun, dulden oder unterlassen muß« (vgl. Haksar 1978, 183–204). Die Disjunktion ist nicht vollständig.

(1) In vielen Rechtsordnungen decken sich »Recht« und Klagebewehrtheit weitgehend, aber nicht völlig. Erst recht stimmen der Umfang des Rechts und der Kreis der durchsetzbaren Rechte nicht überein. Auf Vollstreckungsgrenzen wurde bereits verwiesen (§ 29). Vielfach zieht der Gesetzgeber dem Streitwert Grenzen, unterhalb derer Klagen nicht zugelassen werden. Er wiegt Rechtschutzbedürfnis und Aufwand der Rechtspflege gegeneinander ab und schätzt deren Kosten höher ein als den Gewinn durch das Urteil. Eine solche Auftrennung ist grundsätzlich (§ 147) berechtigt.

(2) Hierzu nahm ich bereits Stellung (§ 47). Recht ist nach meiner Auffassung nicht Reflex einer einem anderen auferlegten Pflicht. Es ist nicht erfaßt, wenn es gleichsam als Echo fixierter Rechtspflicht eingeordnet wird. Wie kommt die Rechtspflicht zustande? Durch Selbstverpflichtung, auf deren Zustandekommen und Einhaltung kein Verlaß ist? Durch den Nutznießer? Dann müßte er entweder dazu berechtigt sein – Recht scheidet aber aus – oder der Staat greift die Wünsche und Anregungen des künftigen Nutznießers auf. Er ist jetzt mit der Aufgabe belastet, das außerrechtliche Wollen in zu erfüllende Pflicht umzusetzen. Eine unwürdige Abhängigkeit des Staates von den Wünschen der Bürger wäre die Folge. Dies gilt auch für den dritten Fall, daß der Staat die Pflichten festlegt. Ist die Fixierung auf die Wirkung, denn eine solche bleibt die Pflicht, nicht mit dem Vordrängen des Staates in die Ursachen-Position erkauft?

Recht hat, so meine Antwort, die Vermittlung der Freiheitsräume zu leisten. Weder ist damit von dem subjektiven Recht oder der »subjektiven« Pflicht her Recht zu bestimmen, es ist vielmehr als Vermittlung beider Beziehungsträger zu sehen. Nicht immer muß auch der Verpflichtete feststehen. Es kann sich um einen nicht von vornherein erfaßbaren Kreis von Verpflichteten handeln.

(3) Die dritte Auslegung von »ein-Recht-haben« ist für den Fall zutreffend, daß innerhalb eines Rechtsverhältnisses der Rechtsträger A bestimmen kann, wie er sein Recht gegenüber dem Rechtsträger und Verpflichteten B gebraucht. Der Einführungsfall zeigt einige rechtliche Wahlmöglichkeiten des früheren Ehegatten auf. Doch ist hervorzuheben, daß die sogenannte »Souveränität« durch das Rechtsverhältnis vorgeprägt ist. Auch werden vielfach Verfügungen des Gläubigers erst durch die Einwilligung des Schuldners wirksam, wie der Forderungserlaß. Als Vermittlung kann Recht gar nicht mehr »Souveränität« über einen anderen sein.

(4) Anders skizziert Fr. Bassenge das subjektive Recht: »Ich darf das, was ich nicht nicht soll« (1930, 20). Recht besteht in dem Fehlen einer negativen Pflicht. »Die Befugnis des Verfügens … entsteht, wo von der Verfügung her, kein Grund besteht, dies nicht zu tun« (Reiner 1964, 32).

Ein Recht haben heißt, einen vom Staat eröffneten Freiraum füllen. Vom Verbot her wird das Dürfen gedacht: es ist – noch oder wieder – möglich. Ein grundsätzliches Nein ist gegenüber der freien Entfaltung aufgerichtet. Vorliegender Entwurf geht von der Freiheit aus, die sich vermitteln lassen muß. Verbote treten erst bei der Vermittlung auf.

(5) Ein anderer Ansatz dachte Recht von der Freiheit zum Mißbrauch her. So rechtfertigte in den Debatten über die Konfiskation des Kircheneigentums im Herbst 1789 der Deputierte Treilhard die »Enteignung« mit den Worten: »Das Eigentum besteht in dem vollen Nutzungs- und Verfügungsrecht, d. h. in dem Recht, eine Sache nach Belieben zu brauchen und zu mißbrauchen. Der Klerus kann eine Sache nicht mißbrauchen, also ist er nicht Eigentümer« (Aubry, Bd. 1, 204).

Literatur:

Haksar 1978.   Reiner 1964.

57   *8. Subjektives Recht und Pflicht*

(1) Dem Recht sind Verpflichtungen immanent. Grundsätzlich ist die Ausübung subjektiver Rechte in die freie Entscheidung des Rechtsträgers gestellt. Je mehr allerdings das subjektive Recht einen Gegenstand des allgemeinen Interesses, Leben und Freiheit der Gesellschaft, betrifft, desto näher rückt es an die Pflicht: Die Ausübung steht nicht mehr im Belieben, sie ist vielmehr verpflichtend, befindet sich im öffentlichen Raum der Gemeinschaft. So heißt dann ein subjektives Recht haben, eine Pflicht sich selbst gegenüber und gegenüber anderen haben. Elternrecht schließt Elternpflicht mit ein (vgl. Hegel, Enzyklopädie 1830, § 486).

(2) Dem Rechtsinhaber steht der Verpflichtete gegenüber. Die Pflichtverletzung des einen Partners verändert die Rechtspflichten des anderen berechtigt aber nicht ihrerseits zur Rechtsverletzung. Zu dieser kann kein Recht ermächtigen: Recht kann nicht das Gegenteil von sich wollen. Erlittenes Unrecht – ein Faktum – führt nicht zum Sollen oder Dürfen (§ 46). Einen Titel zu bestimmten Gegenreaktionen kann nur eine Norm oder eine Abmachung liefern. In letzter Instanz berechtigt das Gebot der Selbsterhaltung zur Ausübung des Notwehrrechts.

(3) Auch befreit die Pflichtverletzung des einen nicht ohne vorangegangene oder nachfolgende diesbezügliche Abmachung den anderen von seiner Rechtspflicht. Die Pflichtverletzung führt unmittelbar zur Pflicht der Wiedergutmachung sämtlichen angerichteten Schadens.

III. Moral und Recht

Die Vielschichtigkeit des Menschen – es sei nur seine Außen-Innen-Ausstattung erwähnt – und die Vielfalt von sozialen Nähen und Fernen verlangen nach einem Leben in mehr als bloß *einer* Ordnung. Es ist unmenschlich, Menschen auf eine und eine einzige Ordnung festzulegen, sie etwa nur als Rechtssubjekte zu behandeln oder sie ausschließlich den Beziehungen des Wohltuns und der Barmherzigkeit auszuliefern.

1. »Mores«, »Konvention«, »Sitte« und Recht

a) Die »Mores«

58

Unter »Moral« verstehe ich die »Mores« im Sinne der frühen und klassischen römischen Zeit. Die Epitome Ulpiani 1,1 schreibt: »Mores sunt tacitus consensus populi, longa consuetudine inveteratus«. Es handelt sich um eine Übereinstimmung im Handeln und Unterlassen, welche keiner Worte bedarf, die »selbstredend« ist. Von langer Ausübung gekennzeichnet und eingewurzelt, sind die Mores alt, ohne veraltet zu sein. Vorhandensein heißt gültig-sein.

Wozu dient diese Moral, welche die Gesellschaften aufweisen? Sie hält die Gesellschaft auf der Zeitachse zusammen. Sie sichert die gesellschaftlichen Beziehungsabläufe und läßt die Folgen der eigenen wie der fremden Handlung berechenbar sein. Je selbstverständlicher solche Moral ist, desto bedächtiger vollzieht sich der Wandel, und je lebendig-kräftiger der Konsens ist, desto sparsamer darf die Produktion ausdrücklicher Rechtsregeln sein. Das wenige Recht muß deswegen nicht im Kurs steigen, denn die Moral besorgt die wichtigen Geschäfte. In keiner Gesellschaft fehlen aber auch solche, die nicht in den Konsens einbezogen werden und einbezogen werden wollen.

b) Die »Konvention«, der »Brauch« und die »Sitte«

Der »Mores«-Begriff deckt sich – bei einigen kleineren Abweichungen – mit dem Begriff der »Konvention«, wie Max Weber ihn einführte:

»Konvention soll die innerhalb eines Menschenkreises als ›geltend‹ gebilligte und durch Mißbilligung gegen Abweichungen garantierte ›Sitte‹ heißen.« Die Geltung ist »äußerlich garantiert … durch die Chance, bei Abweichung innerhalb eines angebbaren Menschenkreises auf eine (relativ) allgemeine und praktisch fühlbare Mißbilligung zu stoßen« (1956, 18).

Die »Konvention« ist M. Weber zufolge (§ 41) eine »Ordnung«, da ihre Einhaltung durch gesellschaftliche Einrichtungen abgesichert ist. Doch bedarf sie zu ihrer Einhaltung keines eigens eingerichteten Stabes. Die Sanktionen können in körperlicher Züchtigung oder nur in Grußverweigerung, in Ausladung oder im »Geschnitten-werden« bestehen. Ein echter Schuldvorwurf muß sich nicht mit dem Bruch der Konvention verbinden. M. Weber umreißt auch Brauch und Sitte:

> »Eine tatsächlich bestehende Chance einer *Regelmäßigkeit* der Einstellung sozialen Handelns soll heißen *Brauch*, wenn und soweit die Chance ihres Bestehens innerhalb eines Kreises von Menschen *lediglich* durch tatsächliche Übung gegeben ist. Brauch soll heißen *Sitte*, wenn die tatsächliche Übung auf langer Eingelebtheit beruht« (1956, 15).

Beide sind nach Weber nun nicht äußerlich garantiert, sie sind weder »Ordnungen« noch »geltend«, denn niemand verlangt ausdrücklich die Einhaltung. Wer sich der Sitte jedoch nicht anpaßt, der »fällt aus dem Rahmen« und handelt sich kleine und große Unbequemlichkeiten ein; denn die Umwelt stellt sich auf die Einhaltung der Sitte ein: enttäuscht bezahlt sie die Enttäuschung heim.

Ohne Kalkül und Überlegung erfüllt sie der eine. Wer in Distanz zu ihr trat, kann sich immer noch der Sitte aus Angst vor der Sanktion unterwerfen. Gegenüber der Sitte sind verschiedene Grade der Bewußtheit möglich.

»Ethos« meint eine charakterliche, selbsterarbeitete Lebenseinstellung (Reiner 1972, 814).

59 Auch wenn keiner der Autoren, die sich mit dem Verhältnis von Recht und Sitte beschäftigten, wie Funke, Fikentscher, Henkel etwa, das Leben »unter der Sitte« ausdrücklich als ein triebhaftes Dahinleben verstanden, geht es doch immer um die Frage: Welcher »animalisch«-dumpfe Anteil darf in dem Menschen zur Regelung sozialen Lebens gewahrt und benutzt werden? Verhaltensweisen, die gerade deswegen und dann gut funktionieren, wenn sie nicht bewußt erfaßt sind, werden der Gestaltung des sozialen Lebens solange und soweit erlaubterweise dienstbar gemacht, als sie den Menschen nicht verdinglichen (§ 48).

c) Das statistisch erhebbare Moralverhalten

»Moral«, »Konvention« und »Sitte« sind nicht mit dem statistischen Normalverhalten gleichzusetzen. Weder stimmt das statistisch erhebbare mehrheitliche Verhalten mit dem »tacitus consensus« einer Gesellschaft völlig überein, denn zum »consensus« gehören auch Überzeugungen, über die ja gerade nach unserer Definition nicht sicher erhebbare Auskunft gegeben werden kann. So erlaubt die Statistik keine sicheren Erkenntnisse darüber, ob die Minderheit nicht doch in einer tiefer angelegten Übereinstimmung mit der Mehrheit steht oder die mittlerweile abweichende Mehrheit mit der – treu gebliebenen – Minderheit in eben solcher Bejahung von Grundüberzeugungen verharrt. Auch fragt sich, ob die statistische Untersuchung scharf genug zwischen Regelverhalten im obigen Sinne und Normverhalten, das von Wissen und Wollen getragen und trotzdem eingeübt sein kann, zu unterscheiden erlaubt.

Der moralische Standard einer Gesellschaft deckt sich auch nicht mit dem als Sitte Gelebten, da auch die Folgen bewußt vollzogener Einzelentscheidungen diesen Standard mitprägen.

d) Die Beziehung zum Recht: 60
   wie sie gesehen wird und wie sie sein sollte

(1) »Sitte« und »Recht« finden sich je verschieden nach Autoren auf eine geschichtsphilosophische Linie eingetragen. Öfters wird die »Sitte« zur Vorläuferin des »Rechts« erklärt, die mit dem Aufkommen des Rechts und seiner Ausbildung zu einer Ordnung ausgedient habe. Es ist nicht zu leugnen, daß etwa im Familien- und Erbrecht Beispiele für diese These zu finden sind. Zunehmende Verrechtlichung dieser Bereiche ließ den Rückgriff auf die »mores« überflüssig werden oder sogar als unzulässig erscheinen. Doch übersehen deren Vertreter zum einen, daß es bis heute nicht nur im parlamentarischen Bereich oder in der Wirtschaft zur Fortsetzung und Neubildung einer Fülle von Bräuchen, Konventionen und Konsensen neben der Rechtsordnung und in ihr kam. Vom Miteinander beider Normierungen, des Rechtes wie des Brauches, zeugt die Geschichte, die aus einer englischen Kleinstadt stammt. Dort hatte sich der Brauch eingebürgert, den Verurteilten auf dem Weg zur Hinrichtung zu einem Glas Bier einkehren zu lassen. Mit dieser Zeitspanne rechnete die Begnadigungsinstanz, die den Gnadenakt erst unter dem Galgen zustellen lassen wollte. Ein Antialkoholiker habe, so erzählt man, auf diesen Aufenthalt verzichtet und zum Weitergehen gedrängt. Kurz nach dem Hängen traf die Begnadigung ein.

Zum anderen aber besteht im Rechtsleben die Tendenz, die Norm in die Gewöhnung, in die Selbstverständlichkeit der Befolgung abzusenken, aus Stabilisierungsabsicht, aber auch, um sich ausdrückliche Durchsetzungsanstrengungen zu ersparen (vgl. Aristoteles, Politik II 8, 1268 b 25 – 1269 a 28). Dem Gesetz geht es gleichsam darum, sich überflüssig zu machen. Insofern ist die Annahme einer solchen Ablösung von Sitte durch Recht unrichtig.

(2) Wer über Ausmaß und Art der Rechtsordnung zu bestimmen hat und dabei die Werte der möglichst geringen Beeinträchtigung des Men-

schen, der Subsidiarität und damit den Wert der sparsamen Anwendung des Instrumentes Recht zugrundelegt – Folgerungen aus der Ausrichtung an der Freiheit! –, dem wird an »consensus«, »Konventionen« und »Sitten« gelegen sein. Die Erhaltung ist schwierig, denn eine ausdrückliche Produktion solcher Ordnungen verbietet sich, denen das Wachsen, die stillschweigende Über- und Annahme und die widerspruchslose Einwurzelung eigen sind. Ein Beispiel für ein solches schwieriges Verhältnis von ausdrücklicher Rechtsnorm und Konsens findet sich im dritten Buch der »Essais« Montaignes:

»Der Sklave, der das Versteck des Publius Sulpicius, seines Herrn, verriet, wurde freigelassen, wie es die Zusage des Ächtungsbefehls Sullas erheischte; jedoch, wie es die öffentliche Billigkeit erforderte, wurde er, so freigelassen er war, vom Tarpejischen Felsen gestürzt« (1956, 617).

Ein Rückzug der Rechtsordnung ist immer dann zu empfehlen, wenn sich abzeichnet, daß vernünftige und gerechte Bräuche die Regelung übernehmen.

(3) Wer stillschweigend geübte und ohne Überlegung gelebte Verhaltensweisen ausdrücklich vorschreibt, entzieht ihnen die Plausibilität, muß die vorgeschriebenen Normen rechtfertigen und bedarf der ausdrücklichen Sanktionsandrohung. Er verhält sich unökonomisch, politisch unklug und menschlich unangemessen.

Da ausdrücklich vorgeschriebenes Normverhalten faktisch zur »eingefleischten« Gewöhnung werden kann, darf solche Absicherung gesucht werden, um den äußeren Druck verzichtbar zu machen, ohne Instabilität einzuhandeln. Die Rechtsordnung entlastet nicht bloß den Adressaten, sondern sie entlastet sich selbst auf diese Weise. Darin darf der sittliche Wert dieses Wegs in die Gewöhnung gesehen werden.

Der Wert der Entlastung bemißt sich für den einzelnen Rechtsadressaten daran, wie die freigewordene Kraft und die Frei-Zeit genutzt werden und welches die Folgen solcher Gewöhnung sind.

Es läßt sich in manchen Rechtstheorien ausmachen, daß das Kennzeichen der Sitte auch auf die Rechtsordnung übertragen wird, daß sie nämlich aufhöre, wenn sie nicht befolgt wird. Auch im Recht soll die mehrheitliche Befolgung oder überwiegende Ablehnung darüber entscheiden, ob das Recht »gilt« oder nicht. Ich verweise auf §§ 9–13 und 28.

Literatur:

Fikentscher 1975, 1–170.   Henkel 1977 § 7.
Funke 1961.

»Moral« findet aber auch Verwendung zur Bezeichnung des Gesamt an Verbindlichkeiten, die sich dem Menschen ohne Rücksicht auf seine Wünsche, Neigungen und Interessen auferlegen und sein Leben zu einer sinnvollen Einheit führen wollen. Welches ist hier das Verhältnis zum Recht?

a) Aus der Sicht des Konfuzius 61

Als Über- und Einleitung dient uns ein Text von Konfuzius (551–479) aus dem 2. Kapitel der »Gespräche« (Nr. 3):

»Wenn man es (das Volk: N.B.) mittels administrativer Anordnungen und Befehle führt, und wenn man es mittels Strafen zur Räson zu bringen sucht, dann wird das Volk zwar Delikte meiden, doch wird ihm nicht bewußt sein, daß das Begehen von Delikten etwas ist, dessen man sich zu schämen hat. Wenn man es mittels der Macht moralischer Grundsätze von innen her zum Guten lenkt und seine äußeren Aktivitäten an einen umfassenden Katalog von ritualisierten Verhaltensformen bindet, dann wird es das Gefühl der Scham besitzen, sich vom Bösen abwenden und den rechten Weg beschreiten« (zit. bei v. Senger 1982, 95).

Zu dem »Katalog ritualisierter Verhaltensformen«, welche von außen den Menschen Halt geben, tritt die Macht moralischer Grundsätze, die bei Vergehen im Menschen Scham vor sich erzeugen oder bei gelungener Leistung Freude über sich. Nicht um ein höheres Maß an Disziplinierbarkeit geht es Konfuzius, sondern um ein menschenwürdigeres, bewußteres und nicht bloß reagierendes Leben.

b) Die Unterscheidung in Kants »Metaphysik der Sitten« 62

(1) Kant stellte »Moralität« und »Legalität« in der »Metaphysik der Sitten« von 1797 (VI, 205 ff.) gegenüber. Moralität ist mit Sittlichkeit gleichzusetzen (VI, 219); unmoralisches Handeln muß nicht notwendig illegales, illegales nicht notwendig unmoralisches sein.
(2) Kant nennt zwei Gesetzgebungen. Die ethische Gesetzgebung macht die »Handlung zur Pflicht und diese Pflicht zugleich zur Triebfeder« (VI, 219). Wo Handlung zur Pflicht gemacht wird, in der Frage der Triebfeder aber keine definitorische Festlegung erfolgt, liegt ein Akt der juridischen Gesetzgebung vor. Zwar kann auch diese Handlung aus Pflicht erfolgen, doch interessiert den Gesetzgeber nur der Erfolg, nicht die Art der Triebfeder. Kant setzt noch hinzu, daß von einer Einstellung der Abneigung gegen das »nötigende« Gesetz ausgegangen werden dürfe.
(3) Legalität oder legales, gesetzmäßiges Handeln oder Unterlassen ist gegeben, wenn die Handlung oder das Unterlassen mit dem Gesetz

übereinstimmt. Welche Motive zum legalen oder illegalen Verhalten geführt haben, interessiert nur dort, wo Belohnungen und Strafen zuerkannt werden. Moralisches Handeln liegt vor, wenn der Mensch das Gesetz befolgt, sich zur Handlung verpflichtet weiß und aus dieser Verpflichtung heraus handelt.

(4) Was den Inhalt der Gesetze beider Gesetzgebungen betrifft, so kann die juridische Gesetzgebung nur äußere Pflichten, d. h. wahrnehmbares, intersubjektiv kontrollierbares Tun, Dulden und Unterlassen festlegen. Um wieder den Einführungsfall zu erwähnen: dem Gesetzgeber und dem Richter ist es gleichgültig, aus welchen Motiven der frühere Ehegatte die Aufhebung der Zweitehe verlangt. Zu prüfen ist nur, ob nicht Nichtigkeit der Ehe vorliegt, ob die Fristen und sonstige Verfahrensvorschriften eingehalten sind. Die ethische Gesetzgebung »geht auf alles, was Pflicht ist«, auf innere und äußere Handlungen. Sie hat »mit dem Recht Pflichten, aber nicht die Art der Verpflichtung gemein« (VI, 220). Dem äußeren Gesetz tritt das moralische Handeln zweifach gegenüber: Es prüft den Inhalt des Gesetzes und es befindet darüber, aus welcher Triebfeder die Befolgung oder Nichtbefolgung geschehen soll.

(5) Legales Verhalten ist nach Kant nicht eine Vorform moralischen Verhaltens, die Moralität nicht die Vervollkommnung der Legalität. Es handelt sich vielmehr um zwei Gesetzgebungen, von denen keine die andere verdrängt. Die Absetzung der juridischen von der moralischen Gesetzgebung ist keine Herabsetzung der ersteren. Nicht Entmoralisierung des Rechts ist bezweckt, wohl aber die Entlassung des Rechts aus der Aufgabe, unmittelbar der Sittlichkeit – im Kantischen Sinne – zu dienen. Die Faktoren der Verläßlichkeit und der Zeit sind bei der Legalität bestimmend. Resultate dürfen nicht auf sich warten lassen, deshalb dringt der juridische Gesetzgeber in den Raum der Triebfedern ein und wirkt bei der Bestimmung der Triebfeder mit – durch die Androhung des Zwangs. Der Gesetzgeber setzt einen Beweggrund oder, wie Kant auch sagt, er baut ein Hindernis gegen die Behinderung der Freiheit auf. Bleibt das gesetzmäßige Verhalten aus, so hat die Androhung versagt, verhält sich der Rechtsadressat korrekt, deutet dies nicht unbedingt auf ihre Wirksamkeit hin.

(6) Zu Kants Unterscheidung von Moralität und Legalität sei abschließend bemerkt, daß Kant nicht den Zwang zum Guten befürwortet, wohl den Zwang um der Verläßlichkeit der notwendigen Ordnung und damit der bürgerlichen Freiheit willen, von welcher die transzendentale (innere) Freiheit zu unterscheiden ist (§ 36).

Recht hat die Hindernisse der freien Entfaltung der Menschen entweder gar nicht entstehen zu lassen oder zu beseitigen. Bestehen solche Hindernisse, so wird die bürgerliche Freiheit unzulässigerweise eingeschränkt oder gar verloren. In einem Zustand bürgerlicher Freiheit zu leben, ist aber ebenso sittliche Pflicht des Menschen, wie sich eine äußere Rechtsordnung zu geben und sie zu erfüllen. Selbst aber bei Verlust dieses Zustandes bleibt der Mensch ein sittliches Wesen und darf – auch in diesem Zustand – nicht als Mittel gebraucht werden (vgl. Schnoor 1989, 221 ff.).

(7) Dieser Verhältnisbestimmung ist von der Anlage vorliegenden Entwurfes her zuzustimmen.

3. Moral als »Ethik« verstanden

Der Begriff der »Moral« findet sich auch für die Wissenschaft der sittlichen Normen verwendet. Ich gebrauche für diese Bedeutung den Begriff »Ethik« oder »Moralphilosophie«.

Die Verbindung von Recht und Ethik soll folgende sein: Es bedürfen jene, welche die Rechtsordnung gestalten, anwenden und abändern, der Beratung, der Erklärung der sittlichen Normen, ihrer Folgen und ihrer Zusammenhänge. Die Existenz einer frei betriebenen und im Austausch befindlichen wissenschaftlichen Pflege der »Moral«, hier »Ethik« genannt, ist für die Gestaltung der Rechtsordnung unverzichtbar.

4. Klassische Fragestellungen zum Verhältnis von Recht und Moral

Drei gedankliche Inhalte, welche sich gemeinhin mit »Moral« verbinden, stellte ich vor und fragte jeweils im Anschluß nach dem Sollensverhältnis zum Recht, dessen Definition im vorangegangenen Kapitel erfolgte. Sie enthält zwar in ihrem Wortlaut keinen unmittelbaren Bezug auf einen der drei »Moral«-Begriffe, inhaltlich steht sie jedoch mit dem zweiten in unverzichtbarem Zusammenhang: Recht bezieht sich auf den Menschen. Als Ordnung soll es ihn unterstützen. In der weiteren Untersuchung gehe ich unter (1) auf den »Moral«-Begriff des § 58, unter (2) auf den Begriff der Moralität des § 62 ein.

Das Verhältnis
a) unter der Rücksicht des Ursprungs der Normen   63

(1) Der Blick auf die vorfindbaren Rechtsordnungen und die gelebte Moral im Sinne der »mores« zeigt den Unterschied: Die überwiegende Zahl geltender Normen einer Industriegesellschaft wird in einem genau vorher festgelegten Verfahren hervorgebracht, wohingegen in den Gruppierungen und Lebensregionen der Gesellschaft sich die Sitten

und Bräuche auf nicht leicht feststellbare Weise herausbilden, so daß mehr über ihre Existenz als ihr Werden bekannt ist. Doch lassen das Gewohnheits*recht* und die Vertragskonstruktionen gesellschaftlicher Gruppen die klare Abgrenzung unscharf werden.

(2) Hingegen ist die sittliche Verpflichtung, eine Rechtsordnung zu haben und dazu eine solche, welche bestimmte Aufgaben zu erfüllen vermag, eine Auslegung und Anwendung der allgemeinen sittlichen Verpflichtung (§ 7).

64 b) unter der Rücksicht der Verbindlichkeit

(1) Ist die Rechtsordnung »eingefleischt«, so ist der Unterschied zu den »mores« eingeebnet. Pochen die Vertreter der Rechtsordnung auf den Zwang, wäre Vergleichbares in einer mit hartem Druck arbeitenden Moral zu finden.

Wechselseitig können sich die beiden Ordnungen die Verbindlichkeit absprechen: Rechtsbrüche stilisiert die »Gesellschaft« zum Kavaliersdelikt, Bräuche werden strafrechtlich verfolgt.

(2) Wenn wir die Ordnung des Rechts nun mit der »Moralität« vergleichen, so ergibt sich folgendes Bild.

Die Zustimmung zum Sollen des Rechts, in der Form des Gesetzes, des Urteils, des Vertrages begründet die Verbindlichkeit (§ 28); ohne die Zustimmung handelt es sich um eine bloße Ordnung. Die moralische Verpflichtung hingegen besteht unabhängig von der Zustimmung. Die Bejahung ist allerdings zur sittlichen Lebensgestaltung nötig, denn der Anspruch allein verwandelt noch nicht das Leben, sondern erst die aktive Übernahme in das eigene Lebensprogramm. Recht als Recht existiert aber erst durch die Bejahung (§ 28).

65 c) unter der Rücksicht des Regelungsgegenstandes

(1) Der »consensus«, die »Konvention« wie die existierenden Rechtsordnungen regeln soziales Verhalten, ja alle drei Ordnungen gebieten bestimmte Taten und ächten dieselben Unterlassungen, wie den Diebstahl oder den Mord. Ein eigenes Feld, dem die Moral nichts Vergleichbares entgegenzusetzen hat, ist mit den Erzeugungs-, Änderungs- und Durchsetzungsnormen der Rechtsordnung gefüllt.

Das Beispiel der »Unterlassenen Hilfeleistung« vermag weitere Unterschiede zu verdeutlichen. Sie ist als Straftatbestand erfaßt und geregelt, zugleich ist sie – regelmäßig – Bestandteil der mores. Würden alle Hilfe leisten, bedürfte es nicht des Rechtes. Es muß der Gesetzgeber von einer Schwäche an gesellschaftlichem Druck zur Hilfeleistung ausgehen. Will er aber die Erfüllung dieser »Pflicht«, dann muß er gleichsam im Motivationsbereich andere Motivationen ansetzen. Wegen unterlassener

Hilfeleistung strafrechtlich belangt zu werden, beeinflußt ihr Verständnis unter den Rechtsadressaten.

Aus dem Beispiel spricht Mißtrauen von seiten der Rechtsordnung gegenüber der Moral der Gesellschaft. Andererseits zeigt sich die Angewiesenheit der Rechtsordnung auf die Moral, wenn sie auf das »Anstandsgefühl aller billig und gerecht Denkenden« zurückgreift.

Die mores sind nicht grundsätzlich härter oder nachgiebiger in ihren Forderungen als das Recht. Auch das Recht kann das Lebensopfer verlangen, beispielsweise von Angehörigen der spezialisierten Rettungseinheiten. Ein besonderer Ausgleich ist den Menschen dafür zu geben, solchen Rechtsforderungen unterworfen zu sein. Andererseits kennt das Recht die Billigkeit und die Begnadigung.

Die mores müssen nicht notwendig fortschrittlicher oder rückschrittlicher als die Rechtsordnung sein. So kann eine Verfassung die Verhängung der Todesstrafe verbieten, während die gesellschaftliche Meinung sie noch für berechtigt hält. Andererseits kann die Moral für die Gleichberechtigung der Geschlechter zu einem Zeitpunkt eintreten, wo das Gesetz noch Unterschiede festschreibt.

Recht und mores knüpfen am »Außen« des Menschen an, berücksichtigen unter Umständen auch das »Innen«, wobei das Recht im Strafverfahren methodisch die Schuld zu erforschen versucht.

(2) Ist Recht »ethisches Minimum«? Oder sind inhaltlich gesehen alle rechtlichen Gebote und Verbote auch sittliche? Sind alle sittlichen auch rechtliche?

(a) Wenn als Bestandteil der Moralität auch Pflichten gegenüber sich selbst angesehen werden, so ergibt sich schon von hierher ein Unterschied, kann es doch kein Recht sich selbst gegenüber geben. Aber auch wenn nur das Gesamt an sozialen Pflichten zum Gegenstand der Moralität gerechnet wird, liegt doch keine völlige Deckungsgleichheit vor. Kant betonte sie für den *Pflichten*katalog. Das Recht aber spricht von *Rechten und Pflichten*, die Moral – im Sinne Kants, nicht Hegels (vgl. Enzyklopädie 1830, § 505) – hingegen nur von Pflichten. Die Rechtsordnung muß Kollektive und Institutionen einrichten und sie unter Recht und Pflicht stellen. Der sittliche Anspruch richtet sich hingegen unmittelbar nur an die einzelne Person, vermittelt über jene kann sich der Anspruch auch durch die Institutionen äußern.

(b) Muß das Recht für Tugend sorgen? Für eine sittlich gute Lebensführung? Stört es dabei nicht erst recht?

Der hier gewählte anthropologische Ansatz duldet eine solche Aufgabe nicht, die über die der Orientierung hinausweist. Doch darf es keine Diskrepanz zwischen Recht und Sittlichkeit der Art geben, daß die Freiheit, ihre Entfaltung in frei gewählten sozialen Beziehungen, ihr Ausgelegtsein in Raum und Zeit nicht beachtet werden dürften.

Der »Zwang zum Guten« aber darf sich mit der äußeren Erfüllung nicht zufrieden geben und muß den Menschen »mit allen Mitteln« vor dem Schlechten bewahren. Damit mündet eine solche Politik des Zwanges regelmäßig in die unbeschränkte Kontrolle, in den unnachgiebigen Zwang, den unbeherrschten und bald unbeherrschbaren Terror als Programm.

(c) Sicherlich ist vielen Rechtsnormen eigen, daß ihr Inhalt in der einen oder anderen Weise hätte festgelegt werden können, so in der Frage des Links- oder Rechtsverkehrs auf den Verkehrswegen. Auch der Einführungsfall zeigt, daß eine Bevorzugung der Erstehe vertretbar gewesen wäre. Allerdings ist zu sehen, daß die Wahl, die Beibehaltung und die Abänderung von Rechtsnormen durchaus sittliche Fragestellungen aufwirft, so etwa nach der finanziellen Vertretbarkeit der Einführung einer bestimmten Regelung und der Abänderung – beispielsweise wenn das gesamte Straßenverkehrsnetz von Rechtsverkehr auf Linksverkehr umgerüstet werden sollte.

66   d) unter der Rücksicht der Form

(1) Die Rechtssetzung muß eingrenzen und ausgrenzen, bis sie den Tatbestand geschaffen hat. Die gesetzte Regel trägt abstrakt-typisierten Charakter. Die Beschreibung erfolgt nach typischen Merkmalen und orientiert sich an Verhaltensstandards. Recht ist, so betrachtet, Konstruktion.

Die Norm der mores kann sehr präzis, aber auch sehr offen sein. Die Suche nach ihren Grenzen geschieht durch Abwägung mit anderen gleichfalls nicht völlig scharf abgegrenzten sozialen Regelungen.

(2) Die sittliche Norm ist durch das Gewissen erfahrbar, gibt sich nicht als Konstruktion von Menschen zu erkennen und fordert zur Bejahung auf. Die »Tatbestandsseite« bedarf der Konkretisierung in die je einzigartige Situation hinein: was ist das Böse, das es hier und jetzt zu meiden gilt?

67   e) unter der Rücksicht, wie auf die Verletzung der Norm reagiert wird

(1) Zwang, allgemein verstanden als jede Form eines Drängens unter Androhung von massiven Nachteilen, ist kein Unterscheidungsmerkmal des Rechts gegenüber den mores; Zwang hingegen in der Form eines Mittels, ausgeübt durch einen eigens dazu bestellten und organisierten Rechtsstab, sehr wohl. Recht bedarf der Bejahung, die selbst nicht Werk des Zwanges sein *kann* (§ 29).

(2) Moralität und äußerer Zwang sind unvereinbar.

Die Fragestellung nach dem Verhältnis von Recht und Moral ist neu-
zeitlich. Die Trennung beider geschah aus vielen Gründen. Um der
Freiheit willen verbietet sich jeder Schritt in eine meist parteilich ge-
färbte Remoralisierung des Rechts. N. Luhmann versteht das Recht
als ein sich selbst tragendes System; es funktioniere wie der Witz dann
am besten, wenn nicht weiter gefragt werde (1983, 142). Richtig gesehen ist meines Erachtens, daß das Recht eine ihm eigene Plausibilität
haben soll. Doch gibt es, um N. Luhmanns Vergleich aufzunehmen,
gelungene und mißlungene Witze, auch gehen sie oft auf Kosten anderer. Die Frage nach den Maßstäben ist weiterhin aktuell.

Literatur:

Bergson 1933.   Geddert 1984.
Funke 1961.   Pawlowski 1964.

IV. Rechtspositivismus und Naturrecht

1. *Rechtspositivismus*

So wie der »Positivismus« aus seiner Gegnerschaft zur Metaphysik
Leben und Berechtigung bezog (vgl. Patzig 1961, 473), so ist der Begriff
des Rechtspositivismus zutiefst von der Gegnerschaft zum Naturrecht
geprägt. Stimmt es, daß der Positivismus stürzt, wenn das Naturrecht
fällt, und daß er es deshalb um seiner selbst willen gar nicht loswerden
dürfe?

a) Die Begriffe   68

Jeder einzelne der folgenden Begriffe hat seine Geschichte.
Auguste Comte (1798–1857) führt in seinem »Cours de philosophie
positive«, später »Système de philosophie positive« genannt (1830 bis
1842), und in seinem »Système de politique positive«, erarbeitet zwischen 1851 bis 1854, den Begriff »Positivismus« in das philosophisch-
politische Denken ein. Im »Cours« geht es A. Comte darum, das, was er
unter Philosophie versteht, von den Wissenschaften zu trennen und
zugleich die Sozialwissenschaften zu begründen. »Positiv« setzt A.
Comte mit »wissenschaftlich« gleich; er nennt ein Vorgehen »positiv«,
das vor allem mittels der Beobachtung feststellen will, was ist, und

spannt das Wissen darüber in einen praktischen Rahmen ein, wenn er ausführt: »Savoir pour prévoir, afin de pourvoir«. Wissenschaft soll zur Voraus-Sicht führen, diese zum Handeln, das Handeln zur Gestaltung einer dem Menschen nützlichen Welt.

Das »Système de politique positive« führt den Untertitel: »Traité de sociologie instituant la religion de l'humanité«. Dieser Untertitel verursachte unzählige Mißverständnisse, denn oft wurde Religion mit Theologie gleichgestellt. A. Comte, der »religio« von »religare« herleitet, und mit »synthèse« übersetzt, sieht alles das als religiös an, was die Einheit des Menschen, der Menschen untereinander und der Gesellschaft herbeiführt und stärkt. Die »Religion« A. Comtes als »religion positive« besteht darin, die Menschheit, »Grand-Etre« genannt, kennenzulernen, sie zu lieben und ihr zu dienen. Die Geschichte der Menschheit betrachtet A. Comte als einen Weg der Emanzipation.

Enger anzusetzen ist der sogenannte »empirische Positivismus«. Er geht von der zentralen Annahme aus, daß jede Erkenntnis ihre Basis in der Erfahrung haben muß. Er läßt letztlich nur Empfindungen und Erlebnisse gelten (vgl. Hegselmann 1978, 126f.; Eley 1978, 426–472).

Wie wirkten sich die »Positivismen« nun auf das Rechtsdenken aus?

(1) Werden die rechtserzeugenden Gegebenheiten ausschließlich dem Bereich der äußeren Tatsachen entnommen, so läßt sich von *naturalistischem Positivismus* sprechen. Die Legislative und auch die Rechtswissenschaft werden auf den Gebrauch der »Quellen« beschränkt, deren Existenz und Inhalt intersubjektiv in einer als plural und skeptisch bezeichneten Gesellschaft nachprüfbar sind.

(2) Sind Begriffe das vorgegebene Material der Rechtserzeugung und -deutung, so gebraucht man den Begriff des *rationalistischen Positivismus*. Das vorgefundene Material ist mit dem Ziel zu bearbeiten, eine möglichst erhellende und auf die Fälle antwortende Systemkonstruktion zu gewinnen. Die Vorgehensweise illustriert ein Ausspruch K. Bergbohms aus dem Jahre 1892: »Die Definition des Rechts muß gleichsam eine hermetisch schließende Hülle des gesamten Rechtsstoffes bilden. Ist sie genau bearbeitet, so paßt alles Recht hinein, nichts davon bleibt draußen, und nichts paßt hinein, als was Rechtsnatur hat« (vgl. Maihofer 1973, 86). Rechtssicherheit soll erreicht werden, indem der Gesetzgeber »abstrakte und allgemeine Gesetzestatbestände, die auf beschreibenden und bewertenden Elementen mit eindeutiger Bedeutung aufgebaut sind, aufstellt, und zum zweiten durch die Unterordnung des Gesetzesauslegers unter den Willen des Gesetzes. Es wird dabei die Möglichkeit ausgeschlossen, durch Berufung auf politische, moralische und soziologische Prinzipien, die nicht direkt im Gegensatz herangezogen wurden, den Inhalt der Gesetze zu erweitern und zu korrigieren« (Baratta 1968, 332).

(3) Unter Rechtspositivismus wird aber auch die Lehre verstanden, welche nur die von Menschen in Raum und Zeit gesetzten und in Kraft gesetzten Normen als »Recht« qualifiziert. Sie läßt sich als *normativer Positivismus* bezeichnen. Rechtsnormen sind allein und ausschließlich deshalb gültig, weil sie von den zuständigen Rechtsorganen im geregelten Verfahren erlassen worden sind.

(4) Insoweit die Setzung durch staatliche Organe und Institutionen weitgehend und regelmäßig in der Form des Gesetzes erfolgt, ist auch der Begriff *»Gesetzespositivismus«* einsetzbar. Von »Gesetzespositivismus« sprach man im 19. Jahrhundert in Absetzung von dem »Gewohnheitsrechts-Positivismus« der Historischen Rechtsschule (Fr. C. v. Savigny, K. F. Eichhorn, J. Grimm). Sie stellte einerseits der Vorstellung vom übergeschichtlichen Recht den hohen Rang des geschichtlich gewordenen, »aus dem innersten Wesen der Nation selbst und ihrer Geschichte hervorgegangenen« (v. Savigny, in: Wesenberg 1976, 158) Rechts gegenüber. Andererseits wertete die Historische Rechtsschule das »gemachte« Recht nicht völlig ab, da der Volksgeist in der Legislative wie in der Judikative zu Worte kommen konnte. Die Ohnmacht jeglicher Sozial- und Rechtspolitik gegenüber dem eigenmächtigen Volksgeist legte den Grund für die Sicht der Ausdifferenzierung gesellschaftlicher Systeme. Mit der wachsenden Bedeutung gesetzlicher Regelungen verdrängte der Begriff des Gesetzespositivismus auch den des Gewohnheitsrechts-Positivismus aus dem Bewußtsein, ja sprach letzterem sogar die Berechtigung ab, wohl aus dem Wert der Rechtssicherheit heraus und der Notwendigkeit zentraler staatlicher Planung.

(5) Auch gibt es die Art von Positivismus, welche als Recht nur das ansieht, was als Recht nach verbreiteter gesellschaftlicher Ansicht in Geltung ist und angewendet wird. So schrieb 1892 K. Bergbohm: »... nur was als Recht funktioniert, das ist Recht, sonst nichts; und alles das ist Recht, ohne Ausnahme« (vgl. Maihofer 1973, 94).

b) Stellungnahme

Der Rechtspositivismus hebt zu Recht die Notwendigkeit der Setzung heraus. Er weist damit auch zu Recht auf die Verantwortung der Rechtssetzer hin. Zweitens ist es das Verdienst des Rechtspositivismus, den Wert der Rechtssicherheit betont zu haben. Drittens lenkt der Rechtspositivismus den Blick auf die Rechtssetzungsverfahren und damit auf den Wert der Verfahren überhaupt. Er rückt aber auch die Pflicht des Rechtsadressaten in den Vordergrund, seine unvertretbare Entscheidung darüber zu treffen, ob er dem gesetzten Recht gehorchen wolle oder nicht und, wenn ja, in welcher Form. Auch unterstreicht er die

Pflicht der Adressaten, sich an der inhaltlichen Bestimmung des Rechts zu beteiligen. Gerade unter diesem Aspekt der unvertretbaren Prüfungspflicht wird dem Gesetzespositivismus als solchem keine oder nicht größere Mitverantwortung als anderen Rechts-»Philosophien« an der Etablierung und dem Funktionieren des Nazi-Regimes aufzubürden sein. Der Nationalsozialismus vertrat keinen Gesetzespositivismus, sondern bestimmte vom sogenannten »Völkischen Naturrecht« her seine Rechtspolitik.

(1) Der *naturalistische Rechtspositivismus* grenzt sich gegen Lehren ab, welche zur »Wirklichkeit des Menschen« seinen transzendenten Bezug hinzunehmen. Die Einschränkung auf bestimmte Methoden der Verifizierbarkeit bedarf selbst aber anderer Methoden zu ihrer Begründung als derer, die im Arsenal des Positivismus zugelassen sind. So verweist dieser Positivismus, wie die anderen Positivismen auch, auf eine Metaebene weltanschaulicher Positionen und dort getroffener Entscheidungen.

(2) Der *rationalistische Positivismus* verweigert die Öffnung auf das sogenannte »lebendige Recht« (Kantorowicz) oder das »konkrete Naturrecht«. Die von Menschen vorgenommene begriffliche Setzung gerät zum nicht weiter eingeordneten und einzuordnenden Rahmen der Rechtssetzung, der Rechtsfortgestaltung und des Rechtsdenkens.
Diese Beschränkung bedarf aber des Ausweises, zumindest eines Problembewußtseins. Die »Interessenjurisprudenz« wies zu Recht auf die in die Begriffe eingewobenen Vorstellungen hin und sprach damit jedenfalls den Begriffen die behauptete oder stillschweigend unterschobene Neutralität ab. K. Bergbohm ist sich des »vitiösen Zirkels« bewußt, »in den nun einmal alle Begriffsbildung gebannt ist. Wenn wir die Objekte feststellen, denen die ihrem Begriff einzuverleibenden Merkmale anhaften, so bringen wir bereits diesen selben Begriff zur Beurteilung ihrer Tauglichkeit an jene Objekte heran« (1892; in: Maihofer 1973, 93).

(3) In der dritten Bedeutung des Positivismus treffen wir die scharfe Trennung von dem »Recht, wie es ist« und dem »Recht, wie es sein soll« an. Recht und Moral dürfen, so der *normative Positivismus*, nicht verwechselt werden. Dem gesetzten Recht fällt als gesetztem keine moralische Auszeichnung zu. Wer gehorcht, kann sich nicht auf eine moralische Wertigkeit des gesetzten Rechts als solchen berufen, sondern nur auf die von ihm vorgenommene Prüfung und Bewertung des gesetzten Rechts als moralisch positiv. Dies mag so nicht immer verstanden oder in einem bestimmten Klima betonter Staatstreue zu sagen unterlassen worden sein. Der normative Positivismus bildete sich in der Zeit des Obrigkeitsstaates heraus, setzte aber die Mündigkeit der Bürger voraus. So gesehen, kam der Positivismus – zu früh und vor seiner Zeit.

(4) Eine Frage ist, ob der Akzent schon immer auf das Verfahren der Setzung oder lediglich auf die Tatsache der Setzung gelegt? Und welche Art von Setzung ist gemeint? Etwa auch eine gewohnheitsrechtliche, durch eine Gemeinschaft, indem eine Übung längere Zeit hindurch durchgehalten wird, oder nur die staatliche Setzung?

Literatur:

Baratta 1978.
Böckenförde 1976.
Henkel 1977 § 39.

Hoerster 1987.
Maihofer 1973.
Ott 1976.

2. Naturrecht

Zahlreiche und voneinander in den Fragen der Erkenntnis, des Inhalts und der Begründungsfunktion des »Naturrechts« nicht gering abweichende Theorien stellen sich unter die Bezeichnung »Naturrecht«.

a) Die Begriffe

(1) Ist mit »Natur« die »Ratio« gemeint, so ist das Naturrecht dem Vernunftrecht gleichzusetzen.
Bei dieser Fassung der »Natur« werden apriorische und dem Menschen evidente Einsichten angenommen.
a) M. T. Cicero bringt »Natur« und »Vernunft« zusammen und enthebt sie der geschichtlichen und gesellschaftlichen Wandelbarkeit, wenn er schreibt:

»Es ist aber das wahre Gesetz die richtige Vernunft, die mit der Natur in Einklang steht, sich in alle ergießt, in sich konsequent, ewig ist, die durch Befehle zur Pflicht ruft, durch Verbieten von Täuschung abschreckt, die indessen den Rechtschaffenen nicht vergebens befiehlt oder verbietet, Ruchlose aber durch Geheiß und Verbot nicht bewegt« (De re publica, Buch III, Kap. 22 (33): 1981, 281).

Die eine und einzige Vernunft ist erkennbar, sie verfügt über einen bestimmbaren Inhalt, verleiht allen menschlichen Setzungen Kraft, soweit sie mit ihm übereinstimmen, und ist oberster Beurteilungsmaßstab. Cicero betont Stärke und Schwäche dieses Gesetzes: Wer diesem Gesetz nicht gehorcht, flieht vor sich, aber er muß eben nicht gehorchen.
b) Th. v. Aquin weist auf die zentrale Einsicht hin, die jedem Menschen gegeben ist, und die ihn verpflichtet, das Gute zu tun und das Böse zu meiden (Summa theologiae I–II 94, 2). Für Th. v. Aquin handelt es sich um einen »Sollensanspruch zur verantwortlichen Selbstverwirklichung« (Böckle 1967, 303). Autoren, die einer Zeit stärkeren ge-

schichtlichen Wandels angehörten, hoben den Unterschied zwischen einem absoluten Naturrecht, dessen Quelle die menschliche, von Gott gegebene Vernunft ist und deren Aussprüche zeitlos gültige Normen auferlegen, und dem relativen oder differenzierenden Naturrecht hervor. Letzteres leugnet also nicht die Normen des absoluten Naturrechts, nimmt selbst aber Rücksicht auf die tatsächlichen Unvollkommenheiten, welche die menschliche Natur aufweist, und auf die Unterschiedlichkeiten des sozialen Lebens. Für Voltaire, der auf das absolute Natur-Vernunft-Recht baute, galt das differenzierende Naturrecht für die Zeit, die durch die Vervollkommnungsfähigkeit des Menschen erst allmählich in dem einen oder anderen Feld verlassen werden könnte, um sich dem absoluten Naturrecht anzunähern. Montesquieu sah die Trennung von geistlicher und weltlicher Gewalt und das Verbot der Sklaverei als Aussagen des absoluten Naturrechts an. Das relative Naturrecht rechtfertigte dann doch für ihn in bestimmten Zeiten den Verbund von Sacerdotium und Imperium, wie auch in einem gewissen Klima die Sklaverei zulässig war.

(2) Oder wird mit »Natur« ein dem Menschen unablegbar mitgegebener, unveränderlicher und unwandelbarer Wesenskern gemeint, der zugleich bestimmte und erkennbare Forderungen auferlegt? Mit »Natur« ist dann eine metaphysische Wesensnatur gemeint. Sein und Sollen stehen in einer engen Verbindung: je veränderlicher das Sein ist, desto mehr ändert sich auch das Sollen.

Wie aber diesen Kern finden? Wer das bei allen Völkern beachtete Normgut vergleicht und das Gemeinsame heraussiebt, verbleibt im Raum des Faktischen und vermag nie, sein Ergebnis als unveränderlich und immer gültig auszugeben.

a) Aristoteles geht in der Nikomachischen Ethik davon aus, daß bestimmte Rechte »naturgemäß« und trotzdem oder gerade deswegen auch veränderlich sind:

»... bei uns (Menschen) ... gibt es etwas zwar Naturgemäßes, aber als durchaus Veränderliches« (V 10, 1134 b 28 ff.).

Das »physei dikaion« ist das Gerechte; seine Wirklichkeit ist von den Bürgern zu erarbeiten; sich ihm anzunähern, ist ihre Pflicht. Es ist das ihnen gemäße Recht (vgl. Verdross 1970, 534). Wie steht es um die Berechtigung der Sklaverei? Aristoteles stellt die Institution der Sklaverei nicht in Zweifel. Indem er aber darauf hinweist, daß in der Statur eines als Sklave dienenden Menschen ein zum Freisein Veranlagter leben könne, und als Freier in der Polis jemand auftreten könne, der lediglich zum Sklaven geeignet sei, verunsichert Aristoteles meines Erachtens zutiefst diese Einrichtung und nimmt ihr die Selbstsicherheit (Politik I 5 f., 1254 a 17–1255 b 16).

b) Th. v. Aquin sieht die synderesis, das gebildete Gewissen (II sent 24, 2, 3), zusammen mit den inclinationes naturales: Im Menschen seien Anlagen, die einen bestimmten Umgang des Menschen mit sich und den anderen verlangen (Summa theologiae I–II 94, 4 ad 3). An Forderungen ergibt sich aber auch hier mit Sicherheit nur das Gebot »Tue das Gute, meide das Böse!« oder eine negative Grenzziehung, die anzeigt, was mit Sicherheit unrecht ist.

(3) Deckt sich »Natur« mit der biologisch-physiologischen »Natur«?

a) Verlangt diese Naturrechtsauffassung, daß der physisch und psychisch Stärkere über den physisch und psychisch Schwächeren herrsche, wie Platon den Kallikles im »Gorgias« (483 a–e) sagen läßt?

b) Oder zeigen sich die Menschen als im wesentlichen gleich, so daß vom Naturrecht her die Berechtigung gesellschaftlicher Unterschiede bestritten werden kann (vgl. H. L. A. Hart 1961, 182 ff., in: Hoerster 1987, 121 f.)?

(4) Das »Naturrecht« kann auch als »Rechts«-Macht des Naturzustandes in den Theorien auftreten, die einen vorgesellschaftlichen Zustand annehmen.

Hobbes arbeitet mit einem solchen Naturrechtsbegriff im »Leviathan« (14 Kap.). Dieses »Naturrecht« ist dem einzelnen zugeordnet. Es ist nicht im voraus gestaltete Beziehung mit den anderen Menschen, sondern ungestaltete Eigenmacht der Eigensicherung. Der naturrechtliche Zustand der Menschen ist grundsätzlich unfriedlich und ständig bedroht, das heißt unlebbar (§ 35). Die Vernunft weist aber auch den Ausweg aus der verfahrenen Lage.

Die verschiedenen Begriffsfassungen sind bei der Verwendung des Begriffs »Naturrecht« im voraus zu klären oder jedenfalls bewußt zu haben.

(5) Zum anderen ist zu fragen, inwieweit und wie ernsthaft läßt sich von »Recht« im Zusammenhang der jeweiligen Naturrechtslehre sprechen. Auch hier bietet sich kein einheitliches Bild.

a) Kant billigt dem Status naturalis ein Recht zu, das er »Naturrecht« betitelt, welches die Zuordnung der Menschen leistet – dies also im Gegensatz zu Hobbes –, dem aber die Durchsetzungskraft abgeht (Metaphysik der Sitten, Einleitung in die Rechtslehre: VI, 242; II. Teil § 44: VI, 312). Zweierlei zeichnet dieses Recht aus: es ist provisorisch, weil es »ungesichert« ist. Diesen Charakter des Provisorischen verliert das Recht erst dadurch, daß der Staat es in deutlicher Weise formuliert und ihm Durchsetzungskraft verleiht. Kant betont damit, daß der Staat das Recht nicht erschafft, es aber sichert. Zum anderen: Die Menschen, welche in diesem Status leben, stehen unter der Forderung, ihn zu verlassen und sich in den status civilis zu begeben. Der »Natur-Rechts«-Zustand ist »pro-visorisch«, denn er läßt vorausschauen. Doch auch über die Staatsgrenzen hinaus verlangen Naturrecht wie status civilis die erdumspannende Rechtsgemeinschaft. Denn erst deren Herstellung garantiert die vollständig gesicherte Dauerhaftigkeit des Rechtszustandes. Den Rest des provisorischen Charakters vermag dem Recht der einzelne Staat allein noch nicht abzustreifen.

b) Wer »Naturrecht« sagt, kann »Prinzipien« meinen, »Grundsätze für eine Sollensordnung«, »moralische Rechte«, »Leitlinien« etc. (vgl. Küchenhoff 1962) oder »Metarecht« (Menne 1983, 198 f.). Der Begriff »Recht« findet in diesem Zusammenhang eine weite Verwendung.

Der Begriff »Naturrecht« erreicht in seinen beiden Bestandteilen eine verwirrende Füllung.

Literatur:

Brandt 1982, 233–285.
Cassirer 1932/1933.
Hoerster 1987, 77–141.
Küchenhoff 1962.

Rommen 1947.
Troeltsch 1925.
Wolf, Erik 1960.
Wolf, Ernst 1960.

71 b) Stellungnahme

Einzugehen ist zuerst auf die Kritik an den Naturrechtslehren. Ich bespreche die häufigsten und wichtigsten Kritikpunkte.

(1) Einwände sind gegen die behauptete Allgemeingültigkeit naturrechtlicher Sätze erhoben worden. – Es ist jedoch genau zu zeigen, *wie* der Anspruch der Allgemeingültigkeit in Frage gestellt werden kann. Eine allgemeine Sollensforderung vermag nicht allein schon durch den Nachweis entkräftet zu werden, daß eine konkret gehaltene Sollensforderung dieser allgemeinen Sollensforderung historisch-faktisch widersprach. In der Konfrontation von konkreter und allgemeiner Forderung kann sich die allgemeine Norm allerdings als noch zu konkret erweisen und ihre echte Allgemeinheit erst gewinnen. Eventuell weicht aber auch die besondere Sollensforderung im Wortlaut von der allgemeinen Norm ab, bestätigt sie aber in der Sache, da die kulturelle Verschiedenheit einen anderen Weg zum gleichen Ziel erzwang. So widersprach die in Tibet lange Zeit praktizierte Polyandrie zwar der Monogamie, entsprach aber den Forderungen nach Fortpflanzung, Schutz der Frau wie der Kinder und Ernährung der Familie. Das einzig human-zumutbare Mittel stellte in Tibet zu einer bestimmten Zeit die Polyandrie dar, anderswo die Monogamie.

(2) Ist es nicht unmöglich, abgesehen von den erwähnten Schwierigkeiten mit dem »Natur«-Begriff, zwischen Natur und Kultur zu unterscheiden, da es dem Menschen eine Naturnotwendigkeit ist, Kultur zu entwickeln? – Es ist nicht möglich. Die Unterscheidung der Völker in

Natur- und Kulturvölker ist abzulehnen. Eine Emanzipation von der Natur kann ebensowenig stattfinden wie eine Ablösung von geschichtlichen Ausformungen.

(3) Haben die Naturrechtslehren die Setzung nicht oder zuwenig betont? – Das Erfordernis der Setzung, mag es auch eine gewohnheitsrechtliche gewesen sein, war in der unverkürzt gelehrten klassischen Naturrechtslehre, selbst der Neuscholastik, allerdings nie völlig außerhalb des Blickes geraten – bei aller Konzentration auf die Frage nach dem richtigen Inhalt.

Richtig ist, daß in manchem Übereifer, den Inhalt der naturrechtlichen Norm herauszuheben – man vergleiche die »Sittliche Rechtslehre« (1928) E. E. Hölschers –, die Setzung als positiv zu wertender Akt übersehen oder entwertet wurde.

(4) Vorgeworfen wurde, den Schluß vom Sein auf das Sollen in ungeschützter, ja unreflektierter Weise zu ziehen. Man bediene sich, so die Beschuldigung, in der Naturrechtslehre eines Zirkelschlusses. Zuerst werde das »Sein« wertmäßig aufgeladen, um anschließend aus dem Vorpräparierten die passenden Folgerungen zu ziehen. – Es wird genau der Seinsbegriff zu untersuchen sein (§ 9). Unachtsamkeit kam vor, sowohl in Naturrechtstheorien als auch in manchem Diskurs über die sogenannte »Natur der Sache«. Ich trenne Sein und Sollen um der Freiheit des Menschen willen, die Trennung steht also noch einmal in der Rückbindung auf den Menschen (§§ 10–12).

(5) Auch bezeichnete die Kritik die als naturrechtliche Normen ausgegebenen Sätze als inhaltsleer. – Richtig ist, daß der Imperativ »Tue das Gute, meide das Böse!« der Konkretisierungen des »Guten« wie des »Bösen«, aber auch des »Tuns« und des »Meidens« bedarf. Begriffe sind dabei zu überprüfen, Güterabwägungen vorzunehmen und die jeweilige Situation zu untersuchen. Die sprachliche Fassung zeigt Prägungen auf: So ist nicht vom »Bekämpfen des Bösen«, vielmehr nur von dem »Meiden« und »Unterlassen« die Rede. Das »Unterlassen« bezieht sich auf das »Böse«. Der Gesichtspunkt, daß auch das Gute unterlassen werden kann, ist undeutlicher geblieben.

(6) Es fehlt nicht der Vorwurf, daß das Naturrecht bestehende Herrschaft stabilisiere. – Es trug sicherlich zur Herrschaftsstabilisierung bei: mehr als Recht oder als Naturrecht? Zu denken ist an die naturrechtliche Legitimierung von Privateigentum oder der Monarchie. Andererseits diente der Ruf nach dem unzerstörbaren, aber vorenthaltenen Recht auf Würde und Wahrheit dazu, Regime zu stürzen, auf den Philippinen 1986 und in Ländern des Ostblocks 1989. Richtig ist, daß ein solcher Sturz sehr oft noch einmal als »Re-volution« erfolgte, letztlich in einem Zurück auf einen früheren Zustand, oder in der Berufung auf ihn, so durch die Bauern des Jahres 1525 in ihrem Kampf für das

»gute, alte Recht«, durch die Revolutionäre von 1789 und 1793 in der Abstützung auf die »droits naturels« oder in der Anschuldigung des künstlichen Gesetzes durch Hippias (Platon, Protagoras 337 d).

3. Die Kritikwürdigkeit jedes menschlichen Werkes

72 Da es den Menschen geboten ist (§§ 19 f.), sich eine Rechtsordnung zu geben, ist das Anliegen der Naturrechtslehre, Kriterien diesem Recht zu liefern, weiterhin von Bedeutung. Es ist von der Kritikwürdigkeit und Kritikbedürftigkeit jeglichen menschlichen Werkes auszugehen. Die Menschen dürfen nicht ihrem eigenen Produkt wehrlos ausgeliefert werden. Alles Recht verdankt sich den Menschen, aber ebenso ist es ihnen geschuldet.

Von den dem Menschen mitgegebenen und von ihm als aufgegeben bejahten Strukturen (§ 19) ist die Kritik am gesetzten Recht zu führen.

Im ausgehenden 20. Jahrhundert stellt es nicht *das* Problem dar, Rechte gesetzlich zu fixieren, sondern die Charten, Pakte und Gesetze zu achten und anzuwenden. Eine weitere Aufgabe ist es, Recht wieder abzubauen. Mehrheiten sind in Zukunft weniger um der Setzung, sondern um der Anwendung und des Rechtsverzichts willen nötig. Verfahren sind auch hier nötig. Wer sie einrichtet, entrinnt nicht den Stellungnahmen, letztlich dazu, wie er es mit dem Verhältnis von Freiheit zu Gleichheit und dem von Ordnung zu Orientierung hält.

Literatur:

Böckle 1967.
Böckle/Böckenförde 1973.
Dux 1976.
Höffe 1987, 88–187.

Krawietz 1987.
Maihofer 1962.
Reiner 1964.
Schelauske 1968.

V. Macht, Gewalt und Recht

73 *1. Zum Begriff der Macht*

Macht ist »die Kraft, die Wirklichkeit gegen Widerstände zu gestalten« (Schindler 1950, 104). Nach M. Weber bedeutet Macht »jede Chance, innerhalb einer sozialen Beziehung den eigenen Willen auch gegen Widerstreben durchzusetzen, gleichviel worauf diese Chance beruht« (1956, 28). M. Weber bezieht sich im Gegensatz zu D. Schindler nicht auf die allgemeine Wirklichkeit, sondern nur auf die soziale Beziehung. Nicht »Widerstände«, sondern »Widerstreben« überwindet nach M. Weber die Macht, der es um das »Durchsetzen« geht, nicht um das »Gestalten«.

Macht mit H. Arendt als Kommunikation der Freien und Gleichen zu verstehen (1970, 42; 1960, 193), betrachte ich als zu eng angesetzt. Die Macht wird vorgefunden, sie ist mit dem menschlichen Leben mitgegeben und zeigt sich in jeder sozialen Beziehung, egal ob freier und gleichgestellter Menschen.

2. Zum Begriff der Gewalt

Als Gewalt gilt »die unter Anwendung körperlicher Kräfte erfolgende Einwirkung auf einen anderen zur Beseitigung eines tatsächlich geleisteten oder bestimmt erwarteten Widerstandes« (Reichsgerichtsentscheidungen 2, 184; 77, 81). Die äußerste Form physischer Gewalt, vis absoluta, ist imstande, den Willen völlig auszuschalten. In »milderen« Formen ist die Gewalt als vis compulsiva fähig, bestimmend auf den Willensentschluß einzuwirken, bis dahin, daß der Betroffene keine Wahl mehr sieht. Der Gewaltbegriff dehnte sich in der neuesten Zeit immer aus und bezeugt einerseits die gestiegene Empfindlichkeit der Gesellschaft auf Einwirkungen, welche von Menschen auf Menschen ausgehen, und weist andererseits auf ein immer raffinierteres Versteckspiel der Gewaltanwendung hin.

Als Aischylos die »Gewalt« im »Gefesselten Prometheus« um 457 v. Chr. auf die Bühne stellte, teilte er ihr eine stumme Rolle zu. Zu Recht: Der »Gewalt« haftet etwas Dumpfes, Untermenschliches an; angewendet im mitmenschlichen Verhältnis drückt sie den Menschen auf den Zustand des Objektes und des Außersprachlichen herab. Sie ist Einwirkung auf den Menschen unter Ausschaltung oder Umgehung des Menschlichen.

3. Die Macht der Definition

Wann menschliches Leben beginnt und wann menschliches Leben endet, verlangt nach Bestimmung durch Menschen. Es zeigt sich die Definitionsmacht der Lebenden, die den Beginn des Lebens hinter sich und sein Ende vor sich haben. Die Lebenden bestimmen, wer und wieviele ins Leben treten dürfen und wie lange ihr Leben dauern soll. Je weniger Güter zu verteilen sind, desto schwieriger können der Zutritt und umso schmaler der Zeitraum für die Nutznießer sein. Es ist allerdings damit zu rechnen, daß die Planung um des Nutzens willen auch zwischen den Lebenden eine zunehmende Rolle spielt.

Definitionen sind nicht harmlos; sie stehen nicht nur unter dem Druck, sich in das Rechtssystem einpassen zu müssen.

76   4. Gewalt und Recht

(1) »Gewalt« kann einmal als Oberbegriff zu »Recht« verwendet werden. »Recht« würde damit letztendlich als Gewalt aufgefaßt, nur eben gegenüber anderen Gewaltformen mit einem spezifischen Unterschied versehen sein. Die Gewalt bedient sich des – angesehenen – Namens des Rechts. Es gibt solche Theorien (§ 38), welche etwa in der Rechtsordnung der bürgerlichen Gesellschaft nur eine Form der Gewalt sehen wollen und den Vorwurf erheben, daß die ökonomische und damit politische Stärke einer gesellschaftlichen Gruppe, die »das Sagen« habe, ihre Stärke durch die Formen des Rechts kaschiere. Analysen politischer Systeme, die zu diesem Ergebnis kommen, sind nicht zuletzt daraufhin zu befragen, wem sie selbst nützen (vgl. Galtung 1978, 7–36).

(2) So wenig wie diese Gewalt aber politische Macht zu erzeugen vermag (vgl. Arendt 1970, 54), so gelingt es auch nicht, aus roher Gewalt jemals Recht werden zu lassen. »Omnis enim violentia iuri obviat« sagt Nikolaus von Cues (De concordantia catholica III § 328). Eine Rechtsordnung auf Gewalt gründen, heißt sie auf der physischen und psychischen Kraft aufbauen wollen, welche aber unbehebbar unzuverlässig und instabil ist. J.-J. Rousseau formuliert 1762 prägnant: »Der Stärkste ist nie stark genug, um immerdar Herr zu bleiben, wenn er seine Stärke nicht in Recht und den Gehorsam nicht in Pflicht verwandelt« (Du Contrat social I 3). Wie aber solche Gewalt in Recht verwandeln? Die Verwandlung kann nur über die freie Zustimmung aller Betroffenen erfolgen.

(3) Ein Sonderfall ist die Mithilfe der Gewalt, damit die Menschen in einen rechtlichen Zustand eintreten. Diesen Falltyp behandelt Kant, als er vom Recht des Heroen auf Gewalt sprach, die ihm anvertrauten Menschen in einen gesicherten Rechtszustand zu führen (Vorlesungsmitschrift Vigilantius: AA XXVII, 514 f.).

(4) Das Recht bedient sich zu seiner Durchsetzung der Gewalt (§§ 29 f.). Schon die angedrohte Gewalt sichert erfahrungsgemäß politische Macht (Heller 1934, 246).

Nachdrücklich ist auf die Armut der deutschen Sprache hinzuweisen, welche das Wort »Gewalt« sowohl für die physische Gewalt als auch für die Hoheitsmacht in der Form des »Gewaltmonopols«, als »politische Gewalt« und als »Gewaltenteilung« verwendet (vgl. Schiedermair 1985,

457 f.). Andere Sprachen unterscheiden hier deutlich, indem sie »vis« einerseits und »potestas« andererseits verwenden, oder »force« und »power«, »violence« und »pouvoir politique« sich gegenüberstellen.

5. Macht und Recht 77

Nach dem in § 23 gewählten Ansatz ergeben sich in Weiterführung und Vertiefung bisheriger Verortung des Rechts folgende Beziehungen.

Das Recht bedarf der Macht, die Macht aber bedarf des Rechts.

(1) Die Rechtsordnung selbst stellt eine Macht dar, noch bevor gegen irgendjemanden ein Rechtszwang ausgeübt wurde.

(2) Ohne Macht wäre das Recht weithin unfähig, seine Aufgabe der Vermittlung in Dauerhaftigkeit und der Entlastung zu erfüllen. Insoweit das Recht sich der Macht bedienen muß, ist die Macht vom Recht her zu regeln. Die vom Recht anzuwendende Macht tritt nicht in unberührter Rohform in den Dienst der Durchsetzung von Recht, sondern wird selbst zum Recht (§ 29).

(3) Die Macht zwischen den Menschen begegnet dem Recht bei seiner Aufgabenerfüllung. Das Recht darf Machtstrukturen unangetastet lassen, wenn sie die Erfüllung der Rechtsaufgabe nicht behindern; es hat Macht abzubauen oder aufzubauen, wenn die Aufgaben des Rechts dies erfordern.

Die in einer Gesellschaft vorgefundene Macht läßt sich also dreifach aufgliedern: in rechtlich nicht erfaßte, rechtlich gestaltete und von der Rechtsordnung überhaupt erst produzierte Macht.

(4) Es wäre ein Irrtum zu meinen, daß in einer Rechtsordnung, die sich unter dem Prinzip der Gleichheit, der gleichen Rechte und Pflichten entwickelt, deshalb auch die gesellschaftliche und im engeren Sinne politische Macht gleich und gleichmäßig verteilt sei. Die Extreme sind zu nennen: Eine Rechtsordnung samt Menschenrechtskatalog und Gewaltenteilung kann zum Spielball gesellschaftlicher Interessen weniger Gruppen werden. Das Divide et impera nützt den Gewalthabern, steht aber auch den Unterworfenen zur Verfügung: Die Gewaltenteilung nimmt es zugunsten der Beherrschten auf. Deswegen wird das Prinzip nun auch umgangen.

»Totale« Gleichheit ließe sich andererseits nur um den Preis einer totalen Verrechtlichung erreichen und bedeutete das Ende der Kreativität, der Freiräume und bald auch der fruchtbaren wechselseitigen Unterscheidung der Menschen. A. de Tocqueville skizzierte am Ende des 2. Teiles seiner Schrift »Über die Demokratie in Amerika« (1840) eine solche Gesellschaft, die zu einer Despotie geworden war.

Literatur:

Arendt 1970.
Brandt 1982, 233–285.
Eschenburg 1965.

Stammler 1925, 2, 123–139.
Weber 1956.

VI. Gerechtigkeit und Gleichheit

Auf die Gerechtigkeit als allgemeine Tugend komme ich in C. III. zu sprechen, als spezielle Tugend interessiert sie uns hier.

78 ### 1. Die Gerechtigkeit

Die »Nikomachische Ethik« gibt die spätaristotelische Gerechtigkeitslehre wider (Trude 1955, 41 ff.). Aristoteles unterscheidet: eine allgemeine Gerechtigkeit, die auch Gesetzesgerechtigkeit, bei Th. v. Aquin justitia legalis genannt wird. Die besondere Gerechtigkeit umfaßt die verteilende und die ausgleichende Gerechtigkeit. Von den Grenzen der Wiedervergeltung und der Notwendigkeit des Geldes handelt Aristoteles gleichfalls, der nicht nur tatsächlich vorkommende Gerechtigkeitsformen seiner Zeit beschreibt, sondern diese Formen für berechtigt hält.

Der gerechte Mensch entsteht erst durch das gerechte Handeln (II 3, 1105 b 5–8). Niemand ist gerecht ohne Handeln.

Der Begriff der Gerechtigkeit zeigt sich klarer in Absetzung von den Begriffen der Ungerechtigkeit und des Unrechts. Handlungen und Menschen können ungerecht sein. Ungerecht ist derjenige, der gegen die Gesetze verstößt, mehr fordert, als ihm zusteht und die Ungleichheit unter den Menschen herbeiführen will (V 2, 1129 a 32 f.). Wer absichtlich jemanden schädigt und sich nicht auf ein einmaliges Tun beschränkt, ist gleichfalls ungerecht (V 10, 1134 a 16 ff.). Der Ungerechte belastet andere über das Maß und trägt selbst zuwenig mit am Unrecht. Unrecht tut, wer leidenschaftlich und einmalig andere schädigt, jeder, der den Ansprüchen der Tugend etwa aus Feigheit oder Bösartigkeit oder Kleinlichkeit nicht entspricht (V 4, 1130 a 17 f.), es aber nicht direkt auf die Schädigung der Mitmenschen und auf seinen Gewinn abgesehen hat. Deswegen sieht Aristoteles das Unrecht auch als den weiteren Begriff: »Wo nun Ungerechtigkeit ist, da ist auch das Unrechttun, aber wo das Unrechttun ist, ist nicht immer die Ungerechtigkeit« (V 10, 1134 a 32).

a) Die Gesetzesgerechtigkeit

Es handelt gerecht, wer die Gesetze beobachtet und sich an die Gleichheit hält (V. 2, 1129 a 33 f.). Damit ist auch ein politischer Bezug – »sich an die Gesetze der Polis halten« – hergestellt. Aristoteles gibt zu, daß bei einer solchen Fassung vorausgesetzt wird, daß die Gesetze »in einer gewissen Weise« (V 3, 1129 b 11 f.) gerecht seien. So bleibt die Frage nach der Gerechtigkeit noch nicht völlig beantwortet und verweist weiter.

b) Die verteilende Gerechtigkeit 79

Zwischen mindestens vier Elemente sind Beziehungen herzustellen (V 6, 1131 a 15 ff.): mindestens zwei Menschen und mindestens zwei Sachen oder eine teilbare Sache.

Die Bewertung der Menschen erfolgt nach Maßgabe ihrer Würdigkeit, die nicht ein subjektiv-unkontrollierter Maßstab ist, sondern sich von der politischen Struktur her durch Konsens bestimmt. Den Wert der Würdigkeit mißt die Demokratie an dem Wollen der Freiheit, die Oligarchie an dem Reichtum und die Aristokratie an der Tugend (V 6, 1131 a 24–28).

Nach der Proportionalität wird vorgegangen. So wie sich die Personen A, B und C zueinander in ihrer »Würdigkeit« verhalten, so auch die ihnen zugeteilten Güter a, b und c.

A verhält sich zu B und C, wie a zu b und c. Zugleich gilt, daß A zu a in einem solchem proportionalen Verhältnis steht, wie B zu b und C zu c. Gerecht ist die Einhaltung dieser Proportionalität, ungerecht ihre Verletzung. Dieser Gerechtigkeitsform geht es also nicht darum, daß A das Gut a erhält, sondern daß das Verhältnis A zu a dem Verhältnis von B zu b und C zu c entspricht.

Wer verteilt? Es kommen die Polis, eine einzelne Person, die über die Menschen gesetzt ist, aber auch A, B und C selbst in Betracht, wenn sie sich dieser Gerechtigkeitsregel unterwerfen.

Güter werden zugeteilt. Eine einzige Sache kann zerteilt oder ein gemeinschaftlich-proportionaler Gebrauch an ihr eingerichtet werden. Was nicht teilbar ist, ist unter Umständen vermehrbar. Im Falle des Streites der zwei Dirnen um das Recht an dem Kind (1 Kö 3, 16–28) gab es weder die Möglichkeit der Teilung noch die der Vermehrung. Salomon wußte dies zu nutzen, gab mittels des gespielten Versuchs, das Kind in zwei Teile zu trennen, der Wahrheit ihr Recht und das unversehrte Streitobjekt der – höchstwahrscheinlich – wahren Mutter.

Es geht dem Zuteilungsakt immer mindestens *ein* Verhältnis voraus, nämlich jenes, welches den Maßstab oder die gemeinschaftliche Zustimmung zu einem Maßstab verbindlich festlegt. Der Einführungsfall zeigt die Voraussetzungen und die Grenzen eines solchen Zuteilungsverfahrens. Nach der in diesem Entwurf gewählten Terminologie ist letztlich dieses Verhältnis an den Ansprüchen der Menschen zu messen.

Eine Grenze dieser Gerechtigkeitsform ist, daß von ihr selbst keine Dynamik für eine gleichmäßige Verteilung der Güter, wie des Erdbodens oder des Stimmrechts ausgeht.

Die Gerechtigkeit teilt, sie selbst ist gerade nicht teilbar, sie kann nicht gegen irgendein Gut abgewogen werden. »Arma togae cedant«: Wo Gerechtigkeit gesprochen wird, haben die Waffen zu schweigen.

80   c) Die ausgleichende Gerechtigkeit

Sie setzt mindestens zwei Menschen voraus und zwei Güter. Der Einfluß der politisch-ökonomischen Gesellschaft tritt versteckter auf, fehlt aber nicht in der Art des Tauschangebots, des Tauschverfahrens und in Zahl und Kaufkraft der Tauschpartner.

Grundsätzlich ist es aber unerheblich, ob der Ausgleich in einer Demokratie oder Oligarchie stattfindet, ob es sich um tugendhafte oder unwürdig lebende Menschen handelt, die austauschen, und unerheblich ist, wie sich die Menschen selbst im gegenseitigen Vergleich ansehen (V 7, 1132 a 1 ff.).

Zwei Glieder werden miteinander verglichen, nicht zwei Verhältnisse zweier Glieder wie bei der verteilenden Gerechtigkeit. Der Wechsel der Güter von der einen in die andere Rechtssphäre darf keinen Verlust oder Überschuß auf der einen oder anderen Seite entstehen lassen: A und B besitzen jeweils 100; A gibt 20 an B, der nun 120 hat; die Differenz zwischen beiden Gütermengen beträgt 40; der Ausgleich kommt nicht dadurch zustande, daß B von seinem Gewinn, den 20, die Hälfte an A zurückgibt; A hätte dann 90, B aber 110. Die Gerechtigkeit verlangt also nicht gleiche Teilhabe am Gewinn, sondern gleiche Teilung des Gewinns und des Verlustes. Nach arithmetischer Proportionalität ist vorzugehen (V 7, 1132 a 29). Ein Dritter kann sich als Schiedsrichter beteiligen.

81   d) Die Grenzen der Wiedervergeltung und die Rolle des Geldes

(1) Es ist einmal zu unterscheiden, wer den Nachteil, den Schaden oder den Schmerz zugefügt hat: War es ein Staatsbeamter in Funktion, so ist gegen ihn die Vergeltung nicht gestattet; wer sie übt, der gehört allein deswegen gestraft. Die von der arithmetischen Vergeltung ausgeblendete Amtsträgerschaft ist zu berücksichtigen. Das Handeln des Beamten

bezieht aus der Proportion sein Recht und seine Grenzen (V 8, 1132 b 27 f.). Die Vergehen gegen und die Aufopferungen für die Gemeinschaft sind zu vergelten. »Denn durch die proportionale Vergeltung bleibt der Zusammenhang der Polis gewahrt« (V 8, 1132 b 33 f.). Das Anliegen ist es, die Gemeinschaft als lebendigen Zusammenhang zu erhalten, Spontaneität zu fördern und Großzügigkeit zu erhalten.

Aristoteles betont nun, daß auch über das Geld zuerst die proportionale Gleichheit hergestellt wird, sodann die Wiedervergeltung erfolgt. Den Geldwert eines Gutes bestimmen die Bedürfnisse. Diese berücksichtigt nicht der Austausch der ausgleichenden Gerechtigkeit, wohl aber der der proportionalen Gerechtigkeit. Andererseits darf die proportionale Gerechtigkeit nicht zweimal, d. h. auch noch bei der Wiedervergeltung eine Rolle spielen. Das Geld ist »Vertreter des Bedürfnisses« (V 8, 1133 a 28), macht sie vergleichbar und sorgt für die Gewißheit, daß zukünftige Bedürfnisse – ohne daß gegenständliche Tauschobjekte vorhanden sein müssen – erfüllt werden (V 8, 1133 b 10–28).

2. Die Gleichheit

»Gleichheit« (vgl. Weinberger 1979 [1], 146 ff.) steht der »Verschiedenheit« gegenüber. Nichts ist nach unserem Sprachgebrauch schlichtweg »gleich« mit einem anderen, sondern ist »gleich schwer«, »gleich kostspielig«, oder »gleich langwierig«. Auch wenn in vielen oder allen erfaßbaren Eigenschaften zwei Gegenstände übereinstimmen, so unterscheiden sie sich mindestens durch die Raumstelle und den mit ihr gegebenen einzigartigen Perspektiven.

»Identität« liegt für A und B dann vor, wenn der Name »A« und der Name »B« ein und denselben Gegenstand bezeichnen. »›Dasselbe‹ bedeutet ein und dasselbe Individuum, das ›gleiche‹ hingegen bedeutet, daß man von zwei gleichwertigen Individuen spricht; ›dasselbe‹ bildet die Grundlage der individuellen Identität, ›das gleiche‹ die Grundlage des Klassifizierens« (Schmidt 1988, 434 f.). Zwei Rechtsfälle können in Teilbereichen der Tatbestandserfüllung identisch sein.

Ob die These von der Einzigartigkeit jedes Rechtsfalles eine unbegründete Phrase ist (so Weinberger 1979 [1], 150), hängt davon ab, wie weit oder eng der »Rechtsfall« genommen wird. Jedes Gesetz setzt voraus, daß Gleichheit in den Tatbeständen und gleiche Notwendigkeit eines Regelungsbedarfes in einer Mehrzahl von Fällen vorhanden ist; dies galt auch für unseren Einführungsfall aus dem Verschollenheits- und Ehegesetz. Von der Einzigartigkeit der Raum-Zeitstelle eines jeden Menschen und der damit sich ergebenden Einzigkeit der Relationen und Beziehungsbündel ist jedoch auf einzigartige Konstellationen des

Falles zu schließen. Zumindest sollte um der angemessenen Fallbeurteilung eine solche Einzigkeit als Hypothese unterstellt werden.

83 a) Das Prinzip der formalen Gleichheit

(1) Es lautet: Unter gleichen, als relevant anerkannten Bedingungen sollen gleiche Rechtsfolgen gesetzt werden. Verletzt wird es demnach, wenn

a) an unterschiedliche Tatbestände die gleiche Rechtsfolge angehängt ist. Im Hochmittelalter diskutierten die Kanonisten ob auf Häresie dieselbe Strafe wie auf Majestätsverbrechen folgen dürfe;

b) der Tatbestand wie a) mit einer für bestimmte Teile der Bevölkerung ungleichen Rechtsfolge versehen ist: eine Volksgruppe wird etwa aus bisheriger Gleichstellung herausgenommen und zu zusätzlichen Abgaben verpflichtet;

c) gleiche, als relevant anerkannte Bedingungen mit ungleichen Rechtsfolgen versehen sind, etwa vergleichbare Fälle einmal steuerpflichtig, ein andermal befreit sind;

d) Art und Höhe der Rechtsfolge grundsätzlich einer nicht kontrollierbaren Instanz oder mehreren und sogar wechselnden Instanzen anvertraut sind; die willkürliche Ausfüllung des Ermessensspielraumes und der unsachliche Umgang mit dem Legalitäts- und Opportunitätsprinzip gehören hierher.

Nicht verletzt ist dieses Prinzip, wenn

a) auf ungleiche Tatbestände die gleiche Rechtsfolge folgt; so können auf Hausfriedensbruch und Diebstahl jeweils bis zu 3 Jahren Freiheitsentzug gesetzt sein;

b) auf gleiche, als relevant anerkannte Bedingungen gleiche Rechtsfolgen gesetzt sind.

(2) Tatbestand und Rechtsfolge sind aber auch daraufhin zu untersuchen, ob die Einstufung des Tatbestandes der Schwere der Rechtsfolge entspricht. Stehen die Schwere der Rechtsfolge und ihr Eingriff in das Leben des Täters in einem Verhältnis zur Tat?

Wertungen sind auch hier unausweichlich. Sie müssen das formale Gleichheitsprinzip füllen. Ob es *völlig* inhaltsleer und wertneutral zu nennen ist (so Weinberger 1979 [1], 152), ist zu bezweifeln, enthält es doch immerhin den Grundsatz, daß die rechtliche Beurteilung nach generellen Regeln zu erfolgen hat. Sicherlich läßt dieses Prinzip jede Fassung des Tatbestandes und jede Rechtsfolge zu.

(3) Können Gesetze im Sinne der entworfenen Anthropologie ungerecht sein oder als ungerecht empfunden werden und nicht das Prinzip der formalen Gleichheit verletzen? Der rechtsanthropologischen Vorgabe zufolge unterliegen die »ungleichen Tatbestände« und »die glei-

chen, als relevant anerkannten Bedingungen« der Überprüfung. Mangelt es an der Anerkennung der Aufgaben und der von ihnen geforderten Mittel, so steht die Bezeichnung als »Recht« auf dem Spiel.

(4) Können Gesetze als gerecht empfunden werden und trotzdem das Prinzip der formalen Gleichheit verletzen? Manipulationen am Gerechtigkeitsverständnis finden am Gleichheitsprinzip nur geringen Widerstand.

b) »Gleichheit vor dem Gesetz«? 84

Die Exekutive und Judikative sind angehalten, nur die im Gesetz enthaltenen Unterschiede zu berücksichtigen und keine anderen. Der Beachtung dieses Grundsatzes unterliegen nur die beiden erwähnten Gewalten, nicht die Legislative. Kelsen spricht von der »Rechtmäßigkeit der Rechtsanwendung im allgemeinen und [dem] ... allen Gesetzen immanente[n] Prinzip der Gesetzmäßigkeit der Gesetzesanwendung« (Kelsen 1960, 146). Für den Gesetzgeber sind die Maßstäbe zu finden. Inhaltliche Gleichheitspostulate wie Diskriminationsverbote, Maßstäbe der Gleichbehandlung wie »Jedem nach seinen Leistungen« oder »Jedem nach seinen Bedürfnissen«, das Postulat möglichster sozialer Homogenität, bedürfen der Rechtfertigung. Vor welchen Kriterien?

Literatur:

Del Vecchio 1950.
Heidsieck 1970.
Kelsen 1953.
Perelman 1965.

Salomon 1937.
Trude 1955.
Verdross 1970.
Weinberger 1979 [1], 146–194.
Welding 1987.

VII. Die Erkenntnis des dem Menschen Zustehenden

In § 28 betonte ich, daß es keine der Promulgation vorausgehende Existenz des Rechts gibt. Dies gilt es festzuhalten, damit über die Fragerichtung kein Mißverständnis entsteht. Sie geht nicht auf die Erforschung eines »jenseits« aller menschlichen Erarbeitung und Setzung existierenden Rechts, sondern fragt danach, ob im Menschen ein »Organ« ist, mit welchem er seine Ansprüche auf das soziale Leben und das ihm Zustehende zu erkennen vermag. Sodann ist zu untersuchen, woran es sich eventuell noch einmal selbst orientiere. Schließlich stellt sich die Frage, ob und inwieweit ein solches Vermögen der Beurteilung für sich fertig ist und es keiner Formung mehr bedarf oder ob die Vielfalt der Einflüsse auch ein solches Vermögen bearbeitet und welchen Wert es dann habe.

Es geht also hier nicht um die Kenntnis des Rechts und nicht um seine Anerkenntnis.

85 *1. Die Erkenntnis der Ansprüche*

a) Der Einführungsfall zeigt, daß der Gesetzgeber nicht alle im Zusammenhang der »Wiederverheiratung im Falle der Todeserklärung« auftretenden Fragen beantworten konnte. Damit ist die vom Gesetzgeber zum Teil vorgenommene Regelung anderen Institutionen zur Weitergestaltung anvertraut. Vorausgesetzt ist dabei doch auch, daß kein Bruch anläßlich der Weiterentwicklung geschieht, daß den Gestaltenden ein ähnlicher Zugang zur Erkenntnis der Ansprüche wie dem Gesetzgeber eröffnet ist. Anspruchserkenntnis spielt somit bei der Identifizierung als Recht, bei der Gesetzesänderung, Lückenausfüllung und bei der Auswahl einschlägiger Rechtssätze eine Rolle.

b) Wer bestreitet, daß solche Erkenntnis der Ansprüche des sozialen Lebens möglich ist, muß sich die Rückfrage gefallen lassen, was er denn unter dem eben verwendeten Begriff »Anspruch« verstehe; da er offensichtlich über eine Vorstellung von »Anspruch« verfügt, so kann er gemeint haben, daß der in *diesem* Fall einschlägige und *diesem* Menschen zukommende Anspruch nicht zu erkennen sei, es sich außerdem immer um Annäherungen handele. Diese könnten allenfalls beanspruchen, die weniger ungerechten zu sein. Oder er beruft sich auf die in Raum und Zeit wechselnden Maßstäbe; wenn aber hier Unrecht sei, was dort als Recht ausgegeben werde, sei wohl Willkür das letzte Wort. Drittens aber könnte gemeint sein, daß die politische Gesellschaft zu einem bestimmten Rechtsverständnis erziehe, aus dessen Bann sich die meisten Mitglieder der Gesellschaft nicht mehr befreien könnten. Sie identifizierten dann Recht mit dem, was ihnen als Menschen zusteht.

c) Die *erste* Position weist zu Recht daraufhin, daß im Urteilen von Menschen über Menschen grundsätzlich der angemessene Maßstab der Beurteilung fehlt. Wegen der Trennung in Innen und Außen, der intersubjektiv nicht vermittelbaren Beweggründe, Stellungnahmen und Absichten des einzelnen, dem selbst allerdings auch nicht sein Leben völlig »aufgegangen« sein muß und im seltensten Falle annähernd überschaubar ist, mangelt es an der genauen Kenntnis der Ansprüche und der Pflichten. Jedoch ist ein Wissen auch in dieser Vorsicht vorausgesetzt. Auch wer sich lediglich auf die Suche nach dem »weniger Ungerechten« einläßt, verfügt über eine, auch wenn noch so undeutliche Vorstellung von dem, was dem Menschen zukommen soll.

Die *zweite* Position erörterte ich zum Teil in § 71. Pascals Ausruf, man finde kein Recht und kein Unrecht, »das nicht mit dem Klima das Wesen ändere« (Pensées Nr. 294), verliert seine Dramatik, wenn beachtet wird, daß die Verschiedenartigkeit des Klimas, der Bodenbeschaffenheit oder der Bräuche wegen der gleichen Bedürfnisse der Menschen verschiedenartige Regelungen erfordert. Wären trotz Verschiedenartigkeit der äußeren Umstände die Regelungen gleich, wäre die Einheit des Menschengeschlechts viel stärker in Frage gestellt! In dem Unbehagen über die Unterschiede drückt sich ein Wissen um das dem Menschen als Menschen Zukommende aus. Das Zugemessene unterscheidet sich äußerlich, der Maßstab aber stimmt. Pascal geht zudem von der allgemeinen Notwendigkeit einer Rechtsordnung aus. Bejaht wird auch die Geschichtlichkeit des Menschen, der für seinen Raum und seine Zeit Rechtsordnungen entwirft, die sich jeweils in einen geschichtlichen Wertehorizont einpassen müssen.

Zur *dritten* Position: Wer von manipuliertem Recht spricht, mißt die Manipulation letztlich an den Ansprüchen des Menschen und nicht das Recht an der nicht erkannten Manipulation. Außerdem läßt sich aus der Geschichte anführen, daß kaum ein Regime auf eine Rechtfertigung entweder vor Gott, der Geschichte, dem Volk, der Klasse, der Tugend, der Freiheit oder dem gesellschaftlichen Nutzen sowie die Unterscheidung in Recht und Unrecht verzichtete. Dabei wurde das Können unterstellt, das Recht und das Unrecht auseinanderzuhalten. Dieses Bedürfnis nach Rechtfertigung hängt wiederum eng mit dem Willen zur Stabilisierung zusammen. Dauerhaftigkeit des Herrschens wird erfahrungsgemäß durch Ausweis einer Berechtigung erzielt (§ 76). Die behauptete Übereinstimmung mit einem Höheren schien oft einen Freibrief zu niederem Tun zu erteilen.

2. Die Antworten des Heraklit, des Platon und des Aristoteles 86

a) Heraklit

In einem Heraklit zugeschriebenen Fragment findet sich der Ausspruch: »Des Rechtes Namen kennten sie nicht, wenn dies nicht wäre« (B 23; Snell 1986, 13). Für »dies« setzt Snell mit Fragezeichen »das Ungerechte« ein. Demnach stößt dem Menschen anläßlich einer Beeinträchtigung auf, was ihm zusteht. Das Ungerechte hat eine Wegweiserfunktion. Eine Zufügung als ungerecht erkennen, heißt, ein Wissen um das Zustehende haben. Es steht jedoch nicht schon klar und deutlich dem Menschen vor Augen. Die Ansprüche erschließen sich erst über ihr bewußt erfahrenes Fehlen.

b) Platon

Platon geht von der Existenz des Wiedererkennungsvermögens als eines »Organs« aus. Danach weiß jeder Mensch *vor* seinem Leben auf Erden neben anderen Ideen auch um das ihm Zustehende; durch sein Erdenleben und während seiner Erdenzeit aus dem Bewußtsein verloren, kann geschickte »Hebammenkunst« dieses Wissen wieder ins Bewußtsein befördern (Menon 81 d).

Auf diesem Wege, dessen Schwierigkeiten Platon nicht unterschlägt, findet die Erkenntnis sei es zu einer unmittelbaren Schau der Ideen, des Gerechten in unserem Falle, oder zur Erkenntnis der Erscheinungen als Erscheinungen, des Gesetzes etwa als Hinweis auf die Idee. Zur Kenntnis des Gerechten führen der lange Weg der Erziehung und die Ausrichtung an Vorbildern (Menon 89 a–b; 7. Brief 328 d; Politeia 536 d ff.). Platon weist noch einen anderen Weg, indem er den Zusammenhang von Zorn einerseits und Unrechtleiden andererseits aufzeigte:

»... Wie aber, wenn jemand Unrecht zu leiden glaubt? Gärt er (der Zorn: N.B.) nicht in diesem und wird wild und verbündet sich mit dem, was ihm gerecht dünkt« (Politeia 440 c).

Nicht der Jähzorn und nicht die blinde Wut sind hier von Platon gemeint. Der Zorn des Menschen zeigt die Störung eines Verhältnisses an und drückt Empörung darüber aus. Offensichtlich wird eine Tat als Unrecht in einer tief in den menschlichen Gefühlshaushalt eingelassenen Schicht identifiziert. Nicht das Ungerechte selbst, wie bei Heraklit, sondern die Reaktion darauf, führt zur Erkenntnis.

c) Aristoteles

In der »Politik« stellte Aristoteles das Sprachvermögen des »von Natur polisbildenden Wesens« (Politik I 2, 1253 a 1 f.) als das Organ heraus, welches sich im Sprechen über staatliche Belange ausbildet. Lust und Unlust auszudrücken, sei nicht vorrangig Sache der Sprache. Ihr gehe es vielmehr um den Ausdruck und die Diskussion des für das Gemeinwesen Nützlichen, Schädlichen, Gerechten und Ungerechten (Politik I 2, 1253 a 15–18).

Aristoteles sieht zu Recht, daß jegliche Vergemeinschaftung und Vergesellschaftung eine Gemeinschaft der Bewertung voraussetzt, die nicht Produkt der Vergemeinschaftung selbst sein kann, wohl aber durch diese weiter vertieft und verfeinert wird. Die Familie und die Polis kommen überhaupt erst auf Grund dieser Wertungsgemeinschaft zustande und zehren von ihr. Recht hat mit An- und Ab-Sprache zu tun, Gewalt ist stumm (§ 74).

Wie alles Erkennen verlangt auch das Erkennen des Anspruchs ein bestimmtes Maß an Nähe und Ferne zu seinem Objekt. Da der Anspruch eine Beziehung zwischen den Menschen herstellt, darf die soziale Beziehung nicht außerhalb des Blicks geraten.

a) Der Blick wird dort ansetzen müssen, wo sich in zahlreichen empirisch festmachbaren Bezügen (vgl. Hart 1961, 182–195) die Gleichheit der Menschen zeigt: in ihrer physischen Stärke, der nur gering schwankenden Lebenslänge, der Sprache und der Geistigkeit. Von dem Blick auf diese Gleichheit, welcher auch der Erfahrung der Pflicht zur Arterhaltung vorausgeht, bildet sich ein *Gleichheitsbewußtsein* aus. Sein Inhalt kann bejaht und als Auftrag begriffen werden. Um seiner eigenen Unbeschadetheit willen äußert es sich als Protest bei ihm nicht einsichtiger Vorzugsbehandlung des oder der anderen. Diese Annahme läßt sich außer durch die Tatsache der Vielfalt solcher Proteste, der Beschwichtigungen bei Zurücksetzungen und des Rechtfertigungsdruckes bei Vorzugsbehandlung dadurch erhärten, daß sie die Absicht des Sich-Vergleichens als menschlicher Tätigkeit erklärt (vgl. Rousseau 1755, 2. Diskurs). Gerade weil sich der Mensch mit allen Menschen gleichwertig weiß, versucht er, mit dem für ihn am vorteilhaftesten ausgestatteten Menschen gleichzuziehen. Es ist ein jedem Menschen mitgegebenes, gleichsam zu seiner Grundausstattung gehörendes Bewußtsein von einem sozialen »Gleichgewicht« anzunehmen. Zu ihm vermag der Mensch noch einmal Stellung zu nehmen.

b) Mit der Erkenntnis der Gleichheit stellt sich nun aber auch jene der Ungleichheit ein, gegenüber der nichtmenschlichen Welt und gegenüber dem Menschen. Von beiden Erkenntnissen, der Gleichheit und der Ungleichheit – welche noch nicht Eigenständigkeit oder Einzigkeit bedeutet –, bestimmt sich das *Wollen* der *Gleichheit* und das der *Ungleichheit* her. Ihm ist der Mensch nicht ausgeliefert.

Eine Beziehung wird demnach als eine dem Menschen zukommende identifiziert, wenn sie dem Bewußtsein der Gleichheit und der Ungleichheit entspricht und sich mit den Wertungen verträgt. Protest erhebt sich dann, wenn die Gleichheit nicht beachtet wird, die Menschen verbindet, oder die Ungleichheit mißachtet wird, welche die Menschen nach ihren Vorstellungen als Art aus der übrigen Welt herausstellt oder voneinander unterscheidet.

c) Das Bewußtsein der Ungleichheit oder der Besonderheit kann deshalb ebensogut zerstörend wie aufbauend für die Beziehungen wirken. Dies heißt nun, daß die Erkenntnis dessen, was dem Menschen rechtlich zukommt, von demselben Menschen beständig bedroht ist, indem er nämlich genau jene Gleichheit, die ihn eine Beziehung als rechtliche oder als unrechte identifizieren läßt, in Frage stellt. Er begehrt den Vorrang.

Das Vergleichen dient dazu, mit den jetzt noch Bevorzugten gleichzuziehen: dies ist die Stunde des Rechts zwischen beiden »Parteien«. Sich über die andere Partei zu setzen, wird angestrebt: dies kann zum Unrecht führen.

88 4. Das Rechtsgefühl

a) Faßten es die einen als eine angeborene Idee (unter Berufung auf Leibniz) auf oder als eine Äußerung des im wesentlichen gleichartig organisierten menschlichen Geistes (Bierling), sah Fr. C. v. Savigny (1779–1861) im Rechtsgefühl die in allen einzelnen Gliedern des Volkes wirkenden Überzeugungen vom richtigen Recht, welche der Volksgeist eingab (§ 68). Das Rechtsempfinden der Volksseele befand über die Richtigkeit des Rechts. Ein Kriterium für die Beurteilung dieses Rechtsempfindens stand legitimerweise nicht mehr zur Verfügung. R. v. Ihering (1818–1892) lehnte heftig die nativistische Theorie ab, welche die sittlichen und rechtlichen Wahrheiten als angeboren betrachtete. Er nannte das Rechtsgefühl »abhängig von den realen Tatsachen, die sich in der Geschichte verwirklicht haben« (zit. in: Obermayer 1986, 1). Das »Rechtsgefühl« läßt sich als »Grundstimmung der Person verstehen, die bei der Konfrontation mit einer Rechtsfrage eine intuitive Entscheidung bewirkt« (Obermayer 1986, 2). Nach Henkel handelt es sich um ein »emotionales Empfinden für rechtliches Sollen und Dürfen«, das Rechtsgefühl wird als »Wertungsgefühl in bezug auf rechtliche Tatbestände und Rechtsfolgen« angesehen (1977, 534). Träger ist jeder Mensch. Sein Rechtsgefühl ist durch seine Veranlagung, Erziehung, die gesellschaftlichen Einwirkungen weiterer Art und durch die Herausbildung seiner Zielvorstellungen geprägt.

b) Abzugrenzen ist das Rechtsgefühl von dem *Gerechtigkeitsgefühl*, das ausschließlich nach der Gerechtigkeit fragt, und nicht nach anderen Zwecken des Rechts, wie der Sicherheit, der Entlastung und der Orientierung. Das *Rechtsgewissen* unterscheidet sich von dem Rechtsgefühl darin, daß ersteres alle Fragen vor den Gerichtshof seines Gewissens zieht, dieses aber eher intuitiv und emotional urteilt. Das *Gefühl der Achtung vor der bestehenden Rechtsordnung* deckt sich gleichfalls nicht, behält sich doch das Rechtsgefühl ohne vorgängige positive Entscheidung für das gesetzte Recht eine Stellungnahme zu allen Akten vor. Auf einer anderen Ebene ist das *Rechtsbewußtsein* zu finden. Es ist als unentbehrliches Element menschlichen Gemeinschaftslebens zu bezeichnen, beurteilt das eigene Handeln und ist der Beurteilung der einzelnen Normen

vorgeordnet. Das »*Rechtsgefühl* aller billig und gerecht Denkenden«
kann als das »offizielle« Rechtsgefühl bezeichnet und rechtlich sanktioniert werden.

c) Die Schwierigkeiten jeder Theorie des Rechtsgefühls liegen darin,
wie ein solches Gefühl intersubjektiv feststellbar ist und wie die verschiedenen Äußerungen dieses Gefühls zu erklären sind. Die Gefahr
ist hoch, kulturell-erworbene Maßstäbe als ursprüngliches Verlangen
auszugeben und einen zeitbedingten Maßstab als unverrückbaren und
unauswechselbaren Gradmesser zu betrachten.

Es bleibt zu betonen, daß die ruhige und sachliche Überprüfung der
emotionalen Äußerungen unerläßlich ist. Sie selbst aber bedürfen der
Kultivierung. Dann und erst dann wird das »Rechtsgefühl« eine Hilfe
beim Finden der allen Beteiligten angemesseneren Lösung sein und
Ablehnung und Annahme gesetzten Rechts vertrauenswürdig anzeigen.

Literatur:

Meyer-Hesemann 1987. Rümelin 1871.
Obermayer 1986. Riezler 1946.
Rümelin 1875. Stammler 1902, 5. Abschn.

VIII. Norm und Normlogik

Den Abschnitt A beschließen Überlegungen zum Begriff und zur Struktur der Norm. Das Problem der Anwendbarkeit der Logik auf die Normen kann nur angedeutet, nicht aber vollständig behandelt werden.

1. Die Norm

Unsere Frage ist, welche Normbegriffe für das Rechtsdenken brauchbar
sind.

a) Unter Norm kann die »verbindliche Vorschrift« verstanden werden.
Die »Vorschrift« bezieht sich auf ein Verhalten oder Handeln, das in
einer bestimmten Form geschehen soll. Sie ist »verbindlich«, weil die
Vorschrift von dem Kreis der Adressaten bejahend angenommen ist
(§§ 28 f.). »Verbindlichkeit« kann gegen die einzelnen Abweichler dadurch gesichert sein, daß die Einhaltung der Vorschrift die Gesellschaft,
eine bestimmte Gruppe oder in deren Auftrag eine einzelne Person
überwacht und sanktioniert. Die Situation, für die die Vorschrift erlassen ist, wird als wiederkehrbar verstanden. – Dieses Verständnis von
Norm ist in vorliegenden Entwurf eingegangen.

b) Erwartungen können als »Normen« bezeichnet werden. Das Kriterium der Verbindlichkeit ist hier nicht direkt miteinbezogen. Wer sich allerdings den Erwartungen anderer unterwirft, erlegt sich selbst eine Verbindlichkeit auf. Nach N. Luhmann sind Normen »kontrafaktisch stabilisierte Erwartungen« (1969, 37). Die Enttäuschung über ausgebliebenes Verhalten oder die zu erwartende Enttäuschung führt zur Stabilisierung eines Erwartungsverhältnisses. – »Norm« wird meines Erachtens vorrangig vom Horizont jeweils der Bedürfnisse *eines* Teilnehmers her gedacht. Die Norm soll nachteiligen Erfahrungen zuvorkommen, ein Gedanke, den Hobbes (Leviathan, Kap. 13–17) und auch Kant (Metaphysik der Sitten. Rechtslehre § 42: VI, 307) artikulieren. Was erwartet werden darf, bleibt ungesagt. Soll der Bedürfnisbegriff Konturen behalten und nicht auf alles und jedes Begehren Anwendung finden, lassen sich auch andere Ursachen von Normentstehung entdecken. Der Einführungsfall wies bereits auf die Notwendigkeit hin, Freiheitsräume zu vermitteln und ein Verfahren anzubieten, welches die Interessen einer Regelung zuführt. In dieser Perspektive wird die Norm weniger vom Bedürfnis einzelner als von der Gesellschaft, der Freiheit und ihrer sozialen Verwirklichung her gedacht. Recht ist nicht zum Nutzen *eines* Teilnehmers oder der *einen* Gesellschaft zu entwerfen, sondern als Instrument im Dienste aller Beteiligten.

c) Beurteilungs- und Bewertungsstandards werden auch als »Normen« bezeichnet. – Als menschliche Standards unterliegen sie gleichfalls der Beurteilung (§ 72). Dies gilt auch für Rechtsnormen. Besondere Beachtung ist dem Beurteilungsprozeß zuzuwenden, der nach ausdrücklichen Regeln abläuft, gleich, ob Rechtsadressaten oder Produkte des Rechtssetzungsprozesses, etwa Gesetze, beurteilt werden. Veranstalter ist in aller Regel die Judikative. Als Strafkammer beurteilt sie den Beschuldigten oder befindet als Verfassungsgericht über die Verfassungsgemäßheit eines Gesetzes. Jegliches Beurteilungsmonopol verpflichtet – besonders aus dem Wert der Subsidiarität – zur Rechtfertigung.

d) Gemeinsame Bezugssysteme »Normen« zu nennen, stammt aus der Sozialpsychologie (vgl. Sherif 1936). Sie interessiert der Plural der Normen, die als ein Bezugssystem dienen: Sie liefern Maßstäbe für künftiges Verhalten, helfen zur Beurteilung erfolgten Verhaltens und ermöglichen die Fremd- und Selbsteinschätzung. Normen haben danach die Funktion, zur Beruhigung der einzelnen Teilnehmer beizutragen, ihnen ein Sicherheitsgefühl zu geben und vor Überraschungen zu sichern. Zugleich führen sie die Gesellschaft durch möglichst gleichlautende Beurteilungen gesellschaftlicher Ereignisse und Entwicklungen zusammen. – Es darf nach vorliegendem Entwurf jedoch nicht das oberste Ziel der Rechtsordnung sein, zur Beruhigung und Vereinheitlichung beizutragen. Es geht darum, als Rechtsordnung einen Rahmen zu erstellen, innerhalb dessen die Freiheitsräume der Menschen sich bewahren und entfalten.

e) Wird »Norm« von »normal« her gelesen, so drückt sie das durchschnittliche Verhalten aus. Es ist Gegenstand der Rechtssoziologie; die Statistik erhebt es.

2. Die Ausgestaltung der Norm

Ich folge dem Begriff der Norm als sanktionierter Vorschrift (§ 89).

a) Die Norm stammt aus einem bestimmten Wollen, sie ist »Aufforderung«. Wer diese ausspricht, ist der Normabsender; die Forderung richtet sich an einen »Adressaten«; ein bestimmtes Verhalten wird in einer bestimmten Situation oder für sie vorgeschrieben. Die »Norm« ist eine Beziehung innerhalb eines Beziehungsnetzes. Mit ihr tritt dem Adressaten unvermittelt oder vermittelt letztlich eine Institution gegenüber. Unter »Institution« ist die Verdichtung sozialer Beziehungen zu einer festeren, den einzelnen gegenübertretenden Einrichtung verstanden.

b) Bei der Norm kann es sich um eine materiellrechtliche oder um eine verfahrensrechtliche handeln. Letztere regelt nicht nur das Schlichtungs- und Streitverfahren, sondern auch die Entstehung der Normen selbst. »Das Recht enthält vor allem Bestimmungen über sich selbst«, heißt es in der Pandektistik (Brinz 1873, 87). Die materiellrechtlichen Normen können solche des Gebietens, Verbietens und Erlaubens sein. Alle drei Arten von Normen bedienen sich einer Reihe von Hilfsnormen, Definitionen etc.; diese bilden eine gestaltete Normfläche, die sich von einem Umfeld nicht-rechtlicher, aber von Menschen gestalteter Ordnung abhebt. Die Mittel zur Beachtung des Gebots und Verbots reichen von der Verhängung der Sanktion und ihrer Vollstreckung zur Verhängung der Sanktion ohne Vollstreckung, über den bloßen Urteilsspruch zur Einstellung des Verfahrens und der aus Opportunitätsgründen gar nicht aufgenommenen Ermittlung, schließen die Leistungsverweigerung, sonstige Arten der Behinderung oder das Versprechen der Förderung bei Rechtskonformität ein.

c) Die Grundstruktur der Norm kann als ein »Wenn-dann-Zusammenhang« dargestellt werden: »wenn X, dann Y«. Im Unterschied zu einem naturwissenschaftlich erstellten »Wenn-dann-Zusammenhang« ist aber erstens eine ausgiebigere Auslegungsarbeit an allen Begriffen als in den Naturwissenschaften nötig. Welche Begriffe X ausmachen, wie im Verbund auszulegen, und ob X noch den zu beurteilenden Fall X (2) einbezieht, ist zu klären. Der Zusammenhang von X und Y unterliegt zweitens nicht dem »Automatismus« naturgesetzlicher Zusammenhänge. Während ein bestimmtes Metall bei bestimmter Erwärmung und unter Berücksichtigung einiger weiterer Faktoren sich um so und so viel Millimeter ausdehnt, ohne daß Menschen mithandeln, tritt die Sanktion Y gegen den Täter von X nur dann ein, wenn die Tat bekannt, wenn sie aufgeklärt und wenn strafrechtlich gegen den Täter vorgegangen worden ist. Aber auch dann ist drittens menschlicher Urteilsfällung die Art und die Höhe der Sanktion zuzuschreiben.

91 3. Der Umgang mit der Norm

a) Eine Norm *verstehen* heißt, mittels der Hermeneutik die einzelnen Begriffe und ihren Zusammenhang in der sprachlichen Gestalt der Norm wie auch die Norm in ihrem Anliegen und aus der Einbindung in ein Normensystem selbst erfassen. Intentionen des Gesetzgebers sind aus der Norm, aber auch aus ihrer Entstehungsgeschichte zu erheben. Nicht alle Intentionen müssen in die Norm eingegangen oder, selbst wenn, entschlüsselbar sein.

b) Eine Norm *erklären* bedeutet hingegen, aus Ursachen heraus die Norm als Wirkung einordnen. X als Ursache ansehen, meint, daß jeder nach möglichst unvoreingenommener Prüfung X als Ursache ansehen kann. Die Rechtsnorm als Freiheitstat hingegen kann nie völlig im Sinne einer lückenlosen, vollständigen Rückführbarkeit auf bestimmte Faktoren erklärt werden. Das Faktum der Freiheitsentscheidung selbst ist hinzunehmen, zu »glauben« (Hegel 1820, § 4), da sie nicht ableitbar ist.

c) Eine Norm auf eine höhere Norm zurückführen, nenne ich: eine Norm *begründen*. Die Begründung ist eine Antwort auf die Warum?-Frage. Die Begründung kann als ein »sprachliches Verfahren [verstanden werden], mit dessen Hilfe man jemanden zur Anerkennung von als gültig behaupteten Sätzen bewegen kann« (Geddert 1984, 257). Die Gründe sind erst einmal – oder bleibend – Gründe für den betreffenden Menschen.

d) Die *Rechtfertigung* einer Norm versucht eine Antwort auf die Frage zu geben, warum die Norm angenommen und befolgt werden soll.
Eine andere Unterteilung setzt am Rechtsadressaten an.

e) Er *erfüllt* die Rechtsnorm, wenn er in Unkenntnis der Norm das Geforderte tut oder das Verbotene unterläßt. Er *befolgt* die Rechtsnorm, wenn er sich ausdrücklich an ihr ausrichtet und sein Verhalten mit ihr abstimmt. Der *absichtliche Verstoß* setzt Kenntnis und Befolgenkönnen voraus.

a) Gibt es eine Normenlogik, so auch eine Rechtslogik.

Die Möglichkeit einer »Logik des Sollens« oder einer »Deontik« oder eben auch »Logik der Normen« genannt, ist heute genügend nachgewiesen (vgl. Morscher/Zecha 1972; Gethmann 1978). Notwendig ist die Normlogik als ein Instrument, welches das Rechtssystem dem Beobachter und dem Adressaten durchsichtiger und begreifbarer macht und zur rationelleren Bearbeitung des Rechts beiträgt (vgl. Tammelo 1974, 567; Morscher/Zecha 1972). Eine andere Frage ist es, den Ort dieser Logik innerhalb der modernen Logik zu bestimmen. Die deontische Logik unterscheidet sich von anderen Logiken durch die Verwendung der Ausdrücke »Es ist gesollt (geboten), daß«, »es ist erlaubt, daß« und »es ist verboten, daß«. Von diesen Ausdrücken hängt die Gültigkeit der normenlogischen Schlüsse ab.

b) Morscher/Zecha weisen der Normlogik wichtige noch zu bearbeitende Felder zu. Sie seien kurz genannt, weil sie bis heute die Diskussion mitbeherrschen: Genügen die Begriffe des Gebotes, der Erlaubnis, des Verbotes und der Begriff der Indifferenz oder bedarf es der Ergänzungen? Wie leistungsfähig ist die dyadische deontische Logik? Das Verhältnis zur Modallogik und zu einer Handlungslehre ist ebenso zu klären wie das Verhältnis zu den Quantoren (vgl. Morscher/Zecha 1972, 375–377). Daß die syntaktische Analyse durch eine semantische zu vervollständigen sei, betont auch Gethmann (1978, 116 f.).

c) Zwischen der Norm selbst, ihrer sprachlichen Gestalt und dem Sprechen über die Norm ist zu unterscheiden. Die sprachliche Gestalt der Norm nenne ich Weinbergers Terminologie folgend Normsatz, die Aussage über die Norm einen deontischen Satz (vgl. 1979, 98 f., 113). Die Norm ist die Bedeutung des Normsatzes. Den Normsätzen kommen die Attribute »wahr« – »falsch« nicht zu, sie sind nicht verifizierbar. Sie sind nicht ein Typus des Aussagesatzes, sondern eine besondere »Ausdruckskategorie«.

Der deontische Satz ist ein Urteil, welches Gegenstand der Aussagenlogik ist. Es wird an der Wahrheit gemessen, die Norm hingegen an einer höherrangigen Norm oder einem Werturteil. »X ist geboten.« ist ein deontischer Satz. Er behauptet, daß X in dieser Gesellschaft Anwendung findet. »X ist geboten!« ist ein Normsatz, der eine Pflicht auferlegt. Der Nachweis, daß viele Rechtsadressaten sich der Pflichterfüllung X verweigern, betrifft die Wahrheit des deontischen Satzes. Erst wenn der überwiegende Teil der Normadressaten das Werturteil über die Norm in der Weise gesprochen hat, daß sie nicht mehr gelten *solle*, ist sie außer Kraft getreten. Während zur Falsifizierung des deontischen Urteils jedermann Zutritt hat und jeder es »beseitigen« kann, kommt bezüglich der Norm nur dem Normgeber und – eventuell – einer bestimmten »Menge« von Normadressaten es zu, die Norm teilweise oder ganz zu widerrufen, abzuändern oder zu verstärken. Zwischen Geboten, Verboten und zwischen Geboten und Verboten sind Pflichtenkollisionen nicht auszuschließen. Ihre Auflösung bedarf eigener Regeln.

d) Die Normlogik ist kein Unterbereich der Modallogik (vgl. Weinberger 1979 [1], 104–107; Klami 1987, 212 ff.). »Notwendig« ist nicht gleich »geboten«, »möglich« nicht gleich »erlaubt«, »unmöglich« nicht mit »verboten« gleichzusetzen. Während aus »es ist notwendig, daß X« folgt, daß X ist, ergibt sich nicht, daß aus dem Gebotensein der Handlung X auch mit dem Vollzug der Handlung X zu rechnen ist. Ist aber die Handlung X geschehen, läßt sich wiederum nicht rückschließen, daß sie erlaubt gewesen sei, wohl aber daß sie möglich war.

Ebenso ist nun aber auch, wie für die Normen allgemein, auch zwischen »Recht«, seiner sprachlichen Gestalt, dem »Rechtssatz«, und dem Sprechen über das Recht zu unterscheiden.

93 e) Zwecks der Darstellung grundlegender Beziehungen innerhalb eines Normensystems (vgl. Philipps 1964, 317–329) führe ich ein:

geboten: O (von: Obligated)
verboten: F (von: Forbidden)
erlaubt: P (von: Permitted)
Das Verneinungszeichen:
vor dem Buchstaben: z. B.: Nicht O
nach dem Buchstaben: z. B.: O, daß nicht
= impliziert
Es ergeben sich an Möglichkeiten:

O, daß	= P, daß
O, daß nicht	= F, daß
Nicht O, daß	= P, daß
Nicht O, daß nicht	= P, daß nicht
F, daß	= O, daß nicht; Nicht P, daß
F, daß nicht	= O, daß
Nicht F, daß	= P, daß
Nicht F, daß nicht	= P, daß nicht
P, daß	= nicht O
P, daß nicht	= Nicht O, daß nicht
Nicht P, daß	= F, daß; O, daß nicht
Nicht P, daß nicht	= O, daß; F, daß nicht

f) Eine Handlung ist nicht verboten: ist sie dann erlaubt? Könnte sie aber nicht auch geboten sein? Ja, vom Standpunkt eines geschlossenen Normsystems aus: Der Gesetzgeber, so wird im geschlossenen System unterstellt, hat alle Handlungen geboten, die er nicht ausdrücklich verboten hat. Umgekehrt ist es zwar auch unmenschlich, aber klarer: alle überhaupt nur möglichen Handlungen sind verboten, geboten sind die ausdrücklich so bezeichneten Handlungen. Im offenen System wird angenommen: Der Gesetzgeber hat alle Handlungen verboten, die er verboten haben wollte, beziehungsweise alle Handlungen geboten, die er geboten haben wollte.

g) Was verboten ist, kann nicht erlaubt sein: »wenn F, *dann* nicht P«. Eine Handlung ist nun aber nicht ausdrücklich erlaubt: ist sie deswegen verboten? Vom Fehlen einer ausdrücklichen Erlaubnis einer Handlung auf ihr Verbot zu schließen, spiegelt ein autoritäres Muster wider.

h) Was erlaubt ist, ist nicht verboten: »wenn P, *dann* nicht F« und »Wenn P, daß nicht, *dann* nicht F, daß nicht«.

»P – (in beide Richtungen) – Nicht F«.

W	W	w
W	F	f
F	W	w
F	F	w

Es folgt: »Wenn F, dann nicht P« und »wenn nicht F, dann P«. Aber es folgt nicht: »Wenn nicht P, dann F«, falls ein »liberales Modell« zugrunde gelegt wird. Nicht unverboten heißt nicht, daß ein ausdrückliches Verbot vorliegt (Philipps 1964, 325).

Literatur:

Englis 1964.
Geddert 1984.
Korthals-Beyerlein 1979.

Philipps 1964.
Philipps 1966.
Weinberger 1979 [2].

B. Die Formen des Rechts

94 Den Ansprüchen der Menschen auf Vermittlung ihrer Freiheitsräume, auf Stabilisierung und Öffnung, auf Entlastung und Orientierung dient das Recht. Die Aufgaben selbst verlangen bereits eine Palette an Formen. Recht ist nur in diesen Formen oder es ist nicht. In diesem Abschnitt beschäftigen wir uns mit Gewohnheitsrecht, Gesetz und Vertrag, mit Urteil und Strafe, mit dem Widerstandsrecht und den Menschenrechten. Freiheitsräume setzen sich in diesen Formen in Bezug, aus gesicherter oder bedrohter Stellung heraus. Verträge stabilisieren, ebenso wie Gesetze, Urteile und Strafen. Um die Eröffnung von Zukunft wird im Urteil und in der Menschenrechtspolitik gerungen. In allen Formen bildet sich ein Verhältnis von Entlastung und aufgebürdeter Verantwortung ab. Strafen und Widerstand wirken auch orientierend. Nicht jede Form ist dabei als Form bereits eine dem Menschen angemessene.

Eine Vorbemerkung gilt der heute üblichen Unterscheidung in »Rechtserkenntnisquellen« und »Rechtserzeugungsquellen«.

(1) »Rechtserkenntnisquellen« stellen beispielsweise das Bundesgesetzblatt, eine den Asylbereich anzeigende Säule oder der »Steinerne Roland«, aber auch symbolische Handlungen wie die Schwurhand dar. Diese »Quellen« verweisen auf das Recht, sind es aber nicht.

(2) »Rechtserzeugungsquellen« sind nach verbreiteter Sicht Gesetze und Verordnungen – letztlich damit der Staat –, nach neuerer Auffassung auch allgemeine Rechtsgedanken. Das Gewohnheitsrecht erkennen diejenigen Theorien – unter ihnen die hier vertretene – als Rechtserzeugungsquelle an, welche den langdauernden Einübungen auch kleinerer Gesellschaften den Rechtscharakter nicht absprechen. Ob Gerichtsurteile zu diesen Quellen gehören, ist umstritten. Die einen befürworten die Unselbständigkeit der Justiz zugunsten der Volksvertretung, andere wollen die Rechtsgestaltung grundsätzlich den Gerichten anvertraut sehen, wieder andere billigen ausschließlich dem Staat die Rechtserzeugung zu.

Vorliegender Entwurf betrachtet den Gebrauch des Begriffs der »Rechtserzeugungsquelle« nur dann als vertretbar, wenn nicht verdeckt wird, daß letztlich nur die Menschen eine solche »Quelle« sind, und wenn die *Ansprüche* des und der Menschen mitgewußt werden, Ansprüche auf Anerkennung seiner und ihrer Würde, des Lebens, der sozialen Beziehungen und auch der Anspruch auf eine Rechtsordnung.

Unter Gewohnheitsrecht wird ein durch längere Zeit von einer bestimmten Gruppe von Menschen gleichmäßig geübter Brauch verstanden, dem diese Gruppe Rechtscharakter zuerkennt. Die »Gestattungstheorie« hält die Anerkennung des Gewohnheits-»Rechts« durch Gesetz für nötig, um es als Recht qualifizieren zu können, die »Übungstheorie« dagegen nicht; diese weiß aber auch um die höhere Unsicherheit, wenn es festzustellen gilt, welches Recht verbindlich ist. Die Gewohnheit kann sich praeter oder secundum legem und sogar contra legem bilden: »Contra legem« in der Form bloßer Nichtbefolgung oder im Aufbau einer Gegenwelt von Normen. Eine alltägliche Bedeutung kommt dem Gewohnheitsrecht heute in der »Lückenfüllung« zu, sei es eines Gesetzes, sei es eines gesetzesfreien Raumes.

Ich folge der »Übungstheorie«, nur so ist mir der Vorrang der einzelnen Menschen und der in der politischen Gesellschaft existierenden Gemeinschaften vor der Gesamtheit gewahrt. Damit sind an der Rechtsbildung neben den Organen der Legislative und der Judikative auch die Gruppen der Rechtsgemeinschaft selbst beteiligt. Die Vermittlung mit den anderen Gemeinschaften und mit der Gesamtheit stellt allerdings bleibend hohe Anforderungen.

II. Das Gesetz

1. Etymologische Annäherung

»Gesetz« ist ein weitgespannter, vieles vereinender Begriff. Für welche Wirklichkeit er verwendet wird, ist jeweils zu fragen. Die heutige Zweiteilung in einen Gesetzesbegriff der Rechtswissenschaft, der allein hier interessiert, und einen der Naturwissenschaften, bestand nicht immer. Jeder Verwechslung mit einem Gesetzesbegriff ist vorzubeugen, der bestimmte »Gesetzmäßigkeiten« in der unbelebten oder belebten Natur festgestellt haben will.

a) In »Nomos« ist die indo-europäische Wurzel »nem« enthalten, welche im Bereich des Zuteilens und Verteilens Verwendung fand. »Némein« heißt Weideland zuteilen. »Nomé« stand für Weideland. Wer weiden ließ, zog umher: daher noch unser Wort Nomade. Das lateinische »nemus«, welches Wald, Weidegang, Hain einer Gottheit bezeichnet, hängt mit »nem« zusammen, so wie Nemesis, die Göttin der Rache, die ursprünglich auf die gerechte Zuteilung an Holz und Weidefläche achtete. Die Begriffsgeschichte spiegelt die Divinisierung sozialer Vorgänge wieder. Die Religion trat als Garant gerechter Zuteilung auf. Die »Nomoi« meinten auch die eingewurzelte Lebensgewohnheit in einer Zeit, da »thesmoi« für »Gesetze« gebraucht wurde.

b) Die Übersetzung von »Thorah« mit »Nomos« stellt den Thorahinhalt verzerrt dar. Nach jüdischer Auffassung steht der Jude nicht unter einer starren Regel, welche fordert, ohne selbst etwas zu geben, und die von oben droht, ohne in Menschennähe zu treten. Zu Recht heißt es bei Racine: »O charmante loi!« Die Thorah ist Weisung und Richtschnur, der Thorahgehorsam ein lebenslanges, freiwilliges Unterwegssein. Die drei Grundelemente jüdischen Thorahverständnisses drückt Psalm 1 aus: Das Bewußtsein gottgewollter Befreiung, die Kräftigung für das rechte Tun und die Freude am Gesetz. Bei der Zahl von 613 Satzungen, welche Moses gegeben worden waren, gilt es nach jüdischem Verständnis als ausgeschlossen, alle Gebote zu halten. Deshalb ist immer Nachsicht empfohlen.

c) Eine sichere Herkunft von »Lex« ist nicht auszumachen. Von »legere«, lesen und sammeln, leitete Isidor von Sevilla (Etymol., lib. V, c. 10; lib. I, c. 3), von »eligere«, auswählen, Cicero (De legibus, lib. I, 19) und von »ligare«, anbinden, festmachen, Thomas von Aquin (Summa theologiae I II 90, 1) das Wort her.

d) Im Begriff des »Gesetzes« stecken »Setzen« und »Sitzen-Machen«. Das Resultat festgelegter und festgehaltener Ordnung eignete sich die Bezeichnung »Gesetz« an. Ihm dürfte »statutum« noch am nächsten kommen.

2. Definitionen und Aufgaben des Gesetzes

97 a) Lex als ordinatio universalis

(1) Gesetz im *materiellen* Sinn heißt ein Rechtsnormenbündel, das sich an eine unbestimmte Vielzahl allgemein-verbindlich richtet.

(2) Im *formellen* Sinn ist Gesetz sogar jeder Beschluß der zur Gesetzgebung zuständigen Organe, der gemäß der Verfassung oder den Gesetzen zustandekam, erlassen und kundgemacht wurde. Der Haushaltsplan fällt somit auch unter »Gesetz«, obwohl er keine unmittelbaren Rechte und Pflichten für die Staatsbürger erzeugt (vgl. Creifelds 1988, 485).

(3) Von *Ausnahmegesetz* spricht man, wenn das Gesetz nicht im vorgesehenen Verfahren erlassen wurde, sondern außerhalb von ihm, bedingt etwa durch eine Notstandssituation. Die Pflicht zur Vermeidung solchen Vorgehens und zur Vorsorge ergibt sich aus der Aufgabe berechenbarer Rechtsgestaltung.

(4) Mit *Maßnahmegesetz* kann ein Gesetz gemeint sein, welches versteckt oder offen Einzelfälle regelt. Es ist beherzigenswert, was C. Schmitt bemerkte:

»Den Jakobinern der Französischen Revolution war die Heiligkeit ihres Gesetzesbegriffs noch bewußt; sie waren politisch intelligent und mutig genug, um loi und mesure, Gesetz und Maßnahme scharf zu trennen, die Maßnahme offen als revolutionär zu bezeichnen und eine Verwischung durch Begriffsmontagen wie Maßnahmegesetz zu verschmähen« (1975, 87 Anm. 51).

(5) Die *Verordnung* ist formell gesehen nicht Gesetz, möglicherweise aber materiell, wenn sie abstrakte Regelungen für eine unbestimmte Vielzahl enthält. Unter »Gesetz« fällt nicht die Anordnung, welche den inneren Ablauf des Rechtsstabes regelt.

(6) Bedeutsam ist die Abhebung der Verfassung von den sogenannten einfachen Gesetzen, die im verfassungsgemäßen Verfahren zustandegekommen sind. Gesetze treten in hierarchischer Stufung auf.

(7) Ob ein *generelles* oder ein *spezielles* Gesetz vorliegt, richtet sich nach der Zahl der vom Gesetz erfaßten Rechtsadressaten, beziehungsweise nach der Häufigkeit oder Seltenheit der Fälle.

Beide Gesetzesarten müssen aber, um Gesetz zu sein, *universelle* Regelungen treffen. Auch die lex specialis regelt *jedes* Auftreten eines seltenen oder wenige Personen betreffenden Sachverhaltes. Darin unterscheidet sie sich vom Maßnahmegesetz. Auch wenn der »Fall« des heimkehrenden Ehegatten sehr selten auftritt, sind doch alle Fälle gemäß dem einen Gesetz zu entscheiden.

b) »Vernunft ohne Streben«? 98

(1) Für Aristoteles ist das Gesetz Ordnung und »eine Vernunft ohne Streben« (Politik III 16, 1287 a 18 und 32). Es soll geradezu die unmittelbare Herrschaft der Menschen ausschalten, »weil der Mensch für sich handelt und Tyrann wird« (Nikomachische Ethik V 10, 1134 a 36).

(2) Th. v. Aquin definierte lex als »eine vernünftige Anordnung, die auf das Allgemeinwohl zielt, und von demjenigen veröffentlicht ist, der die Verantwortung für die Gemeinschaft trägt« (Summa Theologiae I–II 90, 4). Welches sind demnach die Wesensmerkmale des Gesetzes? Die inneren Wesensmerkmale sind: Das Gesetz ist verpflichtende Norm, Richtmaß für das freie Handeln des Menschen, eine vernünftige, allgemeine und dauernde Anordnung zum Zwecke des Allgemeinwohls. Äußere Wesensmerkmale sind: Erlaß durch den für die gesetzesfähige Gemeinschaft zuständigen Gesetzgeber und die Veröffentlichung. Die lex ist Ausformung der ratio und nur insofern sie es ist, gebührt dem Gesetz Gehorsam. Eingefügt in einen universalen, zielbestimmten und

im menschlichen Handeln auszugestaltenden Zusammenhang, drückt das Gesetz im sozialen Bereich die Hinordnung des Menschen auf das Gemeinwohl aus. Das »bonum commune« ist aber wiederum hingerichtet, auf das »bonum universale«. Kein Allgemeinwohl darf sich als letztendliches oder letztgültiges ausgeben. Wie die lex selbst, so ist auch der Mensch in eine Ordnung gestellt, – und dies zweifach: als derjenige, welcher dem Gesetz unterworfen ist, der lex aeterna, der lex naturalis und der lex humana iusta, als auch der, welcher die lex humana erläßt.

Für die Gestaltung nur dieser lex, der lex humana, ist der Mensch zuständig und verantwortlich. Lex aeterna und lex naturalis haben Gott selbst zum Gesetzgeber, er hat diese zu verantworten. Bezüglich der lex humana aber tritt der Mensch in die Gesetzgeberrolle und teilt die Funktion des Gesetzgebers mit Gott. Gott übernimmt die Sorge für die alles umgreifende Gemeinschaft. Dem Menschen bleibt die Mitsorge für die politische communitas. Das politisch organisierte Volk als Ganzes oder ein einzelner Beauftragter kann die Sorge übernehmen. Die Promulgation ist bei der lex humana für die Gültigkeit unerläßlich.

(3) Für andere ist das Gesetz Zeichen sich annähernder oder angenäherter politischer Mächte (Nietzsche) oder die in allgemeine sprachliche Form geronnene Kriegserklärung einer Gruppe der Gesellschaft an eine andere (Colet, Laberthonnière).

(4) Die Cambacérès-Portalis-Debatte am Übergang zum 19. Jahrhundert geht darum, ob das Gesetz als die vollkommene Voraussicht zu gestalten sei, die für jeden möglichen Fall Regelungen trifft. Der Justiz fiele demnach nur eine anwendende und keine schöpferische Rolle zu. Oder ist das Gesetz nicht die vorsichtige und behutsame Lenkung gesellschaftlicher Belange, jederzeit revidierbar, die des Richters bedarf, der schöpferisch umsetzt und das Gesetz weiterentwickelt? Die Bedeutung der »Verfassung« als Grundregel würde dabei steigen. Immer noch aber wirkt das Comtesche »savoir pour prévoir« im Hintergrund (§ 68).

Unter Gesetz ist, so das Fazit, die allgemeine, auf Dauer angelegte, veröffentlichte Regelung zu verstehen. Allgemeine Regelung und einzigartige Situation stehen in Spannung.

Rechtssetzung, exekutive Rechtsanwendung und Rechtsprechung abstrahieren immer von der Vielfalt und Einzigartigkeit: Die Kunst, die »ars«, ist es, den Hauptbestandteil des Problems zu regeln, eine Generallinie der Konfliktlösung vorzuzeichnen und trotzdem nicht die je besonderen Fallausprägungen gänzlich zu übersehen.

Das Gesetz soll nach meinem Ansatz eine von den berechtigten Interessen her ausgeglichene Vermittlung der Freiheitsräume *aller* betroffenen Personen leisten. Weitere Folge des Gesetzes sollen die Planbarkeit, die Berechenbarkeit und die Beständigkeit gesellschaftlichen Lebens sein, ebenso auch die Öffnung und die Sorge um die Freiheitsentfaltung. Diese Aufgabe erfordert präzise Formulierungen, um Willkür von Auslegern, Richtern und der Bürokratie zu behindern. Die Fähigkeit als Regelungsinstrument wird umso höher sein, als gerade nicht jeder mögliche Fall und dazu noch bis ins Detail geordnet wird. Die Beschränkung erhöht die Überlebens- und Steuerungsfähigkeit des Gesetzes. Die Alternative zum Gesetz wäre, sich nur auf Ad-hoc-Entscheidungen zu verlassen. Dies wurde im Absolutismus dem Herrscher um der Geschmeidigkeit der Administration willen empfohlen. Damit aber hätte der Bürger sich in der Formulierung unsicheren und in der Dauer unbeständigen Entscheidungen ausgeliefert.

3. Gesetzeseigenschaften

a) Gesetz und Raum

Die geringst mögliche Belastung der Rechtsadressaten ist anzustreben. Wenn sie dadurch geringer gehalten werden kann, daß die Gesetzeswirkung auf das Territorium und erst vermittelt durch es auf seine Bewohner – und solange sie Bewohner sind – geht, so ist die unmittelbare Inanspruchnahme der Rechtsadressaten zurückzustellen. Es hebt sich darin das Gesetz vom Vertrag und vom Befehl ab, die beide unmittelbar die Adressaten verpflichten: Lex afficit territorium, praeceptum ossibus haeret.

b) Gesetz und Zeit

(1) Das Gesetz wirkt nach vorne und schaut nicht nach rückwärts (Cod. Just. 10. 31. 66. § 1; Liber Extra I. 2. 1 und 13). Aus Gründen der Stabilität und der Entlastung ist diese Ausrichtung der »regula« (§ 27) gerechtfertigt; als »doctrina« aber hat das Gesetz die Erfahrungen aufzunehmen und die Lehren der Vergangenheit zu beherzigen.

(2) Jeder Weg in die Vergangenheit zurück ist endgültig versperrt, keine Ursache wirkt zurück. Geändert werden kann zwar die in zurückliegender Zeit getroffene rechtliche Bewertung, aber nur jetzt und für eine Neubewertung, die »ab jetzt« belastet oder befreit. Wer vor irreversiblen Entscheidungen warnt, muß wissen, was eine Abänderung zu bewirken vermag.

(3) Wenn Recht dem Recht vorausgeht und falls es eine rechtliche Regelung zum Vorläufer hat, ist übrigens jede rechtliche Regelung auch immer Neubewertung, nicht bloß das sogenannte rückwirkende Gesetz.

(4) Die Nachzahlung von Steuern, der Verlust von Titeln, die bereits zugesprochen sind, oder die Änderung von Rechtspositionen kann Mißtrauen gegenüber dem Gesetzgeber und allen seinen Gesetzesvorhaben auslösen und das Verhältnis für die Zukunft belasten. Mit Recht ist nach der Gerechtigkeit des Gesetzgebers zu fragen (§ 148), sollte er doch einen »constans et perpetua voluntas« und keinen »ambigua«, keinen schwankenden Willen haben.

Obwohl Gesetz wie Urteil Menschenwerk sind, unterliegt doch mit einer höheren Verpflichtung das Urteil der Überprüfung und wenn nötig der Aufhebung wegen der im Einzelfall ungleich härteren Beeinträchtigung des Menschen. Willensstarrheit ist nicht in jedem Falle tugendhaft. Doch kann keine Vollstreckung durch irgendeine Art von Entschädigung wirklich ersetzt und wiedergutgemacht werden.

(5) An zweierlei ist also zu erinnern: an die »Vor-sicht« im Erlaß von Gesetzen und Urteilen. Zum anderen sollte die Regelung, je einschneidender sie für das menschliche Leben ist, umso korrigierbarer sein.

101 c) Der Anspruch auf Gehorsam

(1) Das Gesetz soll als Form des Rechts dessen Aufgaben nachkommen (§ 27), notwendig (§ 22) und erfüllbar sein. Als solches darf es Gehorsam fordern (§§ 22, 65). Es ist immer ein vorhergehendes Normverhältnis gegeben, von welchem her das Gesetz, wenn es Recht ist, sich seinen Anspruch auf Gehorsam besorgt. Eine Denkweise, die Gesetzesbefehl und Gehorsam im Bilde von Druck und Nachgeben darstellt (§ 39), erfaßt den Charakter des Sollens nicht. Den Gehorsam aus dem Nutzenkalkül zu begründen, wird der Verbindung von Recht und menschlicher Bewährung in der Gestaltung und der Pflicht zum Austragen der Freiheitsentscheidungen nicht gerecht (§ 24). Selbst gehorsam sein zu wollen, damit andere schlechtere Gründe haben, ungehorsam zu sein oder ihre Pflichten nicht zu erfüllen, setzt übrigens nicht wenig an gesellschaftlicher Kommunikation und sogar Einsicht voraus.

(2) Der Gesetzesgehorsam ist ein äußerer. Die Rechtsordnung muß sich beschränken (§§ 15 und 62). Darf es aber eine solche »Beschränkung« für den *Menschen* als Adressaten geben? Sein Leben ist als Einheit zu führen und zu einer Einheit zu bilden. So ist verlangt, vor sich das äußere Tun zu rechtfertigen.

(3) Lex non obligat cum gravi incommodo legi extrinseco: Die Verpflichtung zum Gesetzesgehorsam endet dort, wo dieser eine unzumutbare Belastung bedeutet.

(4) Ist der Gesetzgeber gezwungen, seine von ihm erlassenen Gesetze zu befolgen? »Keiner kann sich selbst etwas befehlen oder sich etwas verbieten« (Marcianus, 2 regularum: Dig. 4. 8. 51). Der Rechtsadressat ist unterworfen. Wie aber steht es mit der Gesamtheit der Bürger? Ich spreche nicht von den einzelnen Menschen, seien es Abgeordnete oder Verfassungsrichter, die als Privatpersonen unter den Gesetzen stehen. Für die Organe des Verfassungslebens ist eine Festlegung insofern gegeben, als die Verfassung selbst eine Schranke gegen jederzeitige und jede beliebige Änderbarkeit aufrichtet. Für das Staatsvolk selbst, vertreten in bestimmten und durch bestimmte Institutionen, gibt es keine Bindungen, außer denen, die aus der freien Bejahung der Lebensstrukturen und der mit ihnen gegebenen soziale Verfügungen folgen. Die Alternative zu dieser freien Bejahung heißt allerdings »Ausstieg« aus dem sozialen Leben, wenn nicht aus dem Leben überhaupt. Hobbes versuchte diese »Unterwerfung« dadurch erträglicher erscheinen zu lassen, daß er noch einmal eine freie Entscheidung in Form des Gesellschaftsvertrages dem Leben in Gesellschaft vorgeschaltet wissen wollte (Leviathan, Kap. 14–18). Richtig ist gesehen, daß die Gesellschafts- und Rechtsordnung so aussehen sollte, daß jeder sie bejahen kann. Aber sein Ja kann der Mensch erneuern und verwerfen, wie er will.

4. *Das Gesetzgebungsverfahren*   102

a) Zuallererst ist festzustellen, ob es um die Regelung eines *Bedürfnisses* geht und ob ein Bedürfnis nach *Regelung* besteht.

b) Die Diskussion über die beste Art, das Problem zu lösen, schließt sich an. Bedarf es eines Gesetzes? Welche Regelung könnte es ersetzen? Etwa eine freiwillige Abmachung der künftig Betroffenen?

(1) Gesetze zu erarbeiten ist kostspielig, zeit- und arbeitsaufwendig; unübersichtlich sind die Folgen eines jeden Gesetzes, die Aufnahmefähigkeit der Adressaten ist begrenzt: so ist die Zahl der Gesetze auf das Nötigste zu beschränken. Der Nutzen ist am Gemeinwohl zu messen.

(2) Zu untersuchen ist, was dieses Gesetz dazu beitrage, die Adressaten in einen Zustand der Stabilität und der Öffnung zu setzen und zu erhalten. Oft wird nach dem Gesetzgeber gerufen, wo bereits bestehendes Recht leistungsfähig und anwendbar wäre. Der Ruf nach neuen Gesetzen kann Probleme der Anwendung bestehender Gesetze über-

decken wollen. Auch ist ja der Vorwurf schwerwiegender, zur Verfügung gestellte Mittel nicht angewendet zu haben, als sie nicht zu besitzen. So kann der Öffentlichkeit die Rolle des immer noch schutzlosen Staates vorgespielt werden. Ein Gesetzesvorhaben dient eventuell zum Vorwand für die Provokation parteipolitischer Auseinandersetzungen.

(3) Gesetze können auch deswegen gefordert werden, um das einzelne Mitglied des Rechtsstabes der eigenen Wertabwägung zu entheben. Nicht die Verantwortung gegenüber den Menschen und für das eigene Handeln wäre ja dann auf sich zu nehmen, sondern nur die beschränktere Verantwortung gegenüber dem Gesetz. Um der eigenen Gewissensentlastung willen kann die stärkere Gegenwärtigkeit der Allgemeinheit in den Gesetzen gewünscht werden.

c) Falls der Entscheid zugunsten der Gesetzesform fällt, sind die unumgänglichen Elemente und Regelungen dieses Gesetzes zu entwerfen. Neben den genannten Gesichtspunkten der Notwendigkeit und der Anwendbarkeit des Gesetzes treten hier die der Übersichtlichkeit und Orientierungsfähigkeit hinzu.

Die inhaltliche Gestaltung des Gesetzes ist an den Aufgaben des Rechts (§§ 22–32 und 72) auszurichten. Die Möglichkeit eines Erlaubnisgesetzes, das heißt der zeitweiligen Erlaubnis eines ansonsten Verbotenen, ist nicht völlig auszuschließen (vgl. Brandt 1982, 233 f.).

d) Die nächste Frage lautet: Soll ein eigenständiges Gesetz erlassen werden oder sind Einfügungen in bestehende Gesetze vorzuziehen? Kommt eine Änderung bestehenden Rechts oder dessen Ergänzung in Betracht? Soll das Gesetz nur für eine bestimmte Zeit gelten? Soll es sich um ein räumlich begrenzt durchzuführendes Pilotprojekt handeln, von dessen Gelingen die Einführung für das gesamte Rechtsgebiet abhängig gemacht ist? Woran soll der »Erfolg« bewertet werden? Grundsatz soll hier, nach unserem Raster, die möglichst geringe Belastung der Menschen, die Stabilität und die Erweiterung sowie Vermehrung der Lebensmöglichkeiten sein.

e) Mit den Interessenverbänden und Fachleuten, welche zur Optimierung des Gesetzes beitragen und Auskunft auch über seine Anwendbarkeit geben können, ist das Gesetz gemeinsam zu erarbeiten. Die Erweiterung des Beraterkreises soll auch dazu dienen, dem Gesetz nicht den Charakter der Oktroyierung aufzubürden (vgl. Weber 1956, 19 f.), schließlich auch dazu, um zu erfahren, woher Widerstände gegen das Gesetz kommen könnten und welche Hindernisse bei der Anwendung zu erwarten sein werden.

f) In welcher Haltung sollte die Schlußabstimmung über das Gesetz im Parlament erfolgen, damit das Gesetz verpflichtend auferlegt werden darf? Es richtet sich, wenn es unbefristet ergeht, nicht nur an die jetzt

Lebenden. Umso wichtiger ist es, von dem Wert der Selbstbestimmung und der Leben erhaltenden Vermittlung der Freiheitsräume her zu fordern, daß der Gesetzgeber von den Adressaten her legitimiert ist. Es hängen Gesetzesstruktur und rechtsstaatliche Demokratie engstens zusammen. Wenn soziales Leben Selbstbegegnung in der Annahme des Anderen sein soll, so bedarf jegliche Verpflichtung einer letzten von der Zustimmung des Betroffenen ausgehenden Bejahung. Es geht dabei nicht um eine erhöhte Annahmebereitschaft der Gesetzesinhalte, sondern um die möglichste Geringhaltung von Fremdbestimmung überhaupt, auch um der Nachkommen willen. Was aber, wenn gerade die Lebenden egoistisch auf *ihr* Wohl als Lebende bedacht sind? Die Rechtfertigung ist nur gültig, wenn sie für sich und für die anderen, im eigenen Namen und stellvertretend erteilt wird.

g) Das Gesetz erhält seine verpflichtende Kraft durch die Promulgation: die Verpflichtung setzt Kenntnis voraus. Zwischen Promulgation und dem Zeitpunkt des Eintretens der Rechtskraft liegt ein Zwischenraum, die vacatio legis. Ihre Festsetzung unterliegt den genannten Kriterien.

5. Die Auslegung des Gesetzes

a) Die Interpreten   103

(1) Die *authentische* oder *Legalinterpretation:* Wem steht sie zu? Wer das Gesetz erlassen hat, darf es auch authentisch auslegen. Jeder ist seiner Handlung am nächsten, er weiß um seine Absichten dabei, er darf mit ihr als erster umgehen. Die Auslegung ist zu promulgieren. Darf es eine rückwirkende Interpretation geben? Wenn das Gesetz in seinem Bestand anzuzweifeln und in seinem Inhalt unklar war, und der Gesetzesinhalt durch die Interpretation Ausdehnung oder Einschränkung erfährt, so schafft die Interpretation neues Recht. Sie ist zu promulgieren.

(2) Die Auslegung darf durch eine *weiteres Gesetz,* eine *Verordnung* oder durch *richterliches Urteil* geschehen. In der Rechtsordnung ist darüber zu befinden, welche Bindungswirkung den letztgenannten Äußerungen zukommen soll, ob ihnen Schutz durch die staatliche Autorität gewährt wird oder ob sie der gewohnheitsrechtlichen Aneignung oder Verwerfung überlassen werden.

(3) Die *Usualinterpretation:* »Denn die beste Auslegerin der Gesetze ist die Gewohnheit« (Paulus I quaest: Dig. 1. 3. 37). Dem ist zuzustimmen (§ 95). Unparteilichkeit wird nicht immer leicht zu erbringen sein, wenn Bestehen und Inhalt der Gewohnheit festgestellt werden sollen.

(4) Bei der Interpretation durch die *Rechtswissenschaft* gilt: »Tantum valet, quantum probat«: Sie gilt in dem Maße, in dem sie überzeugt.

b) Die Mittel der Interpretation

Jede Interpretation hat sich der Quellen- und der Wortlautkritik, des Vergleichs von Wortlaut und Sinn des Gesetzes wie auch der historischen Interpretation zu bedienen. Die Auslegungsmöglichkeiten sind danach zu gewichten, wieweit sie die Betroffenen belasten. Die Achtung der Würde fordert, daß die Belastungen möglichst eingeschränkt gehalten und die Entlastungen oder Begünstigungen zu erweitern sind.

104 *6. Neuere Entwicklungen und ihre Bewertung*

a) Verläuft die Entwicklung vom Gesetz zum Plan? Wenn unter »Plan« ein Gesamtprogramm verstanden wird, welches politische, wirtschaftliche und soziale Institutionen auf längere Zeit einbindet und ihre Aktivität festlegt, so ist die Ausschaltung der schöpferischen und flexiblen Zukunftsgestaltung kritisch anzumerken. Bedenklich ist, wenn sich gesellschaftlich der Wert des Menschen maßgeblich von der Art der Planerfüllung her bemißt.

Der Plan ist berechtigt, wenn er einem hypothetischen Imperativ vergleichbar bleibt: Wenn wir das tun, dann erreichen wir dieses Ziel. Er muß deshalb auf die Ziele der menschlichen Gemeinschaft hin durchsichtig, für sie durchlässig und zeitlich auf ein überschaubares Maß begrenzt sein.

b) Wer sich gegen Gesetze und für das Regieren mit speziellen Anweisungen entscheidet, mag zwar schneller und einzelfallgerechter handeln. Von dieser Praxis ist aber dann Abstand zu nehmen, wenn die Freiheitssicherungen, welche zugunsten des einzelnen und der Allgemeinheit eingerichtet sind, im besonderen Kontroll- und Überprüfungsrechte, unterlaufen werden.

c) Die Anzahl und der Umfang der Gesetze stehen in einem Verhältnis zu ihrer Kenntnisnahme. Die Unkenntnis und die unbewußte Mißachtung der Gesetze tragen zum Verlust ihrer Anerkennung bei.

d) Gesetze häufig nachzubessern, sie mehrfach zu novellieren oder sie abzuschaffen und eventuell wieder neu einzuführen, spiegelt zwar die Wandlungen der öffentlichen Meinung wider. Doch ist ein solches Verhalten einem Verständnis des Gesetzes als »Vernunft ohne Leidenschaft« abträglich.

a) Der Werdegang zweier Begriffe

(1) In der nachnapoleonischen Zeit etwa bis in die dreißiger Jahre des 19. Jh. hinein wurde republikanische Legalität gegen die Legitimität der Thron- und Monarchierechte gehalten. Legitim *war* man, man *handelte* erst in zweiter Linie legitim. Die Legitimität gab Auskunft über einen Status. Wer von legitimem Handeln sprach, beanspruchte, in Einklang mit einer höchsten Norm oder einem höchsten Wert zu sein. Er konnte in die Gesetze Eingang gefunden haben, dann war die Bezeichnung »legal« überflüssig; oder nicht, dann galten die Gesetze als illegitim.

(2) Von »Legalität« läßt sich heute im Zusammenhang mit der staatlichen Machtausübung sprechen: dieser kommt das Prädikat »ist legal« zu, wenn sie »auf Grund eines Gesetzes« oder »im Namen des Gesetzes« tätig wird (vgl. Schmitt 1932, 8). Legalität und »Gesetzgebungsstaat« bedingen sich. Er ist von den Gesetzen bestimmt, den unpersönlichen, universal für den Staatsbereich geltenden und auf Dauer angelegten Normierungen. M. Weber zufolge (1956, 19f.) bietet die Neuzeit keinen Rückhalt an einer wie auch immer verankerten Legitimität mehr. Die Pluralität der Weltanschauungen produzierte eine Vielheit an »Legitimitäten« und paralysierte damit alle ihre Ansprüche. Der Verzicht auf diesen Rückgriff war damit angeraten.

(3) Wer illegal handelt, befindet sich nach dem jedenfalls bis zu Weber unangefochten geltenden Sprachgebrauch nicht notwendigerweise in der Legitimität, aber auch nicht in der Illegitimität; wer legal handelt, kann gleichfalls unter eine der beiden Kategorien, Legitimität und Illegitimität, eingereiht werden.

(4) Ein Beispiel für eine zeitgenössische Verwendung des Begriffs der Legitimität sei noch angefügt. Ein politisches System bezieht nach S. E. Finer seine Rechtfertigung über drei mögliche Wege, die sich allerdings auch vereinigen können: den der Regimelegitimität, d. h. über die Verankerung ziviler Autorität und Institutionen in einer breiten Zustimmung der Bevölkerung; zweitens den der Transferlegitimität, d. h. über allgemein anerkannte Prozeduren für den politischen Machtwechsel; drittens durch die starken sozio-politischen Vereinigungen modernen Typs, d. h. durch die Parteien und Gewerkschaften, nicht aber die Stammes- und Kastenorganisationen.

b) Stellungnahme

Es sind zwei Begriffe mit gemeinsamer Geschichte. Wer den einen erwähnt, führt den anderen mit ein. Bei beiden ist der Staat mitzudenken.

Läßt sich den Begriffen mehr als ein Polarisierungswert in der politischen Arena abgewinnen? Das Begriffspaar vermag auf die Kritikwürdigkeit jeglicher Gesetze, Urteile, Richtlinien und zugleich auf die Schwierigkeit der inhaltlichen Ausrichtung hinzuweisen. Erst wenn das Gesetz den Ansprüchen (§ 22f.) »gerecht« wird, nenne ich das Gesetz ein legitimes Gesetz. Von »Recht« kann frühestens dann die Rede sein, wenn jene in einer – auch staatenübergreifenden – Gemeinschaft für notwendig angesehenen, beachteten, aber noch nicht positivierten Normen des Gemeinschaftslebens sich mit Vorstellungen über die Vermittlung der Freiheitsräume ebenso verbunden haben wie mit dem Druck auf Beachtung und Durchsetzung dieser »Rechte«.

Literatur:

Finter 1970.
Noll 1973.

Schmitt 1932.
Weber 1956.

III. Der Vertrag

Gesetz und Vertrag haben eine gemeinsame Grenze: das von Menschen nicht Gestaltbare. Beide können sich zweitens gegenseitig eine Grenze ziehen, drittens kann das Gesetz dem Vertragsrecht Vorgaben liefern und Räume eröffnen. Aber auch der Vertrag kann Institutionen der Gesetzgebung schaffen oder Gesetze vorbereiten.
Den vertraglichen Absprachen kommt oft Pionierfunktion zu – im Leasinggeschäft oder im Kunsthandel beispielsweise –, bevor der Gesetzgeber nachzieht. Die Verträge zeigen eine erste Verteilung von Rechten und Pflichten zwischen den Partnern an.

106 *1. Etymologische Annäherung und der Begriff des Vertrags*

»Pactum« kommt von »pangere«, das »befestigen«, »einschlagen«, »festsetzen« heißt; von ihm leitete sich »pacisci« ab, das den Friedensschluß zwischen zwei Parteien ausdrückte. Im Mittelalter bezeichnete pactum das Testament, die Tributzahlung und das Mönchsgelübde. Das französische Wort »contrat« beinhaltet »traité«. Als Contrat meint es ein gemeinsames Ziehen und ein Zusammenwirken in die gleiche Wirkung. »Vertrag« setzt sich aus »tragen« zusammen, das außer »in eine Richtung befördern« auch »ertragen«, »etwas erlassen« und »schlichten« heißen kann (vgl. Georges 1951, 1430f., 1458; Glossarium 1734, 8–10; Grimm 1956, 1921–1939).

Der »Vertrag« ist ein mindestens zweiseitiges Rechtsgeschäft, bei dem durch übereinstimmende Willenserklärungen ein rechtlicher Erfolg erstrebt ist (vgl. Creifelds 1988, 1257).

2. Wer schließt den Vertrag ab?

Grundsätzlich kommen in Frage: ein einzelner mit einem anderen, mehrere untereinander, eine größere Gesamtheit, wie beispielsweise ein Volk mit sich, mit einem anderen Volk oder mit einer ihm gegenüber tretenden Person.

a) Können Verträge nicht auch mit sich selbst geschlossen werden? Nein, wenn man sich auf beiden Seiten unter derselben Rücksicht oder in derselben Funktion begegnet. »Ius est ad alium«: insofern handelt es sich bei solchen »Abmachungen« nicht einmal um »ius«. Der Raum des Rechts ist nicht betreten. Freiheit ist Freiheit den eigenen Entscheidungen gegenüber. Keine Entscheidung eines Menschen ist vor ihm selbst sicher, keine mehr wert als eine andere – es sei denn der Mensch macht sie dazu.

Anders steht es, wenn dieselbe Person auf beiden Seiten in verschiedenen Rollen steht, z.B. auf der einen Seite als Geschäftsmann, auf der anderen Seite als Vertreter ihres Kindes. Aber das Mißtrauen gegenüber einem solchen Rollen-Spiel ist zu Recht vorhanden: ein Mißtrauen gegenüber der Möglichkeit, von einer Rolle oder einem Amt zu abstrahieren, in sich die Interessen auseinanderzuhalten und sich jeweils zum Sachwalter des einen Interesses gegen das andere zu machen.

b) So wenig wie Verträge mit dem untermenschlichen Bereich abgeschlossen werden können (§ 48), so wenig mit dem übermenschlichen. In mehreren Kulturen, sei es der jüdischen oder der römischen, findet sich Gott als Partner des Volkes. Zwischen Gott und den Menschen gilt dann »do, ut des«, »facio, ut facias«, »do, ut facias« oder »facio, ut des«.

Die Ablehnung eines solchen Vertrages als Möglichkeit richtet sich an den philosophischen Ansätzen aus. Welches Recht könnte Gott noch zusätzlich erhalten, welche Pflicht ihm auferlegt werden, welches Gericht könnte über Streitigkeiten befinden, so fragen die einen; für Kant ist Gott »kein Gegenstand möglicher Erfahrung«; der Vertragspflicht kann somit »kein äußeres verpflichtendes Subjekt korrespondierend gegeben werden« (Metaphysik der Sitten, Einleitung in die Rechtslehre: VI, 241).

c) Von politischer Wichtigkeit ist der Vertrag zwischen dem Volk, das *vor* Vertragsschluß bereits konstituiert ist, und dem Herrscher, der es leiten soll. Auf solchen Vertrag pochte Manegold von Lautenbach (gest.

nach 1103): So wie ein Großbauer sich einen Schweinehirten halte und ihn wegjage, wenn er keine Leistung mehr erbringt und nicht mehr treu und sorgsam ist, so dürfe das Volk den Herrscher aus Amt und Würden jagen (Liber ad Gebehardum, cap. XXX).

d) Hobbes führte in die Politische Vertragslehre eine maßgebliche Erweiterung ein, nämlich den Vertrag zugunsten Dritter (Leviathan, 14, 16. und 17. Kapitel). Jeder schließt mit jedem – ausgenommen der zukünftige Souverän – einen Gewaltverzichtsvertrag ab. Ein zweiter Vertrag ist nötig: Ein jeder betraut im Zuge der Staatsgründung den einen und denselben als seinen Vertreter; dieser, der in seiner Hand alle Vertretungen bündelt, schafft die Vertretenen zur politischen Gemeinschaft um. Erst der Vertreter fügt die einzelnen zu einer Gesellschaft zusammen, so daß er von der Gesellschaft, weil sie ja erst seine Schöpfung ist, gar keinen Auftrag und keine Vollmacht hat entgegennehmen können. Die Erteilung der Vollmacht ist der Eintritt in den Raum des Rechts (§ 35) und einer – neuen – Schöpfung, die völlig dem Souverän zu verdanken ist.

Der Vertrag zugunsten Dritter ist aber nur dann gerechtfertigt, wenn es dem begünstigten Dritten freisteht, die Begünstigung anzunehmen oder abzulehnen. Der Jurist Paulus (sing. de adsig. libert.: Dig. 50. 17. 69) schrieb zu Recht: »Gegen seinen Willen darf niemandem eine Wohltat zuteil werden«. Die Würde des Menschen erfordert seine Selbstbestimmung auch in dem Bereich, wo die Güter sich vermehren und die Machtposition gestärkt wird.

e) Rechtsordnungen lassen hingegen den Vertrag *zuungunsten* Dritter mit Recht nicht zu. In der Wirklichkeit zielt die Einigung beider Partner oft aber geradezu auf die Abwälzung der Lasten auf einen Dritten oder war die Abwälzung Voraussetzung der Einigung, gleich ob es sich um ein Dritte-Welt-Land oder um die Nachkommen handelt.

f) Davon zu unterscheiden ist das Bündnis zweier oder mehrerer gegen einen Dritten. Hier ist nicht der Austausch von Gütern oder Leistungen Gegenstand der Vereinbarung, sondern die Verbindung schwächerer Positionen zu *einer* starken. Rousseau setzte den Beginn der Gesellschaft damit an, daß die Armen sich auf Zureden der Reichen und unter ihrer Führung zu *einer* Gewalt vereinigten (2. Diskurs, 2. Teil: OC III 177 f.).

g) So sehr der Vertrag auch ökonomisch Ungleiche im Wechselverhältnis auf *eine* Stufe stellt, so sehr vermag doch deren politische oder wirtschaftliche Macht die Partner um ihr Recht zu bringen. »Mein Vater hat mich gelehrt, ich sollte nicht von denen kaufen, noch ihnen verkaufen, oder gar auf Borg geben, vor denen man sich bücken oder die Kappe abziehen muß«, klagte eine Frau dem Eulenspiegel (25. Historie), um prompt hereinzufallen.

a) Die Ausgeglichenheit der Rechte und Pflichten

Einseitige, zweiseitige, wechselseitige Verträge werden je nach der Rechts- und Pflichtenverteilung unterschieden. Je mehr einzelne Bestimmungen der Vertrag enthält, desto unausgeglichener kann er scheinen. Nicht jede Beziehungsebene muß die Ausgeglichenheit besorgen; unerläßlich ist es, daß sie auf das Ganze des Beziehungsgefüges hin gesehen geschieht.

b) Welche Inhalte sind nicht zulässig?

Damit ist die Frage verbunden, ob alle Güter einen berechenbaren Wert haben und alle im Austausch stehen.

(1) Beide Partner sind regelmäßig Eigentümer oder Verfügungsberechtigte über etwas, woran der jeweils andere interessiert ist. Als Vertragsinhalt scheidet damit grundsätzlich – es geht nicht um das subjektive Interesse – das aus, woran kein Interesse bestehen kann, wie an denjenigen Gütern, welche jeder Partner immer schon hat und bleibend behält. Die Grundansprüche des Menschen, welche ihre juristische Gestalt in den Menschenrechtskatalogen finden, sind nicht vertragsfähig, so die Würde des Menschen, seine Freiheit und auch die Vertragsfreiheit. Allenfalls kann der Vertrag eine präzisere Fassung des Gebrauchs, des nachhaltigeren Schutzes etc. dieser vom Menschen unablösbaren Güter hereiführen wollen. Nicht am Erwerb der Freiheit der anderen, wohl aber an deren Verknechtung bestand Interesse. Rousseau legt den absurden Verdinglichungsprozeß offen, den die Freiheit durchgemacht hat (Du Contrat social I 4: OC III 354–358; vgl. Brieskorn 1988, 205–218). Der Mensch darf sich in seiner Totalität als Mensch nicht zum Gegenstand anderer machen. Die Begründungen sind verschieden in ihren Details, immer aber wird in der Linie dieser Freiheitsgeschichte betont, daß die Freiheit gar kein Gut ist, das »zur Disposition« steht.

Damit ergibt sich aber *eine* erlaubte Möglichkeit der Selbstverfügung, ja nicht nur erlaubte, vielmehr verpflichtende: Der Mensch darf über sich verfügen und sich total einbinden, mit allen Lebensäußerungen und auf Lebenszeit, wenn er seine Freiheit auf diese Weise sichert und sogar vermehrt. Dies ist die Logik des »Gesellschaftsvertrages« bei Jean-Jacques Rousseau (I 6: OC III 360–362). Sind damit jene, die den Vertrag abschließen, in *allen* Bezügen und unter jeder Rücksicht daran gehindert, sich zum Vertragsgegenstand zu machen? Sicherlich nicht! Tatsächlich half sich die Wirtschaftsgesellschaft des 18. und 19. Jahrhunderts dadurch, daß man den Menschen gleichsam »zerlegte«: er

durfte seine Arbeitskraft, seine körperliche und seine geistige Kapazität
– und jeweils nur diese – zur Verfügung stellen. Das Faktum rechtfertigt
nicht die Praxis. Eine Grenze dieser isolierenden »Differenzierung« und
der einzelnen Beziehungen ist nicht bloß in der Überbeanspruchung in
einem Teilsektor zu sehen – im Arbeitsverhältnis etwa – sondern darin,
ob es dem Menschen möglich ist, zu einer von ihm selbst her gestalteten
Lebenseinheit zu finden und sie zu wahren.

(2) Darf die Familie ein Vertragsgegenstand sein? Die Ehepaar-Eltern-
Kinder-Beziehungen ausschließlich oder vorrangig in den Schemen des
distanzierenden, gleichsetzenden Vertragsrechtes mit einem Dritten als
Richter zu denken, wird der Familie nicht gerecht, wenn ihre Intimität,
die notwendig unverrechenbare Fürsorge und der Erziehungsauftrag
ernstgenommen und bejaht werden. Sind die Kinder erwachsen, läßt
sich – jedenfalls – die Familie mit allseitigem Einverständnis in ein Netz
an Verträgen umwandeln (Rousseau, Du Contrat social I 2: OC III
352).

(3) Darf die Beziehung zwischen den Staatsbürgern und dem »Staat«
zum Vertragsgegenstand werden? Während Hobbes nur die Entstehung des Staates durch Vertrag zuließ, nicht aber sein Funktionieren
dem Vertragsrecht anvertraute (Leviathan, Kap. 18), war für Hegel das
Denken des Verhältnisses vom einzelnen zum sittlichen Staat nur dann
seinem Gegenstand angemessen, wenn eine organologische Begrifflich-
keit dieses Verhältnis ausdrückte und nicht eine vertragliche, welche
von Rechten und Pflichten auf beiden Seiten spricht und die grundsätzliche Auflösbarkeit und Aufkündigung der Macht von beiden Partnern her kennt (Grundlinien § 258). Ich verwies (§§ 20–22) darauf, daß
zum menschlichen Leben die Gestaltung des vom einzelnen nicht mehr
Abänderbaren durch den einzelnen um seiner selbst willen gehört.

(4) Wie steht es um allgemeine Güter, wie Luft, Wasser oder den Zugang zu Erholungsbereichen? Die Sorge des Gemeinwesens für diese
Güter darf nicht erst dann einsetzen, wenn der Nachweis erbracht ist,
daß die privatrechtlichen Mechanismen versagen. Die praesumptio
mali, mit der Kant argumentierte (Metaphysik der Sitten, Rechtslehre
§ 42: VI, 307), ist umso eher angebracht, als die Güter lebenswichtig
sind.

4. Der Abschluß und die Erfüllung

Kein Vertrag führt aus der Welt heraus, bildet sie aber maßgeblich aus –
als »bürgerliche Gesellschaft«. »Verträgen halte die Treue! Was du bist,
bist du nur durch Verträge …!« heißt es im »Rheingold« (2. Szene).
Zu unterscheiden sind a) die Übereinkunft selbst, b) deren äußere Form

und c) das Erbringen der Leistungen, welche die Übereinkunft als
»Recht auf« und als »Pflicht zu« begründet.

a) Die Übereinkunft

(1) Der Vertrag geht auf einen Gegenstand. Wille spricht sich mit Willen
ab. Der Willensentschluß des einen ist dem Willensentscheid eines
anderen möglicher Gegenstand.

Angebot und Annahme müssen sich treffen. Beide haben je eine ihnen
eigene Dauer als Freiheitsakte, welche das »Ausleben« der Entscheidung benötigen. Ihre Zeitlinien müssen sich schneiden. Kant hatte das
Problem beschäftigt, wie aus den in der Zeit notwendig aufeinander-
folgenden Willenserklärungen von Angebot und Annahme der einzige
gemeinsame Vertragswille entstehen könne: »weil es immer nur in der
Zeit einander folgende Aktus sind, wo, wenn der eine Akt ist, der andere
entweder noch nicht oder nicht mehr ist«. Die Willenseinigung zu denken, erfordert nach Kant notwendigerweise die Annahme eines »rein
intellektuellen Verhältnisses ... wo beide Akte, des Versprechens und
der Annehmung ... aus einem einzigen gemeinsamen Willen hervor-
gehen ...« (Metaphysik der Sitten, Rechtslehre § 19: VI, 272–274). Wer
von der Dauerhaftigkeit und der Entäußerung des Angebots ausgeht,
das mit dem Aussprechen nicht mehr in der alleinigen Verfügung des
Anbietenden ist, bietet auch ein Modell dieser Vereinigung der Willen
an, muß aber entscheiden, in welchem Zeitpunkt der Abschluß des
Vertrages anzunehmen sei: mit der Erklärung der Annahme oder mit
deren Zugang in den Bereich des Anbieters oder dessen Kenntnisnahme. Erst aufgrund der Dauer kann es auch den Widerruf des Angebots geben. Freiheit ist mit dem Schutzbedürfnis des Angesprochenen
zu vermitteln.

(2) Die Begründung des Inhalts darf nur gemeinschaftlich erfolgen.
Auf Grund der Gleichheit aller in ihrer Würde und der gleichen Freiheit
bedarf jede Verpflichtung der Zustimmung des dazu Verpflichteten.

(3) Dem Satz »Qui tacet consentire videtur« kommt von unserem Ansatz der Freiheit Geltung nur dort zu, wo der Schweigende wiederholt
sein Schweigen als Zustimmung aufgefaßt haben wollte.

b) Die äußere Form

Je höher die Anforderungen an die Form steigen, desto mehr weichen
zwar die Rechtsgeschäfte auf nachsichtigere Formen aus, hingegen
steigt die Sicherheit, den bedeutsamen rechtsgeschäftlichen Willen festzustellen und den Vertrag eingehalten zu wissen. Die Gefahr wächst mit
den Formerfordernissen, »das sachlich Gerechte dem gesicherten Buch-

staben zu opfern« (Stammler I 1925, 336). Die Formerfordernisse zu verringern oder gar abzuschaffen, vermag dazu zu führen, daß schließlich schnell-leichtfertig getätigte Zusagen rechtlich erzwingbar sind.

110 c) Die Erfüllung

Warum überhaupt erfüllen? Gängige Antworten lauteten hierauf: Der Vertrag müsse um des in die Kontrahenten wechselseitig gesetzten und durch sie erweckten Vertrauens willen erfüllt werden (Vertrauenstheorie). Der Schuldner und der Gläubiger seien durch den Vertrag gebunden, weil sie durch ihn gebunden werden wollen (Willenstheorie). Der Vertrag müsse binden, weil ansonsten die Verkehrsformen der Gesellschaft zusammenbrechen würden (Verkehrstheorie).

Ich darf an § 108 erinnern. Die freie Entscheidung will einmal ihre Erfüllung und sich in die Rechtswirklichkeit umsetzen. Zweitens aber bedeutet »das Wort halten« ein Engagement der gesamten Person. Sie »verpfändet« sich mit dem Wort. Der Vorwurf des Wortbruches trifft den *Menschen*, nicht nur eine seiner Äußerungen. Versprechen sind drittens zu halten, weil das Wort dem Versprechensempfänger zugehört. Über Fremdes aber darf ich nicht mehr allein verfügen. Der andere kann mich von dem Versprechen lösen.

111 *5. Die Kündigung*

Einen Wert stellt das »Ausnützen« der angebotenen Leistungen dar. Dieser Gebrauch, der nicht Verbrauch der Leistenden ist (Kant, Metaphysik der Sitten, Rechtslehre § 30: VI, 283), bedarf einer Zeitspanne. Von hierher ist die Berechtigung der Verpflichtungen zu bemessen. Von den Werten der Freiheit und eigenen Gestaltung der Freiräume her ist es untersagt, mit zunehmender Dauer der vertraglichen Bindung das Kündigungsrecht zu beseitigen oder wirkungslos zu machen. Es muß unabdingbar einem jeden Vertragspartner nach einer gewissen Laufzeit des Vertrages zustehen und unter entsprechender Beachtung von Fristen in Anspruch zu nehmen sein.

6. Abschließende Überlegungen

Alle Verträge setzen für ihr »Funktionieren« eine letzte Übereinkunft unter den Menschen voraus, ein Übereinstimmen, das selbst sich nicht ausdrücklicher Setzung verdanken kann, da diese wiederum von einer solchen Übereinstimmung abhängig wäre. Diese Übereinkunft läßt sich

als das »Eingeschworensein« der Menschen auf bestimmte Verpflichtungen und Rücksichtnahmen wie auch auf Ansprüche ausdeuten. Der
Satz »pacta sunt servanda« faßt diese Erfahrung in eine Formel zusammen. Der allererste Kontakt, so man ihn konstruieren will, setzt
alles voraus: Anerkennung der Gleichwertigkeit, Ansprechbarkeit,
Verständnisfähigkeit und das Vermögen zur Treue zum abgegebenen
Wort.

Literatur:

Bassenge 1930.
Behrends 1984.
Kersting 1984.

Landau 1973.
Ritter 1969, 256–280.
Stammler I 1925, 333–347.

IV. Der Prozeß und das Urteil

1. Das Gericht

a) Menschen richten über Menschen   112

Niemand ist Richter in eigener Sache. Weder steht der einzelne zu sich
in einer Rechtsbeziehung (§ 107) noch würde er je sich gerecht behandeln können. Mindestens zwei Menschen sind nötig, damit Gericht sein
kann. Es ist eine eigene soziale Beziehung. Seine Tätigkeit bildet das
Herausfinden der Wahrheit und das Sprechen eines Urteils. Angezielt
ist, daß Geschehenes offenbar wird und Aus-Richtung und Hin-Richtung geschieht.
Unverzichtbare Bedingungen dafür sind einmal Lebenserfahrung, Hell-
sichtigkeit und Klugheit, zum anderen Unabhängigkeit und Unparteilichkeit. Erstere Eigenschaften verlangen Nähe zum Fall, die zweiten
Fremdheit ihm gegenüber. Vertrautheit mit den Menschen und ihren
Lebensumständen muß sich mit der Distanz gegenüber diesen konkreten Menschen verbinden. Aber Nähe verfälscht auch und zu weite
Distanz verwischt die Konturen. Richten geht nicht ohne Maßnehmen
ab.
Dieses Spannungsverhältnis hat die institutionelle Befangenheit des
Richters und die vom Richter zu erklärende Befangenheit als Aus-
schließungsgrund eingeführt, ließ die Berufungs- und Wiederaufnahme-
verfahren entwickeln und eine genaue Prozeßordnung. Immer wieder
versuchte man Distanz in Zeit und Raum zu gewinnen. Angesichts der
Rachegelüste vieler nach dem Sturz Robespierres rief Robert Lindet dem

Konvent zu: »Sagen wir unseren Mitbürgern, daß die Vergangenheit nicht uns gehört, sondern erst der Nachwelt.« Montaigne pries die Völker, »die als Richter in ihren Streitigkeiten einfach den erstbesten Fremdling anrufen, der ihren Bergen entlang wandert« (Essais, 3. Buch, XIII: Von der Erfahrung: 1953, 844). Die Gottesurteile suchten einen Ausweg aus der Schwierigkeit der Wahrheitsfindung. Gängiger blieb es, jene aus der Gesellschaft zu Richtern zu berufen, die als lebenserfahren und zugleich abgeklärt galten: die Alten. Daß Jüngere Ältere richten, bedurfte besonderer Rechtfertigung. Im Falle des Daniel, der Susanna rettete und die Greise verurteilte, lag sie für das Volk mit der Entlarvung beider vor (Dan 13, 1–64): Richten geschieht auch auf Vorschuß.

Auf die Nähe spielt Dostojewski an, als er im »Der Jüngling« (2. Teil, 5. Kap.) den ehemaligen Friedensrichter Wersiloff berichten ließ: »Eine kluge Frau hat mir einmal gesagt, ich hätte kein Recht über andere zu richten, weil ›ich nicht zu leiden verstünde‹; um Richter über andere werden zu können, müsse man sich das Recht zum Richten durch Leid erst verdienen« (1922, 426).

113 b) Die Grenzen der Unabhängigkeit

Der Unabhängigkeit sind Grenzen gezogen, in den Interessen, den Vorlieben, den verarbeiteten oder nicht verarbeiteten Lebenserfahrungen. Wer in staatsbürgerlichen Grundfragen richtet, in Fragen der Landesverteidigung, der Energieversorgung oder auch der Grenzziehung, kann diesen »Fällen« als Richter nicht ähnlich uninteressiert gegenüberstehen wie einem Fall etwa aus dem Mietrecht, selbst wenn der Richter Mieter oder Vermieter wäre. Geht es um den Entscheid in öffentlichen Belangen, ist der Staatsbürger im Richter mitbetroffen. Und doch wird auf dieser Ebene nur deutlicher, was auch sonst »im Spiele« ist, daß nämlich jedes Urteil immer auch ein Urteil über den Richter selbst ist, über seine Sicht der Menschen und der Gerechtigkeit.

Hinsichtlich der Hexenprozesse des Spätmittelalters und der Neuzeit ist den Richtern weniger die Annahme der Existenz von Hexen, Teufelsbündnissen etc. vorzuwerfen, als daß sie ein Gerichtsverfahren billigten, welches die Ankläger und Richter vom Vermögen der Verurteilten profitieren ließ. Mag man sich in der Existenz solcher Wesen wie der Hexen geirrt haben, bezüglich der Wirkungen der Geldgier von Richtern für die Wahrheitsfindung aber war ein Irrtum ausgeschlossen.

Die Unparteilichkeit ist nicht nur dem Richter geboten. Unparteilich hat die gesamte Justiz und jede politische Gewalt zu sein, nämlich dann, wenn sie im Namen aller sprechen will.

c) Der gesetzliche Richter

Das Prinzip des gesetzlichen Richters, seine Vorherbestimmung, gehört zu den Grundsätzen eines menschenwürdigen Verfahrens. Das Prinzip unterläuft etwa, wer Verfahren an Gerichtsorte nur deswegen verlegt, weil dort die Stelle eines Kammervorsitzenden politisch genehm zu besetzen ist. Dem Fall wird Gerechtigkeit zuteil, wenn die Prozeßordnungen vorher entworfen und die Personen vorher bestellt wurden. Der Mangel an Wissen über die Zukunft ist eine Hilfe.

2. Der Prozeß

a) Ein Verfahren der Ein- und Ausgrenzung   114

Der Prozeß verlangt um seiner Durchführung willen Ein- und Ausgrenzung. Aber die Scheidung bestimmen wiederum Interessen. Welche sind gerechtfertigt? Der Prozeß muß um seiner Handbarkeit willen Geschichte ignorieren. Die Kläger und die Angeklagten haben einen Anspruch auf ein Urteil in einer dem Menschenleben und dem Ablauf der Geschäfte und Zeiten angemessenen Zeitraum. Der Prozeß hat von daher etwas »Zufälliges« und Ab-straktes an sich. Er muß zu einer bestimmten Zeit stattfinden, mit *den* Personen, die zur Verfügung stehen, und gemäß *der* Verfahrensordnung, die nicht für diesen Prozeß entworfen worden sein darf. Auf den idealen Richter, Staatsanwalt und Verteidiger warten und eine »maßgeschneiderte« Prozeßordnung entwerfen, heißt, mit der Zeit auch das Recht verlieren und den »Fall« einer Fülle anderer Interessen ausliefern.

b) Wie die Wahrheit und die Maßstäbe gewinnen?

Nicht nur im rechtlich geordneten Verfahren wird menschliches Handeln beurteilt, hier aber mit den wohl weitreichendsten Folgerungen. Beurteilung geschieht in vielfältigen Formen, dem einfachen Gespräch über Dritte, der gegenseitigen Korrektur, in den wissenschaftlich erarbeiteten Biographien. Nicht die Wahrheitsfindung ist das Besondere des Prozesses, sondern das sich anfügende Urteil mit den Folgen für den »Täter«.
Wie ist Wahrheit zu gewinnen? Vom Außen ist zum Innen zu gehen, denn auch hier ist die möglichst geringe Beeinträchtigung und Festlegung des Menschen zu verursachen!
(1) Indizien sollen den Vorrang haben. Der Täter braucht sich nicht zu äußern, verstrickt sich nicht und bleibt vor der Lüge bewahrt. Das Schweigen kann in falscher Weise sprechend gemacht werden, das Geständnis irrig sein. Der Schmutz hingegen unter den Fingernägeln, die

in des Täters Wohnung gefundenen Stoffetzen, seine seltene Blut-gruppe, die sich auf dem Opfer fand, die diesbezügliche Verwundung auf dem Leib des Täters: Dies alles hat Vorrang vor seinen Worten und den Aussagen Dritter zu haben. Nicht die erbarmungslose Einkreisung, sondern die möglichst lückenlose Rekonstruktion des Tatvorgangs ist anzuzielen. Die Sprachbegabung des Menschen darf gerade nicht aus-genützt werden – im doppelten Sinne von »ausnützen«.

(2) Das Geständnis wird Gegenstand der Untersuchung auf seine Frei-willigkeit und Absichten hin sein. Der geringste Zwang macht es wert-los, die Ungezwungenheit aber noch nicht verläßlich. Es muß lohnend sein, die Wahrheit zu sagen. Wer aber seinen Innenraum eröffnet, kann es aus vielerlei Motiven tun, auch aus solchen, die hinter den angegebe-nen Motiven liegen: Der/die Geständige will einen Dritten schützen oder belasten, eine andere Tat verheimlichen, vielleicht sich selbst strafen, oder die politische Gemeinschaft entlasten: Er/Sie war nicht der Täter, will aber die aufwendigen Nachforschungen nach einem Täter auf diese Weise beenden.

(3) Mit dem Täter wird ein organisiertes und inszeniertes Spiel ge-trieben, zum Zwecke, sich zu »verraten«. Es kann zu ersten oder weite-ren Indizien führen oder auch zu einem Geständnis. Diese dritte Art ist ein Spiel, in ihm wird dem mutmaßlichen Täter eine Falle gestellt. Er soll zum Verrat seiner selbst provoziert werden. Hamlet versuchte dieses Spiel durch das Spiel der auf das Schloß eingeladenen Schauspiel-truppe durchzuführen. Tatsächlich zeigten die mutmaßlichen Täter und ihre Helfer Reaktionen, welche auf ihre Schuld hindeuteten (3. Aufzug, 2. Szene).

Die Frage ist, wie weit solche »Spiele« und Inszenierungen gehen dürfen und wieviel die Wahrheitsfindung wert sein darf. Welche Zerstörung des Menschen wird durch solche Provokation herbeigeführt, welche wei-tere Verstrickung in das Unheil zugemutet? Wie weit darf der Mensch Objekt und Mittel der Wahrheitsfindung sein? König Salomon ließ die Zweiteilung des Säuglings »spielen« (§ 81). Die Überzeugung, daß der König ernst mache, brachte die gewünschten Reaktionen. Die eine Frau bat um Schonung des Lebens des Kindes und daß es der anderen Frau gegeben werde. Die andere rief: »Zerteilt es!« Beide durch das Spiel ausgelösten Reaktionen waren für den König wichtig. Das Kind vor dem Tod zu verschonen, bildete noch keine eindeutige Reaktion von seiten der einen Frau, auch nicht ihre Bereitschaft, das Kind der anderen Frau zu überlassen. Mehr Klarheit erlangte der König durch den Ausruf der anderen Frau: ›Zerteilt es, weder sie noch ich soll es lebend haben!‹ Dazu war höchstwahrscheinlich die echte Mutter nicht fähig, und wenn, so erhielt das Kind eben jene, welche dem Kind eine wahre Mutter zu sein versprach. Ein Rest an Unsicherheit bleibt.

a) Sein Inhalt

Das Hervorstechende ist im juristischen Prozeß das in einem Verfahren gewonnene Urteil, welches in eine der im voraus festgelegten Möglichkeiten einmündet: im Zivilverfahren sind es Urteil, Prozeßvergleich oder Klagerücknahme, im Strafverfahren Freispruch, Einstellung des Verfahrens und Verurteilung. Diese wiederum kann verschiedene Formen annehmen: Arbeit, Geld, Einschluß, körperliche Beeinträchtigung, Tod.

(1) Es ist nicht unvorstellbar, daß die politische Gemeinschaft zwar die Wahrheit über den Fall erforscht, sich aber nicht weiter auf den Täter einläßt, sondern sich auf die Sorge für das Opfer und auf verbesserte Schutzmaßnahmen für die bedrohten Güter beschränkt.
Nachteil ist dabei, daß nach jedem »Vergehen« umfassende Schutzmaßnahmen ergriffen werden müssen, die in aller Regel kostspielig und je nach Dichte der Güter uneffektiv sind.

(2) Es käme in Frage, daß man sich auf ein Urteil beschränkt, das dem Täter »sagt«, was die Gemeinschaft von ihm denkt und hält. So würde im Urteil ein »Wider«-Wort gegen seine Tat und ein Bekenntnis der politischen Gemeinschaft zu ihren Werten ergehen. Warum aber läßt ein solches Verfahren viele unbefriedigt? Außer vielleicht bei dem Fall, wo man anerkennt, daß der Täter »durch seine Tat genügend gestraft sei«.

(3) Zu empfehlen ist ein Urteil samt Wiedergutmachung des Schadens, soweit er ersetzbar ist. Die Wiedergutmachung kann durch Geld erfolgen, wenn das Opfer Operationen und Kuraufenthalte, die Familie des Opfers zusätzliche Kosten erstattet erhalten kann.

(4) Im Zivilprozeß bezweckt das Urteil die Wiederherstellung eines Zustandes oder bewirkt überhaupt erst den gerechten Ausgleich, immer aber gestaltet es Zukunft durch die Verpflichtung auf Leistungen oder die Beachtung von Rechten.

b) Richten durch Stellvertreter

Im Urteil stellen sich Menschen über Menschen. Woher dieses Recht? Menschen können es sich nicht nehmen. Die Beklagten und die Zivilpartei haben es ihnen nicht gegeben. Der Fall des Schiedsgerichts darf hier unberücksichtigt bleiben. Wo ist dieses Recht aber erhältlich? Das Urteil ergeht nun nicht im Namen des Menschen, der Richter ist, sondern im Namen des Richters als Vertreter von jemandem, heutzutage der politischen Gemeinschaft. Der Täter oder die Partei steht somit immer vor einem Stellvertreter. Läßt die Gleichheit der Menschen nur zu, daß die Macht über Menschen in anderem und nicht im Namen eines Menschen ausgesprochen wird? Woher dann aber die Vollmacht? Sie erteilt die Gemeinschaft selbst. Woher aber stammt ihr Recht? Ihr Recht zu richten und ihr Recht, Vollmacht zu erteilen und zurückzunehmen, beruht auf ihrer Verpflichtung, für Streitschlichtung und Strafe sorgen zu müssen.

Ist ihr doch die den Menschen eigene Pflicht mitübertragen, Leben und Freiheit zu schützen. Richtet oder straft sie nicht, wird sie sich selbst gegenüber wortbrüchig. Nicht jeder Streitfall, wohl aber jedes Verbrechen könnte als ein Versagen dieser Sicherungspflicht der Gesellschaft eingestuft werden.

Literatur:

Blasius 1983.   Schröder 1970.
Kirchheimer 1965.   Soulez Larivière 1987.

V. Die Strafe

Alle Überlegungen über die Strafe finden im Horizont des Ansatzes der Freiheit und der Absage an Willkür statt, unter Bejahung der Sätze »nullum crimen sine lege« und »nulla poena sine lege«.

117 *1. Das Post- und Propter-Factum*

Strafe ist nicht nur eine »post-factum«-, sondern auch eine »propter-factum«-Veranstaltung, in bestimmten Kulturen zudem ein »secundum imaginem facti«-Nachteil. Während ursprünglich auf die Tat die Bestrafung und anschließend eine immer weiter gefaßte Strafandrohung gefolgt sein dürfte, ergehen heute meist Strafgesetze, ohne daß Verfehlungen erst abgewartet werden. Die Reihenfolge lautet heute in aller Regel: Strafandrohung – Tat – Bestrafung. Hier erst hat das Wort seinen Erfahrungshintergrund, daß das Gesetz zum Vergehen anreize. Das Strafen ist nur in einer Oben-Unten-Beziehung möglich (§ 116). Zwei Gleichgeordnete als Gleiche vermögen nicht, über sich Strafe zu verhängen. Jede Gemeinschaft, die ihre Mitglieder als gleichwertig betrachtet, erfährt im Strafen eine Herausforderung ihrer Glaubwürdigkeit.

Eine sich ausdifferenzierende Welt übertrug den Vorwurf der Tat vom Kollektiv auf den einzelnen. Zwei Bewegungen fanden aber statt: Der

Differenzierungsprozeß segmentierte den einzelnen oder zerlegte die Schuld, bis sie nicht mehr zu verorten und unkenntlich geworden war. Im Gegenzug und folgerichtig wird in der »Gesellschaft« die Schuldige gefunden und sie für die Vergehen der einzelnen verantwortlich gemacht.

Die Strafe ist berechtigt, insoweit die Gesellschaft ihrer Schutzpflicht nachkommt. Andere Titel stehen in einer pluralen Welt nicht zur Verfügung, es bedarf ihrer aber auch nicht. Strafe steht im Aufgabenfeld der Sicherung, Stabilisierung und Orientierung. Die angedrohten und die verhängten Strafen sind Auskunft über die Werte dieser Gesellschaft, sogar wenn sie nicht vollzogen werden.

Die Brüchigkeit der Zusammenhänge nimmt der nicht wahr, der meint, daß wer freigesprochen wurde, auch unschuldig sei, und wer verurteilt wurde, schuldig (§ 11).

2. Der von Tat und Strafe betroffene Personenkreis

Betroffen sind die politisch-verfaßte Gemeinschaft, das Opfer oder die Opfer, der Täter oder die Täter. Jeder von ihnen tritt als Handelnder, Erduldender oder Unterlassender mit der Verhängung der Strafe in Beziehungen.

a) Der Täter   118

(1) Zwei Mangel-Formen begegnen auf diesem Feld. Es gibt die Form der Selbstbestrafung im Anschluß an die Selbstverurteilung (§ 112), doch wird sie weder der Forderung auf Objektivität und Unparteilichkeit noch den der Gemeinschaft entstandenen Ansprüchen auf Wiedergutmachung und Strafe gerecht. Sich selbst strafen heißt, sich dem Richter zu entziehen.

Ist letztlich nicht jede Strafe Selbstbestrafung? Richtig ist, daß alles Strafen zuletzt aus dem Konsens der Politischen Gemeinschaft gerechtfertigt sein soll. Doch beinhaltet der Konsens, den nicht einer, sondern alle finden, die Zustimmung zur Notwendigkeit eines Strafrechts für alle und damit zur Errichtung von Institutionen, welche vermittels freier Entscheidungen die Strafen verhängen. In der Strafe begegnet der Bestrafte damit auch, aber nicht nur seiner Einstimmung in den Konsens. Legitimations- und Handlungszusammenhang decken sich nicht.

Zum anderen ist die Rache des Opfers, seiner Angehörigen oder Verbündeten an dem Täter eine Form der Bestrafung. Doch verstößt auch sie gegen den Anspruch der politisch-verfaßten Gemeinschaft, wenn eine solche funktionsfähig existiert.

(2) Der Täter kann auch Opfer sein, sei es durch ein Handeln seines Opfers, das als Täter auftritt, sei es durch einen Dritten und sei es durch die politische Gemeinschaft selbst. Gibt es in den zwei ersten Falltypen einen rechtfertigbaren Ausgleich der Taten und der Nachteile, welchen die politische Gemeinschaft auf sich beruhen lassen darf, so daß sie nicht mehr eigens gegen den einen oder anderen oder gegen beide eingreift? Was den Anspruch der politisch verfaßten Gemeinschaft betrifft, so bleibt er bestehen, denn Unrecht wird durch Unrecht nicht aufgehoben, sondern verdoppelt. Eine verdinglichte Vorstellung von zwei Unrechtszufügungen, die sich die Waage halten, verfehlt die Tatsache, daß durch die antwortende Unrechtstat Beeinträchtigung und Leid vermehrt sind. Jede Beschädigung bedarf zudem eines Rechtstitels; ein Recht auf Unrecht anzunehmen, ist aber absurd. Den Rechtstitel in der Unrechtstat selbst zu sehen, hieße, daß jede Unrechtstat zugleich Unrecht und Recht enthält, das Recht nämlich zum Gegenschlag und zur Vergeltung.

(3) Darf der Täter oder das Opfer Vergeltung üben? Die Antwort auf dieses Problem erfordert den Hinweis, daß zwischen dem Recht und seiner Aktualisierung zu unterscheiden ist: Immer wenn die Tat X geschieht, steht der politisch verfaßten Gemeinschaft das Recht zu, mit Y zu reagieren. X ist eine Ursache der Anwendung des Rechts, aber nicht sein Grund. Der Mord erschafft nicht das Recht der Strafe – gleich wem es zustehen sollte. Das Recht entsteht aus der Pflicht, eine Rechtsordnung zu haben (§ 19 f.). Rechtsträger ist die politisch-verfaßte Gemeinschaft, die von ihrer Gründung her zuständig für das Strafen ist, nicht durch Einzelübertragung, sondern als Gemeinschaft (§§ 20 f. und 116).

b) Die politische Gemeinschaft

In den Reihen der Justiz können gleichfalls Opfer und Täter sein. Jeder Richter bedarf eines für ihn zuständigen Richters. Solange der Mensch zu seinem Amte Stellung zu nehmen vermag, solange ist Mißbrauch der mit ihm verbundenen Macht möglich. Handeln die Organe der politisch-verfaßten Gemeinschaft gegen andere Organe oder gegen »einfache«, amts-lose« Menschen, eventuell gegen »Jedermann«, so liegt im Extremfalle des Machtmißbrauchs die Form der Tyrannei vor (§ 135). Die politische Gemeinschaft als Ganze kann das Opfer anderer Staaten oder Gesellschaften werden. Fehlt eine richterliche Gewalt mit Durchsetzungsvermögen ihrer Urteile, so verkoppelt sich im Außenverhältnis, was im Innenverhältnis entkoppelt ist: Recht und physisches Durchsetzungsvermögen (§ 42 und § 76). Die Gefahr wächst, auch im Innenverhältnis wieder vom Erfolg des Durchsetzungsvermögens den Umfang und den Inhalt der Rechte abhängig zu machen. Es zeigt sich, daß alle Fortschritte, die zweifellos in der Entkoppelung bestehen, solange gefährdet sind, als die Abhängigkeit des Rechts von der Durchsetzungsmacht noch in irgendeinem Bereiche Wirklichkeit werden kann.

c) Das Opfer

Nicht nur der einzelne verletzte Mensch, dessen Eigentum zerstört oder gestohlen, der körperlich verletzt oder dessen Ehre beeinträchtigt wurde, ist als Opfer anzusehen, sondern auch jene, die auf Grund dieser Tat an einem Menschen mitleiden und mitbeeinträchtigt werden. Insofern kann eine Tat sich in den Raum der vielfältigen menschlichen Beziehungen und weit in die Zukunft ausbreiten. Bei Enkeln von Kindern der Opfer in Konzentrationslagern treten noch Schäden auf, deren Ursachen auf die Haft zurückführbar sind. Die zerstörende Wirkung der Tat zeigt den Zusammenhang der Menschen untereinander auf. Es gibt die Schmach, Opfer geworden zu sein. Opfer können sich dem Haß und der Rache verschreiben, sich in der Trauer vergraben oder einen Ausweg in politischer Aktivität suchen und finden. Das Opfer-Sein ist eine Form der Machtlosigkeit. Sie kann gegenständlich werden und Menschen beherrschen.

3. Die Strafe des Täters

a) Ist jede Strafe Kollektivschädigung?

Läßt es sich aber rechtfertigen, dem Täter selbst Nachteile zuzufügen, die nur ihn betreffen, so dürfen es eben nur Nachteile sein, die auch nur ihn betreffen, nicht aber auch wieder die Gemeinschaft und nicht auch Dritte. Denn unverantwortbar ist die Strafe, die solche, die an der Tat unbeteiligt sind, mitbestraft und mitschädigt. Gibt es aber überhaupt eine Strafe, die nicht auch andere in die Schmach, in wirtschaftliche Benachteiligung und in Einsamkeit treibt? Die Lehren vom Strafen gehen von der Isolierbarkeit menschlichen Handelns aus und lassen die Wahrheit des umfassenden Beziehungsnetzes unberücksichtigt. Unter diesem Gesichtspunkt ist alle Strafe Kollektivschädigung, und die besondere Heraushebung der Kollektivstrafe als einer Form der Strafe verschleiert den immer mitgegebenen Strafzusammenhang. Es werden immer mehr Menschen mitbeeinträchtigt als Täter verurteilt.

Jemanden strafen kann heißen: ihn nicht als Person, als ganzen Menschen, verurteilen, sondern nur als jemanden, der zu einer bestimmten Zeit eine bestimmte Tat oder ein Unterlassen beging. Nicht über sein Leben, sondern nur über einen Lebensabschnitt wird ein Urteil gefällt. Ist dies verantwortbar? Die Beschränkung auf den für die Schuldfrage notwendig zu erhellenden Bereich rechtfertigt sich einmal von der Lückenhaftigkeit des Einblicks in das Täterleben. Dieser Mangel vereint Richter und Täter. Das Fassungsvermögen der Erinnerung spielt seine Rolle. Außerdem ist jede Verfügung über Menschen von seiten der politisch-verfaßten Gemeinschaft so eng wie möglich zu fassen. Nicht nur die äußere Tat – obwohl sie immer Anknüpfungspunkt sein sollte – sondern die Haltungen, aus der heraus die Tat unternommen wurde, sind zu berücksichtigen.

Das Prinzip »in dubio pro homine« und »in dubio pro libertate« ist zu beherzigen (§ 114). Es berücksichtigt Ohnmacht und Grenze menschlicher Aufklärung über den Menschen und unterstreicht die Unsicherheit in der Anwendung der Kriterien.

121   4. Schuld, Schuldgefühl und Strafbedürfnis

(1) »Schuld« meint den Vorwurf, welchen der Täter sich selbst macht und welchen die politisch-verfaßte Gemeinschaft gegen ihn erheben kann. Die Erkundung der Vergangenheit ist gefährdet und die Verzerrung der Selbstbewertung fast unvermeidbar. Weder ist dem Handelnden sein gestaltbarer Freiraum, die Einwirkung der Motive und die Kriterien ihrer Bewertung selbst so vergegenwärtigbar, daß er sich nicht auch dort für frei halten könnte, wo er unfrei war, oder für unfrei, wo er frei war. Unentrinnbar ist es aber zugleich, ein Bild von sich zu haben.

(2) Es gibt Menschen mit einem präexistenten Schuldgefühl und einem unterbewußten Strafbedürfnis (vgl. Ledig 1935, 50ff.; Reik 1925). Unter »präexistent« ist hier zu verstehen, daß das Schuldgefühl schon vor der Verbrechensbegehung vorhanden war. Schuldgefühl und Strafbedürfnis treiben den Menschen überhaupt erst zur Tat. Sie ist gleichsam das Äquivalent für den inneren Spannungszustand. Das Geständnis des nicht überführten Täters ist ein einzigartig dastehendes Phänomen, das rational kaum erklärbar ist, handelt es sich bei ihm doch um ein Tun, das regelmäßig zum schweren Schaden dessen wirkt, der es ablegt.

Diese Art von Geständnissen hat keinen irgendwie gearteten Nutzen im Auge. Allerdings ist die Erklärung umstritten, warum es zu einem solchen Geständnis kommt. Die Strafe ist einmal – in den Augen der Öffentlichkeit, vielleicht auch für den Verbrecher – der Ausgleich für das Verbrechen; andererseits sind Verbrechen und Strafe, beide zusammen, die »vom Täter sich selbst auferlegte Ahndung für unbewußt empfundenes Schuldbewußtsein« (Ledig 1935, 51). Nicht einbezogen sind hier die Fälle, wo ein Verlangen nach dem Verbrechen stattfindet! Das Verbrechen wird nicht um irgendeiner Befriedigung willen begangen, sondern nur deswegen, um seinetwillen gestraft zu werden. Das Verbrechen ist nötig, um nicht das Gericht schuldig werden zu lassen. Das Verbrechen soll der Entlastung des Gerichtes dienen, welches verurteilen wird, aber einen Unschuldigen nicht verurteilen darf.

Das Schuldempfinden des Menschen setzt ein Subjekt voraus, vor dem der Mensch sich schuldig fühlt. Bei Dostojewski ist dieses Beziehungssubjekt der leidende Mitmensch, auch das leidende Volk tritt in diese Beziehung. Wer so denkt, will sich nicht der Strafe entziehen. Er bedarf der Nähe der Justiz. Dostojewski beantwortet sich 1873 in seinem «Tagebuch eines Schriftstellers» die Frage, warum das Volk die Verbrecher die »Unglücklichen« nennt: »... mit dem Worte ›Unglückliche‹ scheint das Volk den ›Unglücklichen‹ sagen zu wollen: ›Ihr habt gesündigt und müßt leiden, aber auch wir sind Sünder. Wären wir an eurer Stelle, so hätten wir vielleicht etwas Schlimmeres angestellt. Wären wir besser, so müßtet ihr vielleicht nicht im Zuchthause sitzen. Zugleich mit der Vergeltung für eure Vergehen habt ihr auch die Last für die allgemeine Ungerechtigkeit auf euch genommen‹« (1921, 29).

5. Die Straftheorien und ihre Bewertung

a) Die Vergeltungstheorie

Umschrieben mit »Gleiches soll durch Gleiches vergolten werden« bezweckt die Theorie, daß auf die Schädigung, zu welcher das Vergehen führte, eine Schädigung antworte, die einen Ausgleich darstellt. Das Vergehen hat ein Ungleichgewicht produziert, Ausgleich ist erforderlich: »Punitur, quia peccatum est«. Der Vergeltungstheorie geht es vorrangig, so scheint mir, um die Verknüpfungsfrage von Tat und Strafe, nicht aber um die Rechtfertigung der Gegenreaktion selbst.

Das besondere Anliegen der Vergeltungstheorie ist folgerichtig das Maß der Strafe. Gesucht ist die Proportionalität zwischen Vergehen und Strafe. Es läßt sich die Theorie noch einmal danach gliedern, ob sie die Verbrechenshandlung oder den Verbrechenserfolg bestrafen will.

»Punitur, quia peccatum est, secundum peccatum«, so ließe sich die Formel erweitern. Welche Tat mit welcher Strafe vergolten werden darf, ist allerdings nicht fix und fest mitausgesagt. Die Tötung des Vaters Laios und die Ehe mit der Mutter Jokaste verlangen nach »Tötung oder Acht und Bann« (Sophokles, König Ödipus V. 309). Gott befiehlt die Bestrafung des Täters, nicht dessen Tod. Auch das Exil nähme die Last vom Land. Kant forderte Blut für Blut (Metaphysik der Sitten. Rechtslehre § 49: VI, 333) – um wessen willen?

123 b) Die Täterabschreckungs- oder Spezialpräventionstheorie

Beide Präventionstheorien (vgl. § 124) sehen die Strafe als Zweck an: »Punitur, ne peccetur«. Der Täter soll durch die Strafe von weiteren Vergehen abgeschreckt werden. Er soll die Strafe als Übel empfinden und wissen, daß ihn bei weiteren Begehungen weitere Übel mit Sicherheit erwarten.

Dabei werden vorausgesetzt: Die Fähigkeit und Bereitschaft zu weiteren Begehungen; dazu sind Vermutungen und Prognosen anzustellen. Welche Sicherheit der Voraussagen bieten sie? Die Strafe für das Vergehen X soll nun aber auch sicherlich nicht nur von Vergehen derselben Art abschrecken, sondern von allen Vergehen. Nehmen wir an, daß ein Diebstahl begangen wurde. Wie soll, falls der Spezialpräventionstheorie gefolgt wird, die Strafe aussehen, wenn nicht nur von künftigen Diebstählen, sondern auch von Tötungsdelikten abgeschreckt werden soll? In der Logik dieser Theorie liegt wohl auch, daß eine Wiederholungstat oder überhaupt jede weitere Tat mit noch höherer Strafe beantwortet werden muß. Wie aber ist zu verfahren, wenn nach menschlichem Ermessen keine Gefahr von dem Täter ausgeht? Der Verzicht auf den Schuldvorwurf müßte auch in diesem Fall stattfinden. Wie bestimmen die Gerichte die Gefährlichkeit? Soll dem Täter geholfen werden? Oder schützt sich die Gesellschaft?

124 c) Die Volksabschreckungs- oder Generalpräventionstheorie

Die Tat eines einzelnen und die ihm zugeteilte Strafe sollen dazu dienen, alle anderen möglichen Täter zu warnen, ja zurückschrecken zu lassen. Sie signalisiert ihnen, welche Strafe sie zu vergegenwärtigen haben. Damit ist eine öffentliche Kommunikation vorausgesetzt, die diesen Zweck mitteilt. Die Strafe soll in die Gesellschaft und in die Zukunft hinein auf eine unbestimmbare Zahl von Bürgern oder Einwohnern abschreckende Wirkung ausüben.

Die Androhung der Strafbarkeit bestimmter Taten im Gesetz adressiert sich bereits an alle möglichen Täter. Aber erst die gegen den Täter verhängte Strafe macht die Ernsthaftigkeit der Androhung wahr und unterstreicht sie.

Die Generalprävention wirkt nur innerhalb einer stabilen Rechtskultur, in welcher die Aufklärung von Vergehen gelingt und die Rechtspflegeorgane ihrem Auftrag nachkommen.

Das Grundproblem ist jedoch, inwieweit ein einzelnes Menschenleben zur Sicherung der Gemeinschaftswerte benutzt werden darf. Er wird als Beispiel gebraucht und als negatives Vorbild eingesetzt. Die Vermittlung der Freiheitsräume verlangt die Möglichkeit eines Neuanfangs ohne erniedrigende Belastung.

d) Die Besserungstheorie 125

Sie will wie die Täterabschreckungstheorie die erneute Straffälligkeit verhindern. Der Täter soll aber nicht »abgeschreckt« werden, sondern Hilfen für seinen Lebensweg erfahren. Diese sollen in dem Täter einen Motivationszusammenhang aufbauen, den der Täter freiwillig bejahen kann und der ihn von einer Straftat Abstand nehmen läßt.

Der Strafe kann dabei eine unterschiedliche Einstufung zuteil werden. Einmal wird sie verhängt, um unter ihrem Mantel im Strafvollzug die Besserungsmaßnahmen anzusetzen. Die Erziehungsmaßnahmen müssen dabei nicht in einem inneren Zusammenhang mit der Strafe stehen. Der zweite Weg setzt die Strafe zur Läuterung ein. Die Art der Strafe selbst wird zur Besserung benutzt.

Übernimmt sich diese Theorie nicht? Wird die Beschränkung der Vergeltungstheorie auf das Äußere der Tat jetzt nicht durch einen der Freiheit gefährlichen Zugriff auf das Innere eingetauscht?

e) Die Sicherungstheorie 126

Weder bessern noch abschrecken soll die Strafe, sondern als Gewalt dem Täter entgegentreten, ihn »dingfest« oder »unschädlich« machen. Die Sicherungsverwahrung und die Entmannung sind typische Ausdrucksweisen dieses Strafgedankens.

Der Sicherungsgedanke (§ 16) ist hier zu seiner letzten Konsequenz weitergedacht, unter Verzicht auf jeglichen Einsatz geistiger Mittel, der Beeinflussung oder der Information. Den Täter auf die Ebene der Sache herabzuwürdigen, charakterisiert diese Theorie. Argumente der Art, daß die Manipulation durch Besserungs- oder Resozialisierungstheorien noch viel unwürdiger sei, vermögen den nicht zu überzeugen, der auch in der Manipulation noch eine Anerkennung des Menschen findet, nicht aber in der Abstufung auf die Sachebene.

Der Bereich des Zweckdenkens oder des zweckrationalen Denkens ist hier überschritten. Der Strafe ist ein Eigenwert zuerkannt, der über die Prävention und die Vergeltung hinausgeht: ein Integrationswert. Sie gestaltet die Gemeinschaft mit, denn »Jemanden strafen« heißt, mittels des Strafens die politische Gesellschaft formen, erhalten und weiterbauen. Oder es soll schlichtweg mit der Strafe ein äußerlicher Ausdruck der Macht gesetzt werden. Die politische Macht, so ist bezweckt, soll sich zeigen und als erhaben über alle Rechtfertigungen auftreten.

Die Strafe ist demnach eine ursprüngliche, unerläßliche und zur höchsten Form gesteigerte Funktion der gesellschaftlichen Ordnung. Unter »Strafe« ist das nur schwer überbietbare Mittel der Wert- und Machtdurchsetzung zu verstehen. »Die Realität der Gemeinschaftsordnung äußert sich nicht zum geringsten in der Intensität ihrer Strafbereitschaft« (Ledig 1935, 9).

Nach meinem Ansatz hat zwar die Bejahung der Werte auch das Ja zum Strafen miteinzuschließen. Im scharfen Gegensatz zur Symboltheorie bemißt sich die Intensität des Gemeinschaftslebens und der -ordnung gerade daran, daß wenig gestraft und kaum gedroht werden muß.

Keine der Theorien stellt zufrieden. Sie zeigen kraß die Ohnmacht und die Macht des Menschen im Umgang mit seinesgleichen.

128 *6. Warum nicht eine einzige Strafe auf alle Vergehen?*

Als Antwort auf sämtliche Vergehen und Verbrechen, also auf leichtere und schwerere Verstöße, könnte die Gesellschaft immer nur eine einzige Strafe verhängen. Konkreter gesprochen, warum sollte nur bei Mord, nicht aber auch wegen Diebstahls gehängt oder lebenslang verhängt werden?

Wenn es als ein Zweck des Strafens angesehen wird, daß es dazu beitragen soll, den Schaden der möglichen Opfer möglichst gering zu halten, so wird aller Voraussicht nach die Todesstrafe für Diebstahl nicht zu weniger Diebstählen, wohl aber möglicherweise zu mehr Morden führen. Wird der Dieb, der sich beobachtet fühlt, nicht auch noch den möglichen Zeugen beseitigen? Qualitative Vielfalt der Strafen senkt ihre Quantität. Bei einer Einebnung der Strafen auf eine einzige wird es unterlassen, Orientierung über die gesellschaftliche Wertschätzung der Güter zu geben.

Die Zusammenfassung aller Straftatbeschreibungen unter einen allgemeinen Verbrechens- oder Vergehensbegriff würde zu Vagheit und Offenheit der Tatbestandsbeschreibung führen und somit den Schutz der Täter vermindern.

a) Informationsrecht gegen Fahndungserfolg

(1) Abwägungen sind zwischen dem Informationsrecht der Öffentlichkeit und der dadurch eventuell gestörten Fahndungsarbeit anzustellen. Der Anspruch der Öffentlichkeit, möglichst nahe an das Geschehen herangeführt und umfassendst über es informiert zu werden, vermag die Aufklärungsarbeit zu behindern und sogar Festnahmen zu vereiteln. Um des Wohls der Gesellschaft willen darf das Informationsbedürfnis vor dem Sicherheitsverlangen zurücktreten.

(2) Auslieferungsverträge erweisen sich als untaugliches Mittel, des Verbrechers habbar zu werden, wenn die einzelnen Schritte zeitraubend und zum Teil unter Wissen der Öffentlichkeit stattfinden, so daß der Verbrecher sich selbst aus den Massenmedien über den Stand der Ermittlungen ein Bild machen kann. Doch darf die Erfüllung des Informationsanspruchs nur hinausgeschoben werden und nur höchst selten – um der Rettung oder Schonung von Menschen willen – gänzlich unterbleiben.

b) Die Versuchung des totalen Schutzes

Der Wert der Sicherheit hat sich mit den anderen Werten zu vermitteln. Keinen der Werte isoliert zu nehmen, erfordert bereits die Verbundenheit der vielfältigen Ebenen, Interessen und Güter des *einen* menschlichen Lebens. Dem Wert der Sicherheit gehen allerdings die Werte des Lebens und der Freiheit voraus. Freiheit bedarf der Entfaltung, der Wahlmöglichkeiten und der Räume, um die Entscheidung vertrauensvoll zu entfalten. Umstellt von Verboten und im beständigen Abschneiden des »Auslebens« der Entscheidungen kann freies Leben nicht gedeihen. Die Sicherheitspolitik hat dabei auf das schwach entwickelte und zaghafte Freiheitsbewußtsein Rücksicht zu nehmen und nicht ein robustes als Regel zu unterstellen. Der Freiraum ist demzufolge aber nicht als der bedauerlicherweise noch nicht kontrollierte und überwachte Raum zu betrachten, sondern als der dem Menschen eigene und bleibend offen zu haltende Raum seines Lebens, welches der Gestaltung bedarf. Elektronische Möglichkeiten der Totalerfassung der Bevölkerung sind von daher abzulehnen, das Löschen der Aufzeichnungen Pflicht, sobald sich bei den möglichst durch den Richter zugelassenen Aufnahmen der Verdacht als unbegründet erwies. Die Schutzrechte der Habeas-Corpus-Akte sollten analog für die Informationen über die Person gelten: Zugang zur Information, Kontrolle über ihre Verwertung, Löschung analog zur Freilassung sind zu gewährleisten.

Während das Strafrecht am Ende eines Handlungsbogens auftritt, ist gleichfalls und bevorzugt an dessen Beginn anzusetzen. Familienpolitik, Arbeitsbeschaffungspolitik und Sozialpolitik sind als vorbeugende Maßnahmen anzusehen. Dies ist »Prävention« und gibt Schutz.

130 *8. Freispruch, Begnadigung, Amnestie*

(1) Dostojewski prangerte 1873 in seinem »Tagebuch eines Schriftstellers« die Feigheit an, die sich im Mitleid ausdrückt, und erinnerte an die Pflicht, Verbrechen Verbrechen zu nennen: Dem russischen Geschworenen tut es »›weh, einen Menschen schuldig zu sprechen‹. Nun soll es ihm weh tun! Die Wahrheit steht höher als Ihr Schmerz ... Wir müssen den Gerichtssaal mit dem Gedanken betreten, daß wir mitschuldig sind. Dieser seelische Schmerz ... mit dem wir den Gerichtssaal verlassen, wird auch unsere Strafe sein ... Aber sein Mitleid fliehen, und um nicht selbst zu leiden, alle freisprechen, das ist leicht« (1921, 26).

Freispruch ist die bindende rechtliche Äußerung, daß diese bestimmte Tat dem Angeklagten nicht anzulasten ist – mehr nicht.

(2) Berechtigt ist die Verrechtlichung des Gnadenverfahrens bis hin zu dem Grade, ihm jeglichen Willkürcharakter zu nehmen. Die Begnadigung als Abkürzung oder Änderung des Strafvollzugs beinhaltet bei allem Positiven, was sie für den Täter bringt, eine Bestätigung der Rechtmäßigkeit der Verurteilung und des Vollzugs.

Ein menschenwürdiges Strafrecht darf dem Täter nie eine letzte Hoffnung auf Leben rauben, allerdings auch nicht mit solcher Hoffnung zynisch spielen.

(3) Bei der Amnestie findet keine Beschäftigung mit dem Vergehen des einzelnen statt. Aus Gründen, die nicht in der Person des Verurteilten zu finden sind, erfolgt die Freilassung. Die Gefahr der Instrumentalisierung der Strafgefangenen liegt nah, bei Freilassung am Nationalfeiertag, als Geste gegenüber dem Ausland etc. Doch wird der Täter *als Verurteilter* in Freiheit entlassen. Es kann deshalb sein Anspruch auf ein gerechtes Verfahren und auf Überprüfung der Verurteilung gerade durch die Amnestie verletzt sein. Die Amnestie ermöglicht staatlichen Organen, sich als freizügig zu zeigen, ohne eventuelle Schuldeingeständnisse im Gerichtsverfahren ablegen zu müssen. Sie ist eine elegante Lösung, unter Umständen aber eine ungerechte.

Der Vollzug muß darauf gerichtet sein, das Urteil der Gesellschaft dem Verurteilten eindringlich vernehmbar zu machen. Ihm ist zu bedeuten, daß er dieser Gesellschaft zugehört und weiter zugehören wird.

Die Tötung des Tyrannen ist zwar unter Bedingungen erlaubt. Die Strafe soll aber Vermittlung von Freiheitsräumen sein und nicht deren Liquidierung. Sie soll als Rechtsanwendung stabilisieren und Zukunft eröffnen. Auch die inhumane Vollstreckung der Todesstrafe sowie die Möglichkeit eines »tödlichen« Justizirrtums lassen sie nicht als gerechtfertigt erscheinen.

Die »Würde« des Verurteilten und der Vollzugspersonen ist in allen Vollzugsformen zu achten. Die Pflicht dazu obliegt zuerst dem Verurteilten selbst. Seine eigene Würde hat er gegen das Abdrängen der Schuld, das Vergessenwollen, gegen alle Nachlässigkeiten und gegen die Passivität zu wahren. Ebenso darf er um seines Menschseins willen nicht die Vollzugspersonen »instrumentalisieren«.

Die Wiedergutmachung ist zu ermöglichen. Hilfen sollen dem eigenen Zukunftsentwurf des Verurteilten und nicht aktuellem gesellschaftlichen Nutzen dienen.

Literatur:

Hoerster 1987, 214–283.　　　　Ledig 1935.
Kaufmann 1961.

VI. Das Widerstandsrecht

Unter Widerstand ist eine einzelne Handlung oder auch ein Gesamt von 132 Handlungen einzureihen, die sich einem anderen oder einer Institution verweigern oder entgegenstellen. Als *Handlung*, verstanden als »eine Veränderung oder Veränderungsverhinderung, die in Verfolgung einer zugrundeliegenden Absicht willentlich bewirkt wird« (vgl. v. Wright 1977, 83), ist die Widerstandshandlung bereits vielfach bedroht: Verzerrte Information, Manipulation des Bewußtseins, Beschwichtigungs- und Einschüchterungsversuche beeinträchtigen das Wissen und den Willen. Will die Handlung sittlich gerechtfertigt sein, muß sie sich auf das Handeln anderer abstimmen und Zukunft in Freiheitsräumen eröffnen. Einer Handlung, die vorrangig vom »Gegen« gekennzeichnet ist, wird dabei nur schwierig Verständnis zuteil.

Der »Staatsstreich« ist ein Aufstand aus den Reihen der Mit-Regierer, ein Wechsel in den Personen, welche den Staat lenkten und lenken, nicht aber unbedingt ein Wechsel im Programm. »Revolution« findet statt, wenn Menschen den geschichtlich-sozialen Wandlungsprozeß beschleunigen, die Führungseliten gewaltsam austauschen und die Staatsform ändern. Insofern gibt es keine friedliche Revolution. »Revolte« meint den Aufstand einiger weniger als Protest gegen eine Politik oder Person (vgl. § 135 f.).

133 ## 2. Wer ist berechtigt, Widerstand zu leisten?

Für die Widerstandsleistung kommen eine einzelne Person, eine Personenmehrheit und eine Institution als Institution in Betracht. Immer aber liegt die Last der Entscheidung auf Menschen.

In den Widerstandslehren beginnt die Suche nach dem Ort der Berechtigung im Zentrum des Unrechts und setzt sich bis an die Ränder der Gesellschaft fort: der Weg führt vom Innen zum Außen. Wer die politische Macht widerrechtlich erlangte und wer Mißbrauch mit ihr treibt, bleibt dauernd verpflichtet, die Usurpation zu beenden, den Amtsmißbrauch einzustellen und an der Aufhellung seiner Vergehen mitzuwirken. Ändert er von sich aus nicht seine Unrechtspolitik, so fällt die Widerstandspflicht zuerst *den* Personen oder Institutionen zu, welche an der Bildung der politischen Macht beteiligt sind, etwa dem Magistrat, der Justiz oder den Militärs. Läßt sich hier kein Widerstand formieren, so dürfen und müssen sich die im weiteren und dann ferneren Umkreis der Macht befindlichen Personen oder Institutionen berufen wissen. Die Passivität dieses »Kreises« dehnt die Zuständigkeit schließlich auf alle Einwohner des politisch-verfaßten Gemeinwesens aus. Zu ihnen wandert die legitime Macht.

3. Gegen wen ist Widerstand zu leisten?

Eine einzelne Person kommt ebenso in Betracht wie eine Institution, hinter der sich und in der sich Menschen tarnen. Damit ist aber nicht nur die Existenz eines Widerparts, sondern auch seine Erkenn- und Benennbarkeit erforderlich. Sie erfordert Abgrenzbarkeit des zu Erkennenden. Wie aber, wenn das Unrecht sich überall eingenistet hat? Wenn es sich vielfältiger Tarnungen bedient und zuletzt die Benennung der Verantwortlichen erschwert oder unmöglich macht? Wenn Unrecht sich nicht im auffälligen Exzeß eines Usurpators äußert, sondern im normalen Umgang, vielleicht sogar im legalen Verfahren routinemäßig geschieht? Wogegen soll sich Widerstand richten, wenn niemand als Gegner bezeichnet werden und jeder sich entschuldigen kann (vgl. Foucault 1976; Negt/Kluge 1981, 125)? Entweder wird das Volk und schließlich jeder zum Mitverantwortlichen erklärt oder die Verantwortlichkeit auf überindividuelle Mächte abgewälzt. Wenn das Unrecht zutiefst in die Strukturen und Umgangsformen eingesickert ist, erscheint den meisten, die sich in den Strukturen bewegen, der Widerstand nicht als Befreiung, sondern als fundamentale Bedrohung ihrer Gesellschaft. Die erfolgreiche Abwehr des Widerstandes gibt sich als *die* Verteidigung der Gesellschaft aus. Somit verfestigen sich durch die Niederschlagung des Widerstandes das Unrecht und das System. Einem solchen Regime empfiehlt Machiavelli im »Fürsten« die Finanzierung von Widerstandsgruppen (20. Kap.: 1965, 121).

4. Titel des Widerstandes

Nicht jede Behinderung und nicht jedes Entgegenarbeiten ist schon deswegen gerechtfertigt, weil es sich gegen eine mächtigere »Gewalt« richtet; das Ungleichverhältnis ist nicht deswegen schon ungerecht, weil es ein Ungleichgewicht darstellt. Denn das Verlangen nach Ausgeglichenheit zwischen den einzelnen Menschen läßt sich auf Grund der freien Bestimmung nur dadurch verwirklichen, daß *eine* Instanz geschaffen wird, und ihn mit den anderen Menschen in Gleichheit hält (§§ 20 und 81).

Wenn auch das Nein-Sagen, die Verweigerung, das Widersprechen und Widerstehen zu den Grundformen menschlicher Existenz gehören, so erhält der Widerstand jedoch nicht dadurch seine Berechtigung, daß er zur Selbstentfaltung des Widerstehenden beizutragen scheint. Auch wenn der Mensch mit dem politischen System, das ja seine Schöpfung bleibt, unverrechenbar ist, rechtfertigt sich auch von den in jedem politischen System vorhandenen Einschränkungen her noch nicht der Widerstand, da diese Engführung ohne Alternative ist. Auch jegliches nach dem erfolgreichen Widerstand errichtetes »System« würde Mängel dieser allgemeinen Art aufweisen.

Widerstandshandeln rechtfertigt sich dann, wenn die bestehende Ordnung unerläßliche Bedingungen freien Zusammenlebens und deren darauf aufbauende Entfaltung behindert, damit gegen die Würde des und der Menschen verstößt, Menschen zum Instrument des Unrechts gegenüber anderen Menschen macht und öffentliche Güter partikularen Interessen in gemeinwohlschädlicher Weise unterordnet. Letztendlich verpflichtet das »bloße« Menschsein dazu, für die Würde der Menschen einzutreten und der Würdelosigkeit der Tyrannen und der Erniedrigung der unter ihnen Leidenden entgegenzutreten.

Denn um der Würde willen ist ein beliebiges und grenzenloses Zurückweichen nicht gestattet: nicht beliebig, weil der Mensch über die Menschenwürde, die gemeinsames Gut der Menschen ist, gar nicht frei verfügen kann, und weil Verletzungen der Menschenwürde auch Eigenbeschädigungen des Schädigers sind. Nicht grenzenlos darf aber das Zurückweichen sein; denn es gibt keinen Innenraum, in dem der Mensch weiterleben könnte, ist doch sein Innen-Außen-Verhältnis nicht aufspaltbar (§ 15). Freiheit muß sinnlich, d.h. institutionell wahrnehmbar sein. Flucht und Auswanderung mögen sich dem einzelnen nahelegen. Gerechtfertigt sind beide, wenn die Vermittlung der Lebens- und Freiheitsräume höchst gefährdet ist. Die Einigkeit einer Rechtsgemeinschaft auf dem Rücken Vertriebener herzustellen oder den politischen Widerspruch durch Ausmerzung der Widersprechenden zu beseitigen, beeinträchtigt jedoch auf das schwerste die Glaubwürdigkeit des Instrumentariums, das »relatio ad alios« ist und Leben wie Freiheit in sozialen Beziehungen ermöglichen und sichern soll.

Zum verantwortbaren Handeln gerät jedoch Widerstand erst dann, wenn die Möglichkeiten der Mitgestaltung, die gemeinsame Lösungssuche bei Mängeln und das vor dem Gewissen verantwortbare Ertragen von Zwängen an die Grenze geraten, ab der es kein Zurückweichen geben darf. Alle durch Rechtsakte der politischen Gemeinschaft gesetzten Instanzenwege müssen erschöpft sein oder deren Inanspruchnahme von vornherein als aussichtslos und als Zeitvergeudung feststehen.

Das Erfordernis einer der Befreiung günstigen Prognose darf nicht überstrapaziert werden. Um der Würde des Menschen willen ist der Widerstand selbst bei aussichtsloser Lage gerechtfertigt. Doch dürfen die anderen Menschen aufgezwungenen Opfer nicht unmittelbar durch die Widerstandsleistung erhöht werden (§ 17).

5. Die Lehre vom Tyrannenmord und vom Zivilen Ungehorsam

135 a) Die klassische Widerstandslehre

(1) Sie trifft die Unterscheidung von zwei Typen der Tyrannen: Typ A ist der Usurpator, der mit Gewalt in das Amt dringt; Typ B bezieht sich auf den legal in sein Amt gelangten Herrscher, der aber sein Amt massiv zum Eigennutz gebraucht und die Grundwerte des Zusammenlebens mißachtet.

(2) Der Widerstand bis hin zur Tötung des »Tyrannen« sowohl des Typs A wie des Typs B »privata auctoritate«, d. h. aus angemaßtem Titel, ist nie erlaubt. Gegen den Tyrannen besteht bei gegenwärtiger Gefährdung ein Notwehrrecht, doch sollte der Bedrohte möglichst ausweichen.

(3) Wer Widerstand leistet, muß sich die Beauftragung durch die Gesellschaft besorgen. Auch vermutete Einwilligung und Zustimmung der Gesellschaft kommen in Betracht. Der »publica auctoritate« gerechtfertigte Widerstand darf dann bis hin zur Tötung der Machthaber, ihrer Helfer und Helfershelfer reichen.

(4) Die Heranziehung oder Einmischung auswärtiger Mächte oder sonstiger Helfer ist dann gerechtfertigt, wenn die Verletzung der Menschenwürde massiv und Eigenhilfe nicht ausreichend ist. Im Mittelalter beanspruchte das Papsttum, die Ermächtigung zum Widerstand erteilen zu dürfen; heute ist an die UNO zu denken. Bei massiver Verletzung der Ansprüche des einzelnen und des Volkes sind alle Menschen aufgrund ihres Menschseins zur Hilfe berechtigt. Das Prinzip der Nichteinmischung ist für diesen Fall nicht gültig. Es schützt die staatlichen Souveränitätsrechte, denen aber keine Verfügungsgewalt über die Menschenwürde zusteht, sondern der sie Achtung zu erweisen haben.

b) Der Zivile Ungehorsam

136

Der »Zivile Ungehorsam« ist ein aus dem angelsächsischen und französischen politischen Denken in das deutsche eingeführter Begriff. »Ziviler Ungehorsam« setzt sich nicht gegen den »militärischen« Ungehorsam ab, meint vielmehr den aufgeklärt-kritischen »Bürgergehorsam« und die »Zivilcourage«.

»Civil disobedience« ist eine öffentliche und gewaltlose Handlung, welche gegen ein Gesetz, eine Verordnung oder einen Verwaltungsakt bewußt verstößt. Die Handlung erfolgt nach reiflicher Gewissensprüfung und bezweckt eine Änderung von Gesetzen oder der Regierungspolitik. Wer diese Handlungen unternimmt, will sich dabei immer an die Öffentlichkeit wenden und um Verständnis seines Schrittes und um Neubeurteilung der Gesetze oder der Politik werben. J. Rawls fügt hinzu, daß der Zivile Ungehorsam in einer Gesellschaft stattfinden könne und dürfe, die großenteils gerecht geordnet ist, die sich aber einen Verstoß oder mehrere schwerere Verletzungen gegen die Grundlagen des Zusammenlebens freier und gleicher Menschen geleistet hat (1975, 402).

Damit ist der Zivile Ungehorsam kein Mittel, wenn ein politisches System als ganzes abgelehnt oder bekämpft wird oder wo das politische System selbst weitgehend ungerecht geworden ist. Auch ist eine Handlung immer nur dann unter »Zivilen Ungehorsam« einzuordnen, wenn sich der Handelnde nicht auf seine Eigeninteressen oder auf partikuläre gesellschaftliche Vorstellungen beruft, sondern auf gemeinsame Gerechtigkeitsvorstellungen, die der politischen Ordnung zugrundeliegen. Als solcher ist er von vorliegendem Ansatz her eine berechtigte Widerstandsform.

Literatur:

Marcuse 1984, 194–199.
Murhard 1832.
Kaufmann 1972.

Wolzendorf 1916.
Rawls 1979, 399–405.

VII. Die Menschenrechte

Bevor die »Menschenrechte« ihre Formulierungen fanden, wußten Menschen um Ansprüche, die ihnen als Menschen zustehen, die nicht verliehen sein können, sich nicht dem Tun oder Unterlassen anderer Menschen verdanken oder auf deren Kosten erworben sind und die ein Menschenleben hindurch Maßstab bleiben. Zwischen der Bedrohung durch die Natur und der durch den Menschen wurde unterschieden.

137 *1. Geschichtliche Orte der Menschenrechtserklärungen*

a) Die Erfahrung der Unveräußerlichkeit

Im Prozeß der Kommerzialisierung, Austauschbarkeit und Käuflichkeit aller Güter arbeitete sich in der europäischen Entwicklung ab dem 13. Jahrhundert als Gegenerfahrung der Gedanke der Unveräußerlichkeit und Unverzichtbarkeit letzter Ansprüche durch. Der Kampf um die Menschenrechte wollte dem Tauschprinzip und der Vermarktung Grenzen ziehen (§ 108). Die Grundansprüche des Menschen können nicht und brauchen nicht vermehrt werden. Sie bedürfen allerdings der Anerkennung.

b) Der Beitrag des Absolutismus

Die Verschlechterung der politischen Sicherheit des einzelnen im Gemeinwesen mit Beginn der Neuzeit trug zur Entwicklung des Menschenrechtsgedankens bei. Welche Stärkung und Zentralisierung der Staatsgewalt als bedrohlich für den einzelnen, für gesellschaftliche Gruppen und politische Stände aufgefaßt wurden, hing von vielen Komponenten ab. Die Monopolisierung der Staatsgewalt – ein Prozeß der mit dem 11. Jahrhundert einsetzte und sich etwa ab 1500 beschleunigte – war zugleich von einer neuen Segmentierung der Gesellschaft nach der Devise »Divide et impera!« begleitet. Alle Gewalt ließ sich nur noch von der Staatsgewalt her verstehen: als geliehene oder noch gewährte. Dagegen kristallisierte sich der Gedanke heraus, daß jeder einzelne Mensch als originärer Ort unverliehener und unverleihbarer Rechte zu werten ist. Diesem Prozeß kam die zunehmende Monopolisierung der vielen Gewalten in Staatshand zugute. Menschenrechte konnten den einzelnen in den Menschenrechtskatalogen zuerkannt werden, nachdem diesen einzelnen es verboten worden war, ihre Rechte – alle, nicht nur die Menschenrechte – gewaltsam durchzusetzen. Die Herausbildung des Gewaltmonopols und der Menschenrechtserklärungen stehen im Verbund. Verschiedene aufeinander nicht mehr rückführbare »Rechtsquellen« anzunehmen und im politischen Gestalten zuzulassen, fiel umso leichter, als die Durchsetzungsgewalt monopolisiert und zentralisiert beim Staate gelagert war. Die »Menschenrechte« gaben dem Staat neue Aufgabenfelder und Möglichkeiten, sich als unentbehrlich zu zeigen.

Die »sûreté« von 1789, ein Menschenrecht, verlangte sogar unmittelbar nach dem Gewaltmonopol des Staates!

c) Der Gleichheitsgedanke

Aber erst als der Gedanke rechtlicher Gleichwertigkeit sich durchsetzte, schlug die Stunde der »Menschenrechte«. Daß im 18. Jahrhundert bis in die Mitte des 20. Jahrhunderts »Mensch« mit dem »Bürger« als Vertreter des Dritten Standes gleichgesetzt wurde (vgl. Hegel, Grundlinien §§ 188–190; Marx, Zur Judenfrage 1843/1844: MEW 1, 362–370), verzerrte den Menschenrechtsgedanken, konnte jedoch die Öffnung auf alle Menschen dauerhaft nicht behindern. Es gelang begreifbar zu machen, daß die Aberkennung dieser »Rechte« auf Gegnerseite den eigenen Rechtszustand schädigte (§ 134). Denn nun zwang die Anerkennung der Gleichheit aller Menschen den Schädiger dieser fundamentalen Ansprüche zum Eingeständnis, sich selbst – nämlich als Mensch – geschädigt zu haben. Menschenrechte sind bezüglich der Anerkennung unteilbar: Wer sie fordert, klagt sie für alle Menschen ein, wer einem Menschen die Anerkennung seiner Rechte verweigert, verweigert sie allen anderen.

Drei Problematiken des Menschenrechtsverständnisses sind damit aufgezeigt. Die Absage an die Allzuständigkeit des Tauschprinzips verdeckt den Verdinglichungsprozeß, dem die Menschen weiterhin unterworfen bleiben. Die Betonung der »*Menschen*rechte« schiebt zwar den Menschen in den Mittelpunkt, hebt aber die Anbindung an den Staat und die Abhängigkeit von ihm nicht auf. Die Abstraktheit des Menschenbildes läßt den Verdacht ideologischer Einfärbungen oder einer lebensverkürzenden Verarmung des Menschenbildes nicht leicht aufkommen.

138 *2. Der »Mensch« in den Erklärungen der Menschenrechte*

Die Menschenrechte haben nur einen Ausschnitt der vielfältigen menschlichen Beziehungen zum Gegenstand. Unter dem Aspekt der *Rechte* ist eine weitere Auswahl und Eingrenzung getroffen. Die Entstehung im abendländisch-westlichen Kulturkreis ließ als »Menschenbild« die Skizze eines Menschen entstehen, der zur Selbsttätigkeit und Selbstbestimmung begabt, als einzelner seine Welt entwarf und als ein vorstaatliches Wesen erst im Laufe der Geschichte in den Staat eintrat. Das »Menschen«-Bild wird der sozialen Eingebundenheit und Angewiesenheit des Menschen nicht gerecht.

Zweitens gilt, daß die Menschen sich in ihrer Unterschiedlichkeit erkennen und anerkennen müssen, damit zwischen ihnen Bindungen aus dem Wissen wechselseitiger Unersetzlichkeit entstehen. »Menschenrechte« leugnen nun gerade die Unterschiedlichkeit, stellen die Menschen gleich und führen sie somit nicht aufeinander zu. Der andere Mensch als Anderer ist in den Menschenrechtserklärungen unnötig. Nur von der Gleichheit in der Würde ist die Rede, der einzelne mit seiner Besonderheit ist ohne Bedeutung. Seine Konkretheit ist im Begriff geopfert. Die Gefahr besteht, daß sie es auch im politischen Tun wird. Sucht man den »Anderen«, auf den die »Menschenrechte« als »ius« und damit als »relatio ad alterum« ausgerichtet sein müssen, so stößt man auf den – Staat.

3. Das »Recht« der Menschenrechte

»Menschenrechte« nach der hier vorgeschlagenen Definition sind als Ansprüche zu verstehen, und nicht als »Rechte«, solange ihnen die Setzung durch Menschen einer politischen Gemeinschaft und die organisierte Durchsetzungsfähigkeit abgeht. Es sind Ansprüche, welche zusätzlich zu ihrem Inhalt, wie etwa des freien Rederechts, auf Absicherung durch die politisch organisierte Gemeinschaft drängen. Als »Rechte« können sie dann eingeordnet werden, wenn diese Ansprüche zur Überzeugung einer Gesellschaft und zu einer für sie verbindlichen Sollensordnung mit Verpflichtungskraft geworden sind (§ 29).

(1) Die Menschenrechte treten als Abwehrrechte, als Leistungsrechte und als Mitbestimmungsrechte auf. Der Staat als Gegenüber, das es in Schranken zu legen gilt, der Staat, von dem man sich abhängig weiß, der Staat als Veranstaltung der Menschenrechtsträger: es sind drei Facetten *einer* Institution und des *einen* Menschen. Das Recht auf Versammlungsfreiheit gibt nur einen Sinn, wenn die Redefreiheit gesichert ist. Redefreiheit fordert Informationsfreiheit, den Schutz des Briefverkehrs und der Wohnung. Die Bedeutung der Leistungsrechte zeigt sich, wenn der Staat Sicherheit vor Angriffen auf die Ausübung der Menschenrechte gewähren muß, z.B. Schutz des Zeitungsverlages vor Angriffen der Mafia; denn die Ausübung dessen, was den Inhalt der Menschenrechte ausmacht, ist nicht bloß von seiten des Staates her bedroht. In der inneren Logik des Abwehrrechtes liegt das Teilhaberecht an der politischen Gestaltung. Nur so ist verläßlicher Schutz vor fremdem Eingriff erworben. Teilhaberechte wiederum verlangen die Ausgestaltung des Leistungsrechtes, denn die formale Gleichberechtigung drängt zur materialen Gleichberechtigung, zumindest zu einer Chancengleichheit.

(2) Ihr Anliegen verlangt die Auslegung aus dem Gesamt der Texte, meist eines Kataloges, und nicht gegeneinander, nicht unter Verdrängung des einen Menschenrechtes durch das andere. Die Abstraktion noch weitertreiben hieße mit den Rechten Rechtlosigkeit herbeizuführen. Sie stehen in einem Zusammenhang. Grundrechte und Folgerechte wie nachgeordnete Rechte sind sicherlich zu unterscheiden.

5. *Begründungsversuche der Menschenrechte* 140

(1) Gedanken der stoischen Philosophie stärkten und sicherten den Kampf der Menschen um die Grundansprüche von Leben, Freiheit, der Gleichstellung und sozialem Kontakt. Aus den Schriften des Judentums und der Christenheit gewann Europa den Grundgedanken, daß alle Menschen *als* Ebenbilder Gottes und als solche, denen die Erlösung zuteil werden sollte, anzuerkennen seien: Die Würde der Menschen gründe in dieser Ebenbildlichkeit und der universalen Heilszusage. *Eine* Natur und *eine* Vernunft, die allen Menschen gemeinsam sind, begründeten gemäß den Ideen des 18. Jahrhunderts die Menschenrechte. Die Herrschaftsrechte von Menschen über Menschen seien nicht Erstbeziehungen, sondern Produkte einer Geschichte der Menschen. Herrschaft leite sich nicht aus der Natur ab, sondern bildete sich erst mit dem immer dichteren Zusammenleben heraus. Dieses aber sei weitergestaltbar, ja es sei eine Pflicht, es weiterzuformen: Nicht nach irgendeinem

Plan sei die Zukunft zu formen, sondern – und dies verlieh dem Kampf um die Menschenrechte enormen Nachdruck – als Wiederherstellung eines ehemaligen Zustandes, als restauratio iuris, als Wiederansichnahme geraubten Gutes.

(2) Nach dem hier vorgelegten Ansatz lassen sich die Menschenrechte wie alle anderen Rechte aus dem anerkennenden Ja des Menschen zu sich als Menschen und damit zu allen Menschen begründen. Diese Anerkennung erschafft nicht die Güter der Freiheit, der Anlage zur Vernünftigkeit und der Sozialität, leitet aber ihren Anspruchscharakter über in die eigene Sollensordnung und die soziale Welt. Zu ihr gibt es keine gleichwertige Alternative (§§ 10–12). Auch wer diese Anerkennung verweigert, beansprucht frei und verantwortungsvoll zu handeln und ist von allen anderen als solcher anzuerkennen.

141 *6. Ausblick*

a) Die Bedeutung der Verfahren

Die Menschenrechtserklärungen betonen die Wichtigkeit des formalen Verfahrens und der Verfahrensfragen. Die in den Verfassungen vorgesehenen Abläufe der Gesetzgebung, die Prozeßordnungen und die der Verwaltung auferlegten Verfahren legen dem Machttrieb Zügel an, erlauben Kontrolle und Beteiligung. Gefährlich ist es, die Formen zugunsten der Inhalte abzuwerten, auf Effizienz und Resultat vorrangig zu achten und nicht den Wert gemeinsamer Erarbeitung zu sehen, selbst wenn sie langwierig verläuft. Dem aus dem Mittelalter stammenden Satz »Was alle angeht, soll von allen erarbeitet, beschlossen, zumindest gebilligt werden« liegt die richtige Erkenntnis zugrunde, daß die Dauerhaftigkeit politischen Lebens die Beteiligung der Betroffenen verlangt; denn nur auf diesem Wege wird die Selbstverpflichtung zur Achtung der vorgegebenen Grundverhältnisse menschlichen Lebens ausgesprochen und verwirklicht.

Das Gerichtsverfahren und in seinem Vorfeld die Art der polizeilichen Ermittlung, die Verhörmethoden, aber auch die Haft und der Strafvollzug sind unter dem Gesichtspunkt der Würde des Menschen zu ordnen.

b) Die Notwendigkeit von Menschenrechtsbewegungen

Der Menschenrechtsschutz kann und darf den Staaten nicht allein überlassen werden. Solange staatliche Institutionen sich der »Staatsräson« unterwerfen, rückt das Anliegen des Menschenrechtsschutzes auf den zweiten, wenn nicht sogar auf einen niedrigeren Platz. Die von Menschen geschaffene Institution darf aber nicht dem Menschen vorgeord-net werden. Die Vertreter der Staaten sind außerdem aus einem Gleich-gewichtsbewußtsein heraus geneigt, Menschenrechtsverletzungen bei sich gegen die eines anderen Staates gegeneinander aufzurechnen. Das Eintreten für die Menschenrechte ist nun unvertretbar, nicht an den Staat delegierbar und darf sich sogar wegen selbst begangener Men-schenrechtsverletzungen nicht vom Protest gegen solche Verletzungen abbringen lassen. Zum Protest berechtigt das Mensch-Sein, nicht die Schuldlosigkeit.

Die Menschenrechtsbewegungen dokumentieren als Bewegung die Unvertretbarkeit und Unteilbarkeit der Menschenrechte.

Die Bewegungen bedürfen ihrerseits eines »Resonanzbodens« in weite-ren Kreisen der Bevölkerung. Ebensowenig wie an den Staat darf der Menschenrechtsschutz auch nicht an solche Gruppen abdelegiert wer-den. Gelingt es nicht, immer weitere Kreise der Bevölkerung, der eigenen wie der, welche den Schutz benötigt, für das Anliegen des Menschenrechtsschutzes zu gewinnen, kann eine Menschenrechtsbe-wegung in der Isolierung die Orientierung verlieren oder dem Staat als Feigenblatt dienen.

c) Menschenrechte im Hinblick auf Wissenschaft, Technik und gesellschaftliche Gruppen

Der Zugriff von Wissenschaften und Technik (Gentechnik, In-Vitro-Fertilisation) auf den Menschen läßt ebenso nach dem Menschenrechts-schutz fragen wie die Bedrohung der Umwelt und die Bedrohung des Weltfriedens. Zu befinden wird darüber sein, ob ein Menschenrecht auf Wehrdienstverweigerung, auf informationelle Selbstbestimmung oder darauf, seine Abstammung zu erfahren, weltweit anerkannt werden soll.

Der Fundamentalismus lehnt Menschenrechte, so etwa das Recht auf freie Gattenwahl, Ehescheidung und auf Glaubenswechsel, ab. Ein Konsens über grundlegende Regeln planetarischen Zusammenlebens steht noch aus. Er ist unverzichtbar. Er wird die Traditionen, das Woher und das Wohin einer jeden Kultur zu berücksichtigen haben. Die »Menschenrechtserklärungen« sind Produkt einer Kultur, wenn auch einer in sich vielgestaltigen. Diese »Menschenrechte« dürfen nicht oktroyiert werden.

Literatur:

Brandt 1982.
Brieskorn 1988, 191–221.
Schwartländer 1981.

Cranston 1973.
Kühnhardt 1987.
Schnur 1974.

C. Das Recht in Beziehungen

Es können nur wenige Linien einiger Beziehungen aufgezeigt werden. Auf geschichtliche Hinweise ist wie in den Teilen A und B weitgehend verzichtet.

I. Recht, Politik und Staat

142   1. Die Politik

Politik läßt sich als Ausübung der Rechte und Pflichten des Bürgers, als »Exercise of the rights and duties of citizenship« verstehen, oder als die den Verantwortlichen im Staat zukommende Führerschaft, oder als das Tun, welches die öffentlichen Belange der Gesellschaft besorgt, deren Vielfalt zusammenhält und auf das Gemeinwohl zuordnet. Da die Gesellschaften aber in gar nicht mehr abkoppelbarer Wechselwirkung untereinander stehen, ist das Gemeinwohl nur mit allen und für alle Menschen zu erzielen. Letzterer Definition folge ich.
Politik beinhaltet immer auch Verfügung über Menschen, sie ist Praxis *und* Poiesis im aristotelischen Sinne. Ihre Instrumente sind die Verhandlung, die Kompromißsuche, der Vertrag und die Abstimmung.

2. Das Recht im Dienst der Politik

Dem Recht kommt von dorther eine orientierende und die Menschen schützende Funktion zu. Apolitisch ist nicht einmal das Gewohnheitsrecht. Das Recht hat zu helfen, daß die politischen Institutionen die ihnen übertragene Ordnungsaufgabe der Gesellschaft erfüllen können und nicht Machtkonzentrationen außerhalb der politischen Gremien entstehen. Auch hier ist (§§ 102f. und 141) die Wichtigkeit eines Verfahrensrechtes zu betonen, das Vertrauen genießt und es rechtfertigt.
Das Recht ergänzt und ersetzt allerdings nicht, was der Politik »fehlt«. Die Nüchternheit und Funktionalität des Staatslebens erfährt vom Recht her weder Korrektur noch Ausgleich. Die Rechtsordnung teilt die Blässe, Unansehnlichkeit und die oftmals langwierig verlaufenden Entscheidungsprozesse der Demokratie. Das Parlament der modernen Demokratie tritt ohne das Gepräge des Ancien Régime zusammen. Heutiges Strafen entbehrt des Spektakulären und Ergötzlichen.

Dienst ist auch Auslieferung: Die Verbindung von Recht und Politik muß das Recht nicht notwendigerweise stärken, sondern vermag es auch zu schwächen. Stärke und Schwäche des Rechts hängen maßgeblich von der Rechtspolitik ab.

3. Politik im Dienst des Rechts. Gegen die Politisierung des Rechts 143

So sehr das Recht in den Dienst der Politik tritt, so hat sich das Gemeinschaftshandeln aber auch um den Lebensschutz, die stabilisierte Vermittlung der Freiheitsräume und die Orientierung der Gesellschaft durch die Rechtsordnung zu bemühen. Aufgabe der Rechtsgestalter ist es, Instrumente zu entwickeln, welche geeignet sind, die Gewalt, die aus der Gesellschaft kommt, die »vis« oder »violentia«, einzudämmen, zu kanalisieren und letztlich ›trockenzulegen‹, so daß das Recht nicht ständig bis an die Grenzen seiner Leistungsfähigkeit und Glaubwürdigkeit strapaziert wird (§ 76).
Politik muß auch um den Rechtsfrieden besorgt sein und die besonderen Unruheherde beseitigen, welche die Rechtsordnung und ihr Funktionieren entstehen lassen. Deshalb ist die Beteiligung aller an den sie betreffenden Geschäften, so wie im Fall Abraham–Lot (§ 20), und in den Verfahren zu gewährleisten. Gegen das »Divide et impera!« der Arbeitsteilungen und die Unauffindbarkeit verantwortlich Handelnder ist eine Politik zu setzen, welche dem Grundsatz »Quod omnes tangit, ab omnibus approbari debet« (§ 141) folgt und die Verantwortung eindeutig zuteilt (§ 23). Doch was überhaupt der Mehrheitsentscheidung unterworfen werden darf, muß Ergebnis eines eigenen politischen Diskurses sein.
Das Recht darf nicht partikulären Interessen dienstbar gemacht und einseitig politisert werden. Denn der politische und der überparteiliche Charakter schließen sich nicht aus. Der Hinweis auf den Formalismus der Verfahren und die Abgehobenheit der Sprache müssen den Ideologie-Vorwurf gegen das Recht noch nicht erschöpfen. Doch muß dieser sich mit Gründen ausweisen.

4. Welches Maß der Verrechtlichung?

Die Festschreibung der Politik im Recht kann die Politik absichern und stärken, ihr aber auch Fesseln anlegen und ihr die Beweglichkeit nehmen. Wenn die Rechtsordnung staatliche Organe etwa zu einer Schutzpflicht sowohl gegenüber dem einzelnen Bürger als auch gegenüber der Gesamtheit aller Bürger verpflichtet, so haben die staatlichen Organe in eigener Verantwortung die Abwägung zu treffen. Die rechtliche Festlegung muß dort enden, wo sie *eine* Güterabwägung der unübersehbaren und nicht erahnbaren Vielfalt an Situationen aufoktroyieren würde. Die Entscheidung der Regierung gegen die der Gerichte auszutauschen, heißt die Macht dorthin zu verlagern, wo keine Befugnis zu ihrer Ausübung erteilt ist. Die Zurückhaltung gegenüber einer Verrechtlichung und festgeschriebenen Kasuistik, ja deren Ablehnung legt sich auch deshalb auf, um das staatliche Handeln, das innerhalb des verfassungsmäßigen Rahmens stattfindet, den Feinden der Verfassung nicht kalkulierbar zu machen. Hier ist eine Grenze für die Pflicht zur Berechenbarkeit erreicht.

144 *5. Das Recht als Ware?*

Das »Recht« darf nicht wie eine Ware angeboten werden, um die Gunst der Wähler zu erhalten. So zu handeln ist unverträglich mit der Würde des Rechts, die vom Menschen abgeleitet ist. Subjektive Rechte etwa wie eine Ware anbieten, erniedrigt das Recht, indem der Gesetzgeber oder die Partei den augenblicklichen und nicht den langdauernden Nutzen des Rechts, nicht die Vermittlung zwischen den Menschen, sondern den Nutzen für Individuen hervorhebt.

6. Die Zurückhaltung des Rechts

Das Recht ist Ermöglichung von sittlichem Handeln, aber nicht sittliche Vorschrift (§§ 21 und 62). Die Rechtsordnung soll Rahmen sein, aber nicht ein Wertegebäude, das sich nicht mit den Vermittlungs-, Stabilisierungs-, Entlastungs- und Orientierungsfunktionen begnügt und darüberhinaus inhaltlich füllt. Um ihres Ansehens willen hat sich die Rechtsordnung Beschränkung aufzuerlegen. Es handelt sich dabei nicht um einen notgedrungen eingegangenen Verzicht, sondern um die Gestaltwerdung des Rechts als Freiheitsordnung. Auch die politischen Organe haben sich um eine solche Beschränkung zu bemühen. Der *Legislative* obliegt die sparsame Gestaltung des gesellschaftlichen Lebens durch rechtliche Maßnahmen; zu erwägen ist immer auch die Rücknahme und der Abbau der gesetzlichen Vorschriften. Vielleicht eine schwierigere Aufgabe als der Erlaß, als die Vermehrung von Vorschriften! Die *Exekutive* wird die Subsidiarität beachten müssen. Das *Gericht* hat sich nach dem Prinzip des judicial self-restraint zu verhalten, z. B. bei einander widersprechenden Sachverständigengutachten, wenn es selbst in dieser Frage nicht sachverständig ist, aber auch hinsichtlich gesamtwirtschaftlicher Zielvorstellungen, »die im Rahmen des politischen Handlungs- und Beurteilungsspielraums gewonnen werden und deshalb einer gerichtlichen Überprüfung vom Grundsatz her nicht zugänglich sind« (VG Hannover v. 2.6.1977: DVBl 1978, 79).

Literatur:

Burger 1989.   Kirchheimer 1981.
Dreier 1985.   Schneider 1988.

II. Wirtschaft und Recht

Der Unternehmergeist und die Fähigkeit zum schnellen Gelderwerb sind zwar unterschiedlich unter den Menschen verteilt, sie alle aber sind zu rechtlichem Handeln und zur Ehrfurcht untereinander befähigt. Wäre dies nicht der Fall, hätte nie ein Gemeinwesen entstehen und sich zusammenhalten können (vgl. Platon, Protagoras 322 d). Ungleichheit und Gleichheit treten in einen Zustand höherer oder niedrigerer Spannung. Maßgeblich hängt der Grad von der Rechtspolitik und ihrer Umsetzung ab.

1. Die Wirtschaft bedarf des Rechts   145

Der Anonymus Jamblichi anerkannte die Notwendigkeit einer Rechtsordnung für das Wirtschaften: »... zufällige Ereignisse, die das Geld und das Leben betreffen, (werden) bei gesetzlichen Zuständen für die Menschen in der förderlichsten Weise beeinflußt ... denn bei gesetzlichen Zuständen sind die Menschen von der drückendsten Sorge befreit, dagegen können sie sich der angenehmsten hingeben ...« (Capelle, 386 f.).

Die Wirtschaft verlangt nach der Rechtsordnung, um getroffene wirtschaftliche Entscheidungen abzusichern und berechenbar zu kalkulieren. Die Rechtsordnung schafft den Rahmen, welcher auf die Einhaltung der Verträge und den Schutz des Eigentums bauen läßt. Zwei Beispiele seien erwähnt: Der Schutz des Urheberrechts und des gewerblichen Verwertungsrechtes spornt den Erfinderehrgeiz, die Exportbürgschaft kurbelt den Außenhandel an.

Das Recht wird sich den Erfordernissen anpassen: Kommt es einer Wirtschaftsgesellschaft auf eine schnelle Zirkulation der Güter an, wird deren Erwerb vom gutgläubigen Nichtberechtigten erlaubt sein müssen; ist dagegen die Betonung auf die Sichtbarkeit der Güterzuordnung an Personen gelegt, wird der Erwerb von Eigentum zusätzlich mittels längerer oder kürzerer Ersitzungszeiten gesteuert werden können, wie im römischen Recht. Auch hilft eine schnelle Rechtsprechung der Wirtschaft.

146 *2. Mißbrauchsmöglichkeiten*

a) Gerade das Wissen um die Notwendigkeit des Wirtschaftens in der Gesellschaft »produziert« auch Mißbräuche, die Unersetzlichkeit schafft Abhängigkeiten. Darf die Grenze des Mißbrauchs nur das Eigeninteresse sein, selbst wenn es auf lange Sicht hin entworfen wird?
Da die Wirtschaft das Recht benötigt, drängt die wirtschaftliche Macht zur Beherrschung oder Neutralisierung der Rechtspolitik. Auch dabei bedienen sich der einzelne Unternehmer, Gewerkschaftler und die jeweiligen Verbände des Rechts. Das Zensuswahlrecht verschuf lange Zeit hindurch bestimmten gesellschaftlichen Gruppen Macht über die und in der Legislative. Und erst unter dem Einfluß sozialstaatlichen Denkens entflochten sich ökonomische Macht und Zugang zu den Gerichten.
b) Auf die Versuche, allen Bürgern einen möglichst gleichen politischen Einfluß und ihr Recht zu geben, wird vielfach so reagiert, daß Entscheidungszentren auswandern und nun außerhalb der verfassungsgemäß vorgesehenen Gremien diejenigen Entscheidungen gefällt werden, welche über die Wirtschaft hinaus die Allgemeinheit betreffen.
c) Die Wirtschaftspolitik kann darauf abzielen, sich die ihr genehmen Rechtsbedingungen in den eigenen Betrieben zu schaffen. Die staatliche Aufsicht wird zurückgedrängt, Bewilligungspflichten werden zu bloßen Meldepflichten, nicht bewilligungspflichtige Überstunden-»puffer« eingerichtet oder die Kündigung internationaler Abkommen – ILO-Übereinkommen Nr. 89 untersagt generell die Frauennachtarbeit – geschieht unter Angabe von »Gründen«.
d) Die Verlagerung von der Gesetzes- in die Vertragsebene ist oft für das wirtschaftliche Interesse vorteilhafter, wandelt sich doch der öffentlich-rechtliche Arbeitnehmerschutz in einen privatrechtlichen, wo der ökonomisch Stärkere das Sagen hat. Es ist wiederholt zu beobachten, daß ab einem bestimmten Maß an rechtlichen Sicherungen und Schutzmaßnahmen sich die Lage der Arbeiter/Innen und ihrer Lebensverhältnisse nachteilig für sie verändert, etwa durch Entlassung oder Nichteinstellung von Arbeiterinnen oder Arbeitern. Doch wer und was befinden über das Maß an Schutz, Sicherung und Mitbestimmung?
Wird die Norm als »Wenn-dann«-Zusammenhang gesehen, so wird entweder der Zusammenhang selbst in Frage gestellt und nach Mög-

lichkeit getrennt, oder aber der Eintritt des Ereignisses »Wenn« verhindert.

e) Welche Grenzen sind der Wirtschaft um des Gemeinwohls willen zu setzen? Der Sonntag ist unter Ruhe-Gesichtspunkten des einzelnen nicht notwendigerweise von Arbeit freizuhalten, dazu ist auch ein anderer Tag geeignet, wohl aber dann, wenn eine Gesellschaft gewünscht ist, die nicht in verschiedene nicht mehr kommunizierende Bereiche auseinanderfällt, in der es jedenfalls für die Mehrheit einen gemeinsamen Rhythmus von Arbeiten und Erholen, Reden und Schweigen und einen Hintergrund gemeinsamer Erfahrungen gibt.

f) Große Industrie- und Handelsmächte zwingen ihren Lieferländern mit wirtschaftlichem oder politischem Druck ›freiwillige‹ Selbstbeschränkungsabkommen oder ›frei‹ abgeschlossene ›orderly marketing agreements‹ auf, verwehren ihnen den gerechten Preis und das Ausnutzen ihrer Wettbewerbsvorteile.

3. Das Recht bedarf der Wirtschaft   147

Die Rechtsordnung und ihr Funktionieren kosten Geld.

a) Was kostet die Dritte Gewalt? Das Personal, wie die Richter, Staatsanwälte, Justizbeamte, Vollzugsbeamte, Pflichtverteidiger etc., ist zu versorgen. Sacheinrichtungen, wie die Gerichtsgebäude und die Justizvollzugsanstalten sind zu unterhalten und zu modernisieren. Der Unterhalt der Strafgefangenen kommt hinzu, auch wenn eine Eigenbeteiligung unter Umständen vertretbar ist. Der Erlaß eines Urteils, wie eines Gesetzes und eines Verwaltungsaktes benötigt Geld.

b) Sind kostenlose Rechtsaufklärung und Rechtsberatung nötig um der Gleichheit und der Freiheit der Bürger willen? An Mangel der finanziellen Mittel der Rechtsuchenden darf das Erstreiten des Rechts nicht scheitern. Maßstab für die Ausstattung der Justiz ist nicht die Wirtschaftlichkeit des Rechtssystems – woran sollte man sie messen? –, sondern ob einem jeden das Seine an Recht zukommt, allerdings mit dem finanziell am wenigsten aufwendigen Mittel.

4. Das Recht als wirtschaftliches Gut

a) Der Export von Rechtssystemen ist ebenso möglich wie der anderer »Güter«. Zweck ist dabei, dem Export eine ihm günstige Rahmenstruktur zu verschaffen (§ 145).

b) Ein Prozeß der Entkommerzialisierung fand in der europäischen Geschichte statt. Es gelang einst, das Erstgeburtsrecht gegen ein Linsengericht zu verrechnen. In Geld sind heute öffentliche Ämter, Parlamentssitze und die Menschen selbst (§ 108) nicht mehr zu bemessen.

c) Die Höhe des Schmerzensgeldes oder einer Haftentschädigung zu bestimmen ist nur unter vielen Abstraktionen möglich und verfehlt damit immer auch den einzelnen besonderen Menschen.

d) Die Kosten setzen auch Grenzen. Zivilprozesse können mehr Aufwendungen fordern als der Streitwert beträgt. Eine unterste Grenze ist vertretbar: »Um geringfügige Angelegenheiten kümmert sich der Praetor nicht«. Recht als »das Seine« muß nicht zu jedem Aufwand erhältlich sein, sein Erstreiten soll aber auch nicht von ökonomischen Faktoren abhängen.

e) Auf der anderen Seite der Skala gibt es Schäden, welche nicht mehr bemeßbar und deren Ersatz nicht auferlegt wird. Wiedergutmachungen von Kriegs- oder Unfallschäden bewegen sich in einem oft nicht mehr erfaßbaren und erstattbaren Rahmen. Je größer das Unrecht ist, desto weniger gelingt seine Vergeltung. Je unermeßlicher die Verheerung, desto kleiner die Wiedergutmachungsmöglichkeit.

Literatur:

Hegel 1820, §§ 185–257. Moles 1988.
Locke 1690, V (§§ 25–51).

III. Der sittliche Umgang mit dem Recht

148 *1. Gerechtigkeit und Billigkeit*

a) Wird mit der Tradition unter Gerechtigkeit die »constans et perpetua voluntas ius suum cuique tribuendi« (Ulpian 1 reg.: Dig. 1. 1. 10) verstanden, so ist eine Welt der verschiedenen Bedürfnisse und der Vielgestaltigkeit vorausgesetzt. Sie ermöglicht, das »ius suum« näher zu erkennen und die Kunst des Zuteilens zu erlernen (vgl. Platon, Politeia 433 ab), auch durch Fehler.

Gerechtigkeit als Tugend ist ein *Wollen*. Es richtet sich auf *jeden* Menschen und sondert keinen Menschen aus. Dieses Wollen machen sich selbst nationalsozialistische oder Apartheid-Doktrinen zu eigen, indem sie jene, die sie nicht als Menschen bezeichnen wollen, als »Untermenschen« oder »Wesen, die nie eine volle Verantwortung für sich selbst übernehmen können« abqualifizieren.

Wer jedem gegenüber das ihm Zukommende zuteilen oder zuerkennen will, der wird dies auch gegenüber demselben Menschen immer wieder und in allen künftigen Begegnungen gegenüber allen tun müssen. Je echter die Hinordnung auf die anderen ist, desto gründlicher die Abkehr von einem Handeln aus Sympathie und Antipathie. Jeder Willkürakt, gleich ob überschwenglich oder karg im Zuteilen, zeugt von unwahrer Zuordnung. Gerechtigkeit geht auf *Dauer* und ist *»beharrlich«*, perpetua und constans. Wird das Gerechte durch Zufall erreicht oder das Notwendige durch Willkür geleistet, so ist das Prädikat des gerechten Handelns unangebracht.

Die persönliche Identität baut sich mit dem gerechten Tun auf.

b) Wie ist die Billigkeit zu verstehen? Als iustitia generalis, als Widerspruch zur Gerechtigkeit, als Über-Gerechtigkeit, als Einzelfall-Gerechtigkeit? Der Begriffsfassungen sind viele. Von den aufgezählten Begriffen kommt jener der Einzelfall-Gerechtigkeit meinem Verständnis von Billigkeit noch am nächsten. Ich umschreibe: Ihr Bemühen ist, ein Mehr an Faktoren zugunsten des Betroffenen einzuführen, ihn zu entlasten und die Rechts-»Bürde« erträglicher zu gestalten. Indem sie den allgemein gehaltenen Spruch auf den Einzelfall und seine Einzigkeit hin korrigiert, widerspricht sie nicht der Gerechtigkeit, sondern vollendet sie. So wie der liebende Umgang den gerechten voraussetzt und nicht ersetzt, so steht auch die Billigkeit zur Gerechtigkeit.

Nach Billigkeit wird etwa vorgegangen, wenn im Vorfeld eines Prozesses vom Gesetz nicht vorgesehene Ausgleichs- und Versöhnungsversuche ein- und vorgeschaltet, Strafen mit Nach- und Rücksicht verhängt und für Maßnahmen großzügige Entschädigung gewährt werden.

c) Ist Billigkeit nur anwendbar, wenn die Rechtsordnung offen gefaßt ist? Hier wäre Billigkeit dann eine Form der notwendigen Auslegung. Nein, auch in einem Rechtssystem mit klaren Begriffen und ausgiebiger Kasuistik hat sie ihren Platz. Billigkeit nicht zulassen hieße die Abstraktheit übersehen, die selbst noch der Kasuistik anhaftet. Wer meint, daß die zunehmende Vergesetzlichung die Billigkeit überflüssig machen würde, irrt sich in ihrer Bedeutung. Ihr geht es nicht um das reibungslosere Funktionieren, sondern um den humaneren Umgang mit dem Recht, nicht um Vergeltung, sondern um den Ausdruck des »Umsonst« und den Neuanfang, nicht um Verallgemeinerung, sondern um Rücksicht auf das Besondere.

2. *Mäßigung, Tapferkeit und Klugheit* 149

Diese drei Tugenden, die sich stärker auf das Verhältnis des Menschen zu sich selbst beziehen, setze ich in Verbindung mit der Gerechtigkeit.

a) Wer gerecht ist, übt *Mäßigung*. Ihr Betätigungsfeld ist umfassender als das der Billigkeit, denn die Mäßigung ist nicht nur in der Rechtsprechung zu berücksichtigen, sondern auch in der legislativen und exekutiven Arbeit. Maß will sie im Einfordern der Rechte und dem Auferlegen von Pflichten halten, die Höhe der Forderungen bereitwillig nach unten senken und die Strenge des Urteils mildern. Sie rät vom Ausschöpfen aller im Recht zugelassenen Handlungsmöglichkeiten ab. Wer alle Ansprüche wahrnimmt, riskiert die Änderung der Regelung und damit die Schlechterstellung echter Bedürftiger. Der Verzicht auf den Erlaß von Regelungen, nicht nur auf deren Inanspruchnahme, und der Abbau bestehender Regelungen kann sich nahelegen (§ 72).

b) Die Tugend der *Tapferkeit* läßt die Rechtsanwendung von einer Art Schonungslosigkeit geprägt sein, unbeirrt durch Meinungen oder Druck oder durch vielleicht subtil vorgetragene Erwartungen, das »suum cuique tribuere« zu verfälschen.

c) *Klugheit* ist nötig, die Lebensverhältnisse zu gewichten. Sie achtet auf den anderen, will ihm den Gebrauch seiner Rechte erleichtern und berücksichtigt alle zugänglichen Interessen im Blick auf den Frieden. Klugheit fragt nach dem geeigneten Rechtsmittel und sucht das Recht als Zuordnung annehmbar zu machen.

Literatur:

Erikson 1971.
Pieper 1964.

Rümelin 1921.
Virt 1983.

Wir sind in den Teilen A bis C die erste Achse abgegangen; ich nannte sie die vertikale. In Teil D sieht sich der vorliegende Entwurf gleichsam von außen an und weiß sich auf einem Feld zusammen mit verschiedenen in Herkunft, Ausgestaltung und Zielsetzung unterschiedlichen Entwürfen.

a) Die Existenz einer weltanschaulich-pluralen Gesellschaft ist zur Kenntnis zu nehmen. Wer ihr seinen Entwurf vorstellt, gesteht sich ein und erklärt den anderen, daß der Entwurf so viel wert ist, wie er die Erkenntnis weiterbefördert und vertieft. Über die Wahrheit des Entwurfs kann allerdings weder eine Abstimmung entscheiden, noch ist die Zahl der Befürworter ausschlaggebend. Die Oktroyierung eines Entwurfs – durch wen auch? – ist ebenso ausgeschlossen wie das kampflose Räumen des Feldes unangebracht ist. Sich dem Widerspruch aussetzen, läßt den eigenen Stellenwert ermitteln; sich Prüfungen unterziehen, läutert.

b) Der Entwurf kann erstens darauf hinweisen, was in anderen Entwürfen inkonsistent ist, und auf das, was inkohärent in ihnen leben läßt. Wenn die zwei Werte der Neuzeit nach M. Webers zutreffender Sicht (vgl. Steinvorth 1981, 308 f.) die Werte der Konsistenz und der Effektivität sind, so gilt es, neu an dem der Konsistenz, dem Wert der Stimmigkeit und der Geschlossenheit eines Menschenlebens anzuknüpfen. Vorerst formal vermag sich der Wert der Konsistenz zunehmend aus den Haltungen der Erfahrungsbereitschaft und der Offenheit zu füllen. Erinnerung hat gegen das Vergessen zu arbeiten, ein Zugang zur Vergangenheit ist offenzuhalten, ohne auf einen einzigen Zukunftsbegriff, eher auf eine Polyperspektive abzuzielen. Spannungen sind miteingehandelt. Welcher Art würde ein Leben der Widerspruchslosigkeit sein? Erst aus dieser Offenheit für die Vielfalt menschlichen Lebens zeigt sich, welche Geschlossenheit ihm angemessen ist und welchen Herausforderungen es sich zu stellen hat.

c) So sehr auf dem Ringen um Wahrheit beharrt werden muß, so sehr tritt zweitens auch die Endlichkeit der Aussagen und die Begrenztheit ihrer Absicherungsmöglichkeit in den Blick. Abstützungen auf einer Tradition, auf einem Schöpfungsplan Gottes, auf dem Wollen der Nation, die nicht als menschliche Schöpfung eingestuft wird, oder auf der Vernunft, bedürfen wiederum der Rechtfertigung. Einen solchen Diskurs benötigt auch, wer auf die Menschen, ihre Geschichte und darin auf ihre Ansichten über das Recht abhebt. Ist die Begründungslast hier geringer?

Allerdings ist sogar die Übernahme sogenannter bloß empirischer Befunde von weltanschaulichen Entscheidungen abhängig. Die Kritikwürdigkeit und -bedürftigkeit eines jeden menschlichen Werkes ist nicht zu vergessen. Über die Entwürfe kann immer nur in der Haltung großer Vorsicht gegenüber dem eigenen Entwurf gestritten werden.

d) Erfahrung zeigt, daß sich aus einem einzigen Letztprinzip keine vollständige Sozial- und Rechtsphilosophie entwickeln läßt (Hoerster 1978, 116). So setzt vorliegender Entwurf am Leben, an der Freiheit und den sozialen Beziehungen an.

e) Auf Verfahren ist allerdings zu bestehen, d. h. auf einer Garantie der Informations- und Meinungsfreiheit, der Freizügigkeit und eines entsprechenden Schutzes der politisch verfaßten Gemeinschaft. Dabei ist auf die Werte hinzuweisen, welche jedes Verfahren voraussetzt und die es funktionieren lassen. Selbst bei einer Beschränkung auf eine normative formalisierte Regelung, die sich die Gleichberechtigung und deswegen Gleichbehandlung aller Bürger angelegen sein läßt, ist Vorbedingung, den und die anderen anzuerkennen. Diese Bedingung unterscheidet sich von dem taktisch-faktischen Geltenlassen des anderen (vgl. Funke 1961, 79 f.). Leben, so zeigt sich, geschieht aus der Voraussetzung der Anerkennung, es lebt auf Vorschuß. Was er beinhaltet und was oder wer ihn gewährt, zu erfragen, könnte lohnend sein.

Literatur:

Heyen 1977.   Hoerster 1978.

Quellen (chronologisch geordnet)

Die Vorsokratiker. Die Fragmente und Quellenberichte übers. u. eingel. v. W. Capelle, Stuttgart 1968

Heraklit. Fragmente. Griechisch und Deutsch, hrsg. v. Bruno Snell, München u. Zürich, 9. Aufl., 1986

Platon: Werke in acht Bänden. Griechisch und deutsch, hrsg. v. Gunther Eigler, Darmstadt 1970ff.

Kung Futse. Gespräche (lunyù). Aus dem Chinesischen verdt. u. erl. v. Richard Wilhelm, Jena 1910

Aristoteles, Die Nikomachische Ethik, übers. u. hrsg. v. O. Gigon, München, 6. Aufl. 1986

Aristoteles: Politik, übers. u. hrsg. v. O. Gigon, München, 3. Aufl. 1978

Cicero, Marcus T.: De re publica. Vom Gemeinwesen. Lat./Deutsch, übers. u. hrsg. v. K. Büchner, Stuttgart 1981

Cicero, Marcus T.: Vom rechten Handeln, lat.-dts., hrsg. v. K. Büchner, Zürich/ Stuttgart [2]1964

Plutarch: Lebensbeschreibungen. Gesamtausgabe. Mit einer Einleitung von Otto Seel, Band I, München 1964

Isidor von Sevilla, Etymologiarum sive originum libri XX, ed. W. M. Lindsay, Oxford 1911

Digesten: Corpus Iuris Civilis, Vol. Primum, ed. Th. Mommsen (1872), retract. P. Krüger (1908), (fotomech. rec. Nachdr. d. Ausgabe von 1954), Dublin/ Zürich 1973. Volumen Secundum: Codex

Liber Extra, ed. E. Friedberg, in: Corpus Juris Canonici, Pars Secunda, (Neudr. der Ausgabe Leipzig 1881), Graz 1959, 2–928

Thomas v. Aquin, Opera omnia (= Editio Leonina), Rom 1882ff.

Marsilius von Padua, Der Verteidiger des Friedens (Defensor Pacis), auf Grund der Übers. v. W. Kunzmann bearb. u. eingel. v. H. Kusch, Teil I und II, Darmstadt 1958

Nicolaus de Cusa: De concordantia catholica libri tres, ed. emend. G. Kallen, Hamburg 1963 (Nicolai de Cusa Opera omnia, ed. cur. Acad. Heidelb. Vol. XIV)

Till Eulenspiegel. Nach den ältesten Ausgaben von 1515 und 1519, neu bearb., v. Hans Willy Mertens, Hamm in Westfalen o. J.

Machiavelli, Nicolo: Der Fürst, hrsg. v. R. Zorn, 6. Aufl. Stuttgart 1978 (Il principe)

Machiavelli, Nicolo: Gedanken über Politik und Staatsführung, hrsg. v. R. Zorn, Stuttgart 1977 (Discorsi sopra la prima decade di Tito Livio)

Montaigne, Michel de: Essais. Auswahl und Übersetzung v. Herbert Lüthy, Zürich 1953

Suárez, Francisco: Tractatus de legibus et legislatore Deo, lib. I in: F. S., Opera omnia, t. V., ed. C. Berton, Paris 1856

Pascal, Blaise: Gedanken. Eine Auswahl, übers., hrsg. u. eingel. v. E. Wasmuth, Stuttgart 1956

Hobbes, Thomas: Leviathan oder Stoff, Form und Gewalt eines bürgerlichen und kirchlichen Staates, übers. v. W. Euchner, hrsg. u. eingel. v. Iring Fetscher, Frankfurt–Berlin–Wien 1976

Locke, John: Über den menschlichen Verstand in 4 Büchern, besorgt v. Carl Winckler 1911, Hamburg 1968 (An Essay Concerning Human Understanding)

Locke, John: Über die Regierung (The Second Treatise of Government). Übers. v. D. Tidow, mit einem Nachwort v. P. C. Mayer-Tasch, Stuttgart 1974

Montesquieu, Charles-Louis de Secondat, Baron de: De l'esprit des lois, in: Oeuvres complètes, Bd. II, Paris 1949

Rousseau, Jean-Jacques: Discours sur l'origine et les fondements de l'inégalité parmi les hommes, in: Oeuvres complètes, ed. B. Gagnebin et M. Raymond, Vol. III, Paris 1964, 109–223

Rousseau, Jean-Jacques: Schriften zur Kulturkritik (Die zwei Diskurse von 1750 und 1755), hrsg. v. K. Weigand, Hamburg [2]1971

Rousseau, Jean-Jacques: Du Contrat social ou Principes du droit politique, in: Oeuvres complètes, ed. B. Gagnebin et M. Raymond, Vol. III, Paris 1964, 347–470; Der Gesellschaftsvertrag oder Die Grundsätze des Staatsrechts, übers. v. H. Denhardt, mit einem Nachwort v. H. Weinstock, Stuttgart 1971

Kant, Immanuel: Metaphysik der Sitten, in: Akademie-Ausgabe, Bd. VI, Berlin 1907, 203–493

Savigny, Friedrich Carl v.: Vom Beruf unserer Zeit für Gesetzgebung und Rechtswissenschaft, Heidelberg 1814 (Abgedruckt in: J. Stern (Hrsg.): Thibaut und Savigny. Ein programmatischer Rechtsstreit auf Grund ihrer Schriften, Berlin 1914. Nachdruck: Darmstadt 1959)

Hegel, Georg W. Fr.: Grundlinien der Philosophie des Rechts oder Naturrecht und Staatswissenschaften im Grundrisse, in: G. W. F. Hegel, Werke in zwanzig Bänden, red. E. Moldenhauer u. K. M. Michel, Bd. 7, Frankfurt 1976

Hegel, Georg W. Fr.: Enzyklopädie der philosophischen Wissenschaften 1830, in: G. W. F. Hegel, Werke in zwanzig Bänden, red. E. Moldenhauer u. K. Michel, Bde. 8–10, Frankfurt 1970

Tocqueville, Alexis de: Über die Demokratie in Amerika, übers. u. hrsg. v. J. P. Mayer, München 1976

Austin, John: The Providence of Jurisprudence Determined (1832), zusammen mit: The Uses of the study of Jurisprudence (1863), hrsg. v. H. L. A. Hart, London 1954

Comte, Auguste: Soziologie, übersetzt v. V. Dorn, 3 Bde., Jena [2]1923

Comte, Auguste: Sociologie. Textes choisies par Jean Laubier, Paris 1957 (Les Grands Textes)

Comte, Auguste: Système de politique positive ou traité de sociologie instituant la religion de l'Humanité (hier auch: Discours préliminaire sur l'ensemble du positivisme), 4 Bde., Paris 1851–1854

Comte, Auguste: Oeuvres choisies d'A. C. avec une introd. par Henri Gouhier, Paris o. J.

Comte, Auguste: Der Positivismus in seinem Wesen und seiner Bedeutung, übers. v. E. Roschlau, Lepzig 1894

Marx, Karl/Engels, Friedrich, Marx-Engels-Werke (MEW), Berlin 1961 ff.

Dostojewski, Fedor M.: Der Jüngling. Roman, übers. v. E. K. Rahsin, München 1922

Dostojewski, Fedor M.: Tagebuch eines Schriftstellers, 1. Bd. 1873, hrsg. u. übertr. v. Alexander Eliasberg, München 1921

Weber, Max: Wirtschaft und Gesellschaft. Grundriß der verstehenden Soziologie, besorgt v. J. Winckelmann, 1. Halbbd., Tübingen, 4. Aufl. 1956

Weber, Max: Gesammelte Aufsätze zur Religionssoziologie, I. Bd., Tübingen, 6. Aufl. 1972, II. Bd., Tübingen, 6. Aufl. 1978

Radbruch, Gustav: Der Mensch im Recht. Ausgewählte Vorträge und Aufsätze über Grundfragen des Rechts, Göttingen [2]1961

Radbruch, Gustav: Rechtsphilosophie, Stuttgart, 6. Aufl., nach dem Tode des Verfassers besorgt und biographisch eingel. v. Erik Wolf, 1963

Kelsen, Hans: Was ist Gerechtigkeit? Wien 1953

Kelsen, Hans: Die Reine Rechtslehre, Wien [2]1960

Hart, Herbert L. A.: Der Begriff des Rechts, Frankfurt 1973 (The Concept of Law, Oxford 1961)

Hoerster, Norbert (Hrsg.): Recht und Moral. Texte zur Rechtsphilosophie, Stuttgart 1987

Rawls, John: Eine Theorie der Gerechtigkeit, Frankfurt 1979 (A Theory of Justice, Harvard 1971)

Luhmann, Niklas: Normen in soziologischer Perspektive, in: Soziale Welt 20 (1969) 28–48

Luhmann, Niklas: Rechtssoziologie, 2 Bde., Hamburg–Reinbek 1972

Luhmann, Niklas: Die Einheit des Rechtssystems, in: Rechtstheorie 14 (1983) 129–154

Bibliographie

Adorno, Theodor W. / Horkheimer, Max: Dialektik der Aufklärung. Philosophische Fragmente (1944) (Gesammelte Schriften, Bd. 3, Frankfurt 1981)

Alexy, Robert: Theorie der juristischen Argumentation. Die Theorie des rationalen Diskurses als Theorie der juristischen Begründung, Frankfurt 1979

Alwart, Heiner: Recht und Handlung. Die Rechtsphilosophie in ihrer Entwicklung vom Naturrechtsdenken und vom Positivismus zu einer analytischen Hermeneutik des Rechts, Tübingen 1987

Arendt, Hannah: Fragwürdige Traditionsbestände im politischen Denken der Gegenwart, Frankfurt 1957

Arendt, Hannah: Macht und Gewalt, München 1970

Arendt, Hannah: Vita activa oder Vom tätigen Leben, München, 3. Aufl. 1983

Aubry, Octave: Die Französische Revolution, Bd. 1: Die Zertrümmerung des Königtums; Bd. 2: Die Republik, Erlenbach–Zürich 1948

Baczko, Bronislaw: Comment sortir de la Terreur. Thermidor et la Révolution, Paris 1989

Baratta, Alessandro: Rechtspositivismus und Gesetzespositivismus, Gedanken zu einer »naturrechtlichen« Apologie des Rechtspositivismus, in: ARSP LIV (1968) 325–350

Bassenge, Friedrich: Das Versprechen. Ein Beitrag zur Philosophie der Sittlichkeit und des Rechts, Berlin 1930

Basso, Lelio: Gesellschaftsformation und Staatsform. Drei Aufsätze. Nachwort von Oskar Negt, Frankfurt 1975

Batscha, Zwi (Hrsg.): Materialien zu Kants Rechtsphilosophie, Frankfurt 1976

Behrends, Okko: Treu und Glauben. Zu den christlichen Grundlagen der Willenstheorie im heutigen Vertragsrecht, in: Dilcher, Gerhard und Staff, Ilse (Hrsg.): Christentum und modernes Recht. Beiträge zum Problem der Säkularisation, Frankfurt 1984, 255–303

Bergson, Henri: Die beiden Quellen der Moral und der Religion, Freiburg 1980 (Les deux Sources de la Morale et de la Religion, Paris 1932)

Beyer, Wilhelm R.: Norm-Probleme in Hegels Rechtsphilosophie, in: ARSP L (1964) 561–580

Blankenburg, Erhard: Über die Unwirksamkeit von Gesetzen, in: ARSP LXIII (1977) 31–58

Blasius, Dirk: Geschichte der politischen Kriminalität in Deutschland 1880–1980. Eine Studie zu Justiz und Staatsverbrechen, Frankfurt 1983

Böckenförde, Ernst-Wolfgang: Staat, Gesellschaft, Freiheit, Frankfurt 1976

Böckle, Franz: Christlicher Glaube und Naturrecht, in: hirschberg 20 (1967), 302–305

Böckle, Franz u. Böckenförde, Ernst-Wolfgang: Naturrecht in der Kritik, Mainz 1973

Brandt, Reinhard (Hrsg.): Rechtsphilosophie der Aufklärung. Symposium Wolfenbüttel 1981, Berlin/New York 1982

Brandt, Reinhard: Das Erlaubnisgesetz, oder: Vernunft und Geschichte in Kants Rechtslehre, in: R. B. (Hrsg.), Rechtsphilosophie der Aufklärung, Berlin/New York 1982, 233–328

Braun, Edmund und Rademacher, Hans (Hrsg.), Wissenschaftstheoretisches Lexikon, Graz/Wien/Köln 1978

Brieskorn, Norbert: Verzicht und Unverzichtbarkeit im Recht. Untersuchungen zu den historischen und philosophischen Grundlagen, Stuttgart 1988

Brinz, Alois: Lehrbuch der Pandekten, Bd. I–IV, Erlangen ²1873–1892

Büchner, Karl: Römertum. Versuch einer Wesensbestimmung, Stuttgart 1980

Burger, Rudolf: Vermessungen. Essays zur Destruktion der Geschichte, Wien 1989

Cassirer, Ernst: Vom Wesen und Werden des Naturrechts, in: Zeitschrift für Rechtsphilosophie in Lehre und Praxis 6 (1932/1934) 1–27

Cavarnos, Constantine: The classical Theory of Relations. A study in the Metaphysics of Plato, Aristotle and Thomism, Belmont/Mass. 1975

Cranston, Maurice: What are human rights? London 1973

Creifelds, Carl und Meyer-Gossner, Lutz (Hrsg.): Rechtswörterbuch, München, 9. bearb. Aufl. 1988

Cremades, Juan: Rechtstheorie und Rechtspraxis, in: ARSP LVI (1970) 1–42

Del Vecchio, Giorgio: Die Gerechtigkeit, Basel ²1950

Del Vecchio, Giorgio: Überblick über die verschiedenen Richtungen der Rechtsphilosophie in neuerer Zeit, in: ARSP XLVII (1961) 203–212

Dreier, Horst: Rechtslehre, Staatssoziologie und Demokratietheorie bei Hans Kelsen, Baden-Baden 1986

Dreier, Ralf: Recht – Moral – Ideologie. Studien zur Rechtstheorie, Frankfurt 1981

Dreier, Ralf: Der Rechtsstaat im Spannungsverhältnis zwischen Gesetz und Recht, in: Juristenzeitung 40 (1985) 353–359

Dreier, Ralf: Der Begriff des Rechts, in: Neue Juristische Wochenschrift 39 (1986) 890–896

Dux, Günter: Strukturwandel der Legitimation, Freiburg/München 1976

Dworkin, Ronald: Law's Empire, London 1986

Ebbinghaus, Julius: Gesammelte Aufsätze, Vorträge und Reden, Darmstadt 1968

Ebbinghaus, Julius: Das Kantische System der Rechte des Menschen und Bürgers in seiner geschichtlichen und aktuellen Bedeutung, in: ARSP L (1964) 23–55

Eley, Lothar: Art. Positivismus, in: Wissenschaftstheoretisches Lexikon, hrsg. v. E. Braun u. H. Radermacher, Graz Wien 1978, 426–432

Engelkamp, Paul: Art. Spieltheorie, in: Staatslexikon Recht – Wirtschaft – Gesellschaft in 5. Bdn., hrsg. v. der Görres-Gesellschaft, 5. Bd., Freiburg–Basel–Wien, 7. vollstd. veränd. Aufl. 1989, 113–114

Englis, Karel: Die Norm ist kein Urteil, in: ARSP L (1964) 305–316

Erikson, Erik H.: Einsicht und Verantwortung. Die Rolle des Ethischen in der Psychoanalyse, Frankfurt 1971 (Insight and responsibility, New York 1964)

Eschenburg, Theodor: Über Autorität, Frankfurt 1965

Fahrenbach, Hans: Artikel »Mensch«, in: Handbuch philosophischer Grundbegriffe, München 1973, 888–913

Fechner, Erich: Rechtsphilosophie. Soziologie und Metaphysik des Rechts, Tübingen 1956

Fetscher, Iring: Einleitung zu: Thomas Hobbes: Leviathan, hrsg., u. eingel. v. I. Fetscher, Frankfurt/M. – Berlin – Wien 1976, IX–LXIV

Fiedler, Herbert: Mathematik und moderne Logik, in: ARSP XLVII (1961) 553–568

Fiedler, Herbert: Juristische Logik in mathematischer Sicht. Einige Bemerkungen und Beispiele, in: ARSP LII (1966) 93–116

Fikentscher, Wolfgang: Methoden des Rechts in vergleichender Darstellung, Bd. I: Frühe und religiöse Rechte. Romanischer Rechtskreis, Tübingen 1975

Finer, Samuel E.: The Man on Horseback. The Role of the Military in Politics, London 1962

Foucault, Michel: Überwachen und Strafen, Frankfurt 1975

Foucault, Michel: Mikrophysik der Macht, Berlin 1976

Funke, Gerhard: Ethos: Gewohnheit, Sitte, Sittlichkeit, in: ARSP XLVII (1961) 1–80

Galtung, Johan: Strukturelle Gewalt. Beiträge zur Friedens- und Konfliktforschung, Hamburg–Reinbek 1978

Geddert, Heinrich: Recht und Moral. Zum Sinn eines alten Problems, Berlin 1984 (Schriften zur Rechtstheorie Heft 111)

Gemmingen, Hans Dieter Frhr. v.: Strafrecht im Geiste Adolf Hitlers, Heidelberg 1933

Gethmann, Carl F.: Art. Deontische Logik, in: Wissenschaftstheoretisches Lexikon, hrsg. v. E. Braun u. H. Radermacher, Graz–Wien–Köln 1978, 115–117

Gigon, Olof/Fischer, Michael W. (Hrsg.), Antike Rechts- und Sozialphilosophie, Frankfurt–Bern–New York–Paris 1988 (Salzburger Schriften zur Rechts-, Staats- und Sozialphilosophie Bd./Vol. 6)

Gneuss, Christian und Kocka, Jürgen (Hrsg.): Max Weber. Ein Symposion, München 1988

Grathoff, Richard: Über die Einfalt der Systeme in der Vielfalt der Lebenswelt. Eine Antwort auf Niklas Luhmann, in: ARSP LXXIII (1987) 251–263

Habermas, Jürgen / Luhmann, Niklas: Theorie der Gesellschaft oder Sozialtechnologie – Was leistet die Systemforschung? Frankfurt 1974

Habermas, Jürgen: Theorie des kommunikativen Handelns, Bd. 1: Handlungsrationalität und gesellschaftliche Rationalisierung, Bd. 2: Zur Kritik der funktionalistischen Vernunft, Frankfurt [2]1982

Hacker, Peter M. S.: Bentham's Theory of Action and Intention, in: ARSP LXII (1976) 89–110

Haeffner, Gerd: Philosophische Anthropologie. Grundkurs Philosophie 1, Stuttgart Berlin Köln [2]1989

Haksar, Vinit: The Nature of Rights, in: ARSP LXIV (1978) 183–204

Hare, Richard M.: Freiheit und Vernunft, Düsseldorf 1973 (Freedom and Reason, London–Oxford–New York 1963)

Hart, Herbert L. A.: The Morality of the Criminal Law. Two Lectures, Oxford–London 1965

Hart, Herbert L. A.: Recht und Moral. Drei Aufsätze. Aus dem Englischen übers. u. mit einer Einf. hrsg. v. Norbert Hoerster, Göttingen 1971

Hegselmann, Rainer: Art. Empirismus, in: Wissenschaftstheoretisches Lexikon, hrsg. v. E. Braun u. H. Radermacher, Graz Wien Köln 1978, 126–127

Heidsieck, Francois: La Vertu de Justice, Paris 1970

Heinrichs, Johannes: Freiheit – Sozialismus – Christentum. Um eine kommunikative Gesellschaft, Bonn 1978

Heller, Hermann: Staatslehre, hrsg. v. Gerhart Niemeyer, Leiden 1934

Henke, Wilhelm: Recht und Staat. Grundlagen der Jurisprudenz, Tübingen 1988

Henkel, Heinrich: Einführung in die Rechtsphilosophie. Grundlagen des Rechts, München [2]1977

Heyen, Erk V.: Probleme einer »Ethik öffentlicher Entscheidungsprozesse«, in: ARSP LXIII (1977) 261–266

Heyland, Carl: Das Widerstandsrecht des Volkes gegen verfassungswidrige Ausübung der Staatsgewalt im neuen deutschen Verfassungsrecht, Tübingen 1950

Höffe, Otfried: Strategien der Humanität, München 1987

Höffe, Otfried: Naturrecht – ohne naturalistischen Fehlschluß. Ein rechtsphilosophisches Programm, in: Klagenfurter Beiträge zur Philosophie, hrsg. v. J. Huber u. Th. Macho, Wien 1980

Höffe, Otfried: Politische Gerechtigkeit. Grundlegung einer kritischen Philosophie von Recht und Staat, Frankfurt 1987

Hoerster, Norbert: Zum Problem der Ableitung eines Sollens aus einem Sein in der analytischen Moralphilosophie, in: ARSP LV (1969) 11–39

Hoerster, Norbert: Zur logischen Möglichkeit des Rechtspositivismus, in: ARSP LVI (1970) 43–59

Hoerster, Norbert: Rez. v. Robert Nozick, Anarchy, State and Utopia, Oxford 1974, in: ARSP LXIV (1978) 114–116

Hoerster, Norbert: Die rechtsphilosophische Lehre vom Rechtsbegriff, in: Juristische Schulung (JuS) 27 (1987), 181–188

Hofmann, Hasso: Natur und Naturschutz im Spiegel des Verfassungsrechts, in: Juristenzeitung 43 (1988) 265–278

Hruschka, Joachim: Zum Problem der Verbindlichkeit von Rechtsnormen. Die Thesen Rupert Schreibers von der ›Unverbindlichkeit der Verbindlichkeit‹, in: ARSP LIV (1968) 159–178

Huizinga, Johan: Homo ludens. Versuch einer Bestimmung des Spielelementes der Kultur, Amsterdam 1939

Jellinek, Georg: Die socialethische Bedeutung von Recht, Unrecht und Strafe, Wien 1878

Jellinek, Georg: System der subjektiven öffentlichen Rechte (Nachdr. der Ausg. v. [2]1905), Darmstadt 1963

Jellinek, Georg: Allgemeine Staatslehre, Berlin, 3. Aufl. 1914

Kantorowicz, Hermann U. (Gnaeus Flavius): Der Kampf um die Rechtswissenschaft, Heidelberg 1906

Kantorowicz, Hermann U.: Zur Lehre vom richtigen Recht, Berlin/Leipzig 1909

Kaufmann, Arthur: Das Schuldprinzip. Eine strafrechtlich-rechtsphilosophische Untersuchung, Heidelberg 1961

Kaufmann, Arthur (Hrsg.): Widerstandsrecht, Darmstadt 1972 (Wege der Forschung Bd. CLXXIII)

Kaufmann, Arthur: Vorüberlegungen zu einer juristischen Logik und Ontologie der Relationen. Grundlegung einer personalen Rechtstheorie, in: Rechtstheorie 17 (1986) 257–276

Kaufmann, Arthur / Hassemer, Winfried (Hrsg.): Einführung in Rechtsphilosophie und Rechtstheorie der Gegenwart, Heidelberg Karlsruhe, 5. neubearb. Aufl. 1989

Kerber, Walter: Gerechtigkeit, in: Christlicher Glaube in moderner Gesellschaft, hrsg. v. F. Böckle u.a., Teilbd. 17, Freiburg–Basel–Wien [2]1981, 8–11, 20–75

Kersting, Wolfgang: Wohlgeordnete Freiheit. Immanuel Kants Rechts- und Staatsphilosophie, Berlin / New York 1984 (Quellen und Studien zur Philosophie 20)

Kimmel, Hans: Die Aktualität Kelsens, in: ARSP XLVII (1961) 289–299

Kimminich, Otto: Einführung in das Völkerrecht, Pullach b. München 1975

Kirchheimer, Otto: Politische Justiz. Verwendung juristischer Verfahrensmöglichkeiten zu politischen Zwecken, Neuwied 1965

Kirchheimer, Otto: Politische Herrschaft. Fünf Beiträge zur Lehre vom Staat, Frankfurt, 4. Aufl. 1981

Klami, Hannu Tapani: Multirationalität und der juristische Diskurs. Betrachtungen zur Logik des Rechts, in: Krawietz, Werner u. Ott, Werner (Hrsg.): Formalismus und Phänomenologie im Rechtsdenken der Gegenwart. Festgabe für Alois Troller zum 80. Geburtstag, Berlin–München 1987, 215–228

Klaus, Georg: Spieltheorie in philosophischer Sicht, Berlin 1968

Korthals-Beyerlein, Gabriele: Soziale Normen. Begriffliche Explikation und Grundlagen empirischer Erfassung, München 1979

Krawietz, Werner u. a. (Hrsg.): Theorie der Normen. Festgabe für O. Weinberger, Berlin 1984

Krawietz, Werner u. Ott, Werner (Hrsg.): Formalismus und Phänomenologie im Rechtsdenken der Gegenwart. Festgabe für Alois Troller zum 80. Geburtstag, Berlin–München 1987

Krawietz, Werner: Neues Naturrecht oder Rechtspositivismus? Eine kritische Auseinandersetzung mit dem Begriff des Rechts bei Ralf Dreier und Norbert Hoerster, in: Rechtstheorie 18 (1987) 209–254

Krempel, A.: La doctrine de la Relation chez Saint Thomas. Exposé historique et systématique, Paris 1952

Kriele, Martin: Recht und praktische Vernunft, Göttingen 1979 (Kl. Vanden-hoeck-Reihe 1453)

Krings, Hermann: Ordo. Philosophisch-Historische Grundlegung einer abend-ländischen Idee, Halle/Saale 1941

Krings, Hermann: System und Freiheit, Ges. Aufsätze, Freiburg–München 1980

Kronman, Anthony T.: Max Weber, London 1983

Küchenhoff, Günther: Naturrecht und Liebesrecht, Hildesheim [2]1962

Küchenhoff, Günther: Rechtsbesinnung. Eine Rechtsphilosophie, Göttingen 1973

Kühnhardt, Ludger: Die Universalität der Menschenrechte. Studie zur ideen-geschichtlichen Bestimmung eines politischen Schlüsselbegriffs, München 1987

Kuhlmann, Hartmut: Aufnahme der Mitgeschöpflichkeit im Grundgesetz?, in: Juristenzeitung 45 (1990) 162–175

Kußbach, Erich: Recht und Kultur. Der Rechtsbegriff bei Huizinga, in: ARSP LIV (1968) 179–216

Lachance, Louis O. P.: Le concept de droit selon Aristote et S. Thomas, Ottawa–Montréal [2]1948

Landau, Peter: Hegels Begründung des Vertragsrechts, in: ARSP LIX (1973) 117–137

Larenz, Karl: Methodenlehre der Rechtswissenschaft, München, 5. Aufl. 1983

Larenz, Karl: Richtiges Recht. Grundzüge einer Rechtsethik, München 1979

Ledig, Gerhard: Philosophie der Strafe bei Dante und Dostojewski, Weimar 1935

Legaz y Lacambra, Luis: Rechtsphilosophie, Neuwied a. Rh.–Berlin–Spandau 1965 (Filosofía del Derecho, Barcelona 1961)

Legaz y Lacambra, Luis: Die soziale Struktur und die Formen des Rechts, in: ARSP Beiheft Nr. 38 (1960) 15–37

Leser, Norbert: Sozialphilosophie, Wien–Köln 1984

Liebrucks, Bruno: Wege zum Bewußtsein. Sprache und Dialektik in den ihnen von Kant und Marx versagten, von Hegel eröffneten Räumen, Frankfurt 1966 (Sprache und Bewußtsein: 3. Bd.)

Luf, Gerhard: Freiheit und Gleichheit. Die Aktualität im politischen Denken Immanuel Kants, Wien–New York 1978 (Forschungen aus Staat und Recht 42)

Maihofer, Werner (Hrsg.): Naturrecht oder Rechtspositivismus? Darmstadt 1962 (Wege der Forschung Bd. XVI)

Maihofer, Werner (Hrsg.): Begriff und Wesen des Rechts, Darmstadt 1973 (Wege der Forschung Bd. LXXIX)

Marcic, René: Geschichte der Rechtsphilosophie. Schwerpunkte – Kontrapunkte, Freiburg 1971

Marquard, Odo: Hegel und das Sollen, in: Philosophisches Jahrbuch 72 (1964) 103–119

Mazurek, Per: Analytische Rechtstheorie, in: Kaufmann, Arthur / Hassemer, Winfried (Hrsg.): Einführung in Rechtsphilosophie und Rechtstheorie der Gegenwart, Heidelberg/Karlsruhe, 5. neubearb. Aufl. 1989, 293–305

Menne, Albert: Zum logisch-ontologischen Status von Gesetzen (Zusammenfassung), in: Zeitgenössische Rechtskonzeptionen IVR 9. Weltkongreß, ed. P. Trappe, ARSP Suppl. Vol. I. Part. I, Wiesbaden 1982, 198 f.

Meyer-Hesemann, W.: Rezensionsabhandlung. Abschied vom sogenannten Rechtsgefühl, in: ARSP 73 (1987) 405–411

Moles, Robert N. (Hrsg.): Law and Economics (Assoc. for Legal and Social Philosophy IVR, Belfast 1987), Stuttgart 1988 (ARSP-Beiheft Nr. 34)

Morscher, Edgar / Zecha, Gerhard: Wozu deontische Logik?, in: ARSP LVIII (1972) 363–378

Murhard, Friedrich: Über Widerstand, Empörung und Zwangsübung der Staatsbürger gegen die bestehende Staatsgewalt in sittlicher und rechtlicher Beziehung. Allgemeine Revision der Lehren und Meinungen über diesen Gegenstand (Neudr. der Ausgabe Braunschweig 1832), Aalen 1969

Naucke, Wolfgang, Rechtsphilosophische Grundbegriffe, Frankfurt [2]1986 (Juristische Lernbücher 19)

Negt, Oskar/Kluge, Alexander: Geschichte und Eigensinn, Frankfurt 1981

Neumann, John v. und Morgenstern, Oskar: Spieltheorie und wirtschaftliches Verhältnis, unter Mitwirkung v. J. Docquier, hrsg. v. F. Sommer, Würzburg, 3. Aufl. 1973 (Theory of Games and Economic Behavior, Princeton [N.J.], 3. Aufl. 1953)

Noll, Peter: Gesetzgebungslehre, Hamburg–Reinbek 1973 (rororo studium hrsg. v. E. Grassi)

Oberer, Hariolf: Praxisgeltung und Rechtsgeltung, in: Lehrstücke der praktischen Philosophie und der Ästhetik. Hrsg. v. Karl Bärthlein und Gerd Wolandt, Basel–Stuttgart 1977

Obermayer, Klaus: Über das Rechtsgefühl, in: Juristenzeitung 41 (1986) 1–5

Ott, Walter: Der Rechtspositivismus. Kritische Würdigung auf der Grundlage eines juristischen Pragmatismus, Berlin 1976

Patzig, Günther: Art. Positivismus, in: Die Religion in Geschichte und Gegenwart, 5. Bd., Tübingen, 3. Aufl. 1961, 473–476

Patzig, Günther: Ethik ohne Metaphysik, Göttingen 1971

Patzig, Günther: Die Begründung moralischer Normen, in: Logik. Ethik. Theorie der Geisteswissenschaften. XI. Deutscher Kongreß für Philosophie, Göttingen 5.–9. Okt. 1975, hrsg. v. G. Patzig, E. Scheibe u. W. Wieland, Hamburg 1977, 7–19

Pawlowski, Hans-Martin: Die Aufgabe des Richters bei der Bestimmung des Verhältnisses von Recht, Sittlichkeit und Moral, in: ARSP L (1964) 503–519

Perelman, Chaim: Über die Gerechtigkeit. Fünf Vorlesungen, in: ARSP LI (1965) 167–231

Perelman, Chaim: Juristische Logik als Argumentationslehre, Freiburg–München 1979 (Logique Juridique, Paris 1976)

Petev, Valentin: Kritik der marxistisch-sozialistischen Rechts- und Staatsphilosophie, Berlin 1989 (Münster. Beitr. z. Rechtswiss. 37)

Peukert, Detlev J. K.: Max Webers Diagnose der Moderne, Göttingen 1989

Philipps, Lothar: Rechtliche Regelung und formale Logik, in: ARSP L (1964) 317–329

Philipps, Lothar: Sinn und Struktur der Normlogik, in: ARSP LII (1966) 195–219

Pieper, Josef: Das Viergespann. Klugheit, Gerechtigkeit, Tapferkeit, Maß, München 1964

Popper, Karl R. / Eccles John C.: Das Ich und sein Gehirn, München–Zürich 1982

Preuß, Ulrich K.: Die Internalisierung des Subjekts. Zur Kritik der Funktionsweise des subjektiven Rechts, Frankfurt 1979

Preuß, Ulrich K.: Politische Verantwortung und Bürgerloyalität. Von den Grenzen der Verfassung und des Gehorsams in der Demokratie, Frankfurt 1986

Reich, Norbert (Hrsg.): Marxistische und sozialistische Rechtstheorie, Frankfurt 1972

Reik, Theodor: Geständniszwang und Strafbedürfnis, Leipzig 1925

Reiner, Hans: Selbstbestimmungsrecht und Demokratie, in: ARSP XLVII (1961) 477–502

Reiner, Hans: Grundlagen, Grundsätze und Einzelnormen des Naturrechts, Freiburg–München 1964

Reiner, Hans: Art. Ethos, in: Historisches Wörterbuch der Philosophie, Bd. 2, Darmstadt 1972, 812–815

Réndon Vásquez, Jorge: El derecho como norma y relación social. Introducción al Derecho, Lima 1984

Ricken, Friedo: Allgemeine Ethik, Stuttgart–Berlin–Köln [2]1989

Riedel, Manfred (Hrsg.): Materialien zu Hegels Rechtsphilosophie, 2. Bd., Frankfurt 1975

Riezler, Erwin: Das Rechtsgefühl – Rechtspsychologische Betrachtungen, München [2]1946

Ritter, Joachim: Metaphysik und Politik, Frankfurt 1969

Rodingen, Hubert: Ansätze zu einer sprachkritischen Rechtstheorie, in: ARSP LVIII (1972) 161–183

Roellecke, Gerd (Hrsg.): Rechtsphilosophie oder Rechtstheorie?, Darmstadt 1988 (Wege der Forschung Bd. 644)

Rombach, Heinrich: Substanz, System, Struktur, Bd. I, Freiburg 1965, Bd. II, Freiburg 1966

Rommen, Heinrich: Die ewige Wiederkehr des Naturrechts, München [2]1947

Rossi, Pietro: Vom Historismus zur historischen Sozialwissenschaft. Heidelberger Max Weber-Vorlesung 1985, Frankfurt 1987

Rümelin, Gustav: Rechtsgefühl und Gerechtigkeit, Tübingen 1875

Rümelin, Gustav: Über das Rechtsgefühl (1871), in: Reden und Aufsätze, Bd. 1, Freiburg 1875, 62–87 (Rede als Kanzler der Universität Tübingen (6.11.1871)

Rümelin, Max: Die Billigkeit im Recht, Tübingen 1921

Salomon, Max: Der Begriff der Gerechtigkeit bei Aristoteles nebst einem Anhang über den Begriff der Tauschgerechtigkeit, Leiden 1937

Sartorius Rolf: The Concept of Law, in: ARSP LII (1966) 161–193

Schelauske, Hans Dieter: Naturrechtsdiskussion in Deutschland. Ein Überblick über zwei Jahrzehnte 1945–1965, Köln 1968

Schellens, Armin: Das Rechts- und Staatsdenken in der Philosophie von Auguste Comte (Dissert. Druck), München 1965

Schelsky, Helmut: Ist die Dauerreflexion institutionalisierbar? Zum Thema einer modernen Religionssoziologie, in: ZfEvEthik 1 (1957) 153–174

Schiedermair, Rudolf: Juristische Kuriositäten – Ernstes und Heiteres, in: Bayerische Verwaltungsblätter 31 (1985) 457–461

Schindler, Dietrich: Verfassungsrecht und soziale Struktur, Zürich, 3. Aufl. 1950

Schmidt, Jürgen: Zur Funktion der subjektiven Rechte, in: ARSP LVII (1971) 383–397

Schmidt, Siegfried J. (Hrsg.): Der Diskurs des Radikalen Konstruktivismus, Frankfurt 1988

Schmitt, Carl: Legalität und Legitimität, München–Leipzig 1932

Schmitt, Carl: Der Begriff des Politischen. Text von 1932 mit einem Vorwort und drei Corrollarien, Berlin 1963

Schmitt, Carl: Über die drei Arten des rechtswissenschaftlichen Denkens, Hamburg 1934

Schmitt, Carl: Theorie des Partisanen. Zwischenbemerkung zum Begriff des Politischen, Berlin [2]1975

Schneider, Peter: Dolf Sternberger und der Begriff des Politischen, in: ARSP LXXIV (1988) 102–113

Schnoor, Christian: Kants kategorischer Imperativ als Kriterium der Richtigkeit des Handelns, Tübingen 1989 (Tübinger Rechtswissenschaftliche Abhandlungen Bd. 67)

Schnur, Roman (Hrsg.): Zur Geschichte der Erklärung der Menschenrechte, Darmstadt [2]1974 (Wege der Forschung Bd. XI)

Schröder, Friedrich-Christian: Der Schutz von Staat und Verfassung im Strafrecht. Eine systematische Darstellung, entwickelt aus Rechtsgeschichte und Rechtsvergleichung, München 1970

Schubert, Venanz (Hrsg.): Die Französische Revolution: Wurzeln und Wirkungen. Eine Ringvorlesung der Univ. München 1989 (Wissenschaft und Philosophie Bd. 7)

Schulthess, Peter: Relation und Funktion. Eine systematische und entwicklungsgeschichtliche Untersuchung zur theoretischen Philosophie Kants, Berlin–New York 1981

Schwartländer, Johannes (Hrsg.): Modernes Freiheitsethos und Christlicher Glaube. Beiträge zur juristischen, philosophischen und theologischen Bestimmung der Menschenrechte, München 1981 (Entwicklung und Frieden: Wiss. Reihe 24)

Schweitzer, Wolfgang: Verwirklichung des Rechts unter der Verkündigung des Evangeliums, in: ZfEvEthik 8 (1964) 193–219

Senger, Hans v.: Einflüsse traditionellen Rechtsdenkens in der Volksrepublik China, in: Zeitgenössische Rechtskonzeptionen. IVR 9. Weltkongreß: ARSP, Suppl. I. 2, Wiesbaden 1982, 93–103

Sherif (Sarif), Muzaffar: The Psychology of social Norms. Introd. by Gardner Murphy, New York–London 1966

Simmel, Georg: Über sociale Differenzierung. Sociologische und psychologische Untersuchungen, Leipzig 1890

Sitter, Beat: Naturrecht in der Perspektive der Philosophie der Existenz M. Heideggers, in: Zeitgenössische Rechtskonzeptionen. IVR 9. Weltkongreß, ARSP Suppl. I. 2, Wiesbaden 1982, 351–364

Soulez Larivière, Daniel: Des juges dans la balance, Paris 1987

Stammler, Rudolf: Rechtsphilosophische Abhandlungen und Vorträge, 1. Band: 1888–1913; 2. Band: 1914–1924, Charlottenburg 1925

Steinvorth, Ulrich: Stationen der politischen Theorie. Hobbes, Locke, Rousseau, Kant, Hegel, Marx, Weber, Stuttgart 1981

Stranzinger, Rudolf: Der Normbegriff bei Kelsen, in: ARSP LXIII (1977) 399–401

Stüttler, Josef A.: Das Widerstandsrecht und seine Rechtfertigungsversuche im Altertum und im frühen Christentum, in: ARSP LI (1965) 495–541

Tammelo, Ilmar: Contemporary Developments of the Imperative Theory of Law. A Survery and Appraisal, in: ARSP XLIX (1963) 255–277

Tammelo, Ilmar: Rez. v. »Logische Struktur von Normensystemen ...« 1970, in: ARSP LX (1974) 566–568

Thyssen, Johannes: Zur Rechtsphilosophie des Als-Seins, in: ARSP XLIII (1957) 87–96

Troeltsch, Ernst: Das stoisch-christliche Naturrecht und das moderne profane Naturrecht, in: Gesammelte Schriften Bd. IV, Tübingen 1925, 166–191

Trude, Peter: Der Begriff der Gerechtigkeit in der aristotelischen Rechts- und Staatsphilosophie, Berlin 1955 (Neue Kölner rechtswissenschaftliche Abhandlungen 3)

Verdross, Alfred: Abendländische Rechtsphilosophie. Ihre Grundlagen und Hauptprobleme in geschichtlicher Schau, Wien [2]1963

Verdross, Alfred: Die aristotelische Naturrechtslehre, in: ARSP LVI (1970) 527–537

Villey, Michel: Philosophie du droit. I. Définitions et fins du droit, Paris [2]1978, II. Les moyens du droit, Paris 1979

Villey, Michel: Questions de Saint Thomas sur le droit et la politique ou le bon usage des dialogues, Paris 1987

Virt, Günter: Epikie-verantwortlicher Umgang mit Normen. Eine historisch-systematische Untersuchung, Mainz 1983 (Tübinger theologische Studien 21)

Vries, Josef de: Grundbegriffe der Scholastik, Darmstadt 1980

Welding, Steen O.: Die normativen Grundlagen des Gleichheitsprinzips, in: ARSP LXXII (1986) 53–66

Weinberger, Ota: Logische Analyse in der Jurisprudenz, Berlin 1979 (= [1])

Weinberger, Christiane und Ota: Logik, Semantik, Hermeneutik, München 1979 (= [2])

Wesenberg, Gerhard / Wesener, Gunter: Neuere deutsche Privatrechtsgeschichte im Rahmen der europäischen Rechtsentwicklung, Lahr / Schwarzwald, 3. erw. Aufl. 1976

Windscheid, Bernhard: Lehrbuch des Pandektenrechts, 1. Bd., Frankfurt, 6. Aufl. 1887

Wolf, Erik: Das Recht des Nächsten. Ein rechtstheologischer Entwurf, Frankfurt 1958

Wolf, Erik: Art. Naturrecht. I. Profanes Naturrecht, in: Die Religion in Geschichte und Gegenwart, 4. Bd., Tübingen, 3. Aufl. 1960, 1353–1359

Wolf, Erik: Grotius, Pufendorf, Thomasius. Drei Kapitel zur Gestaltungsgeschichte der Rechtswissenschaft, Tübingen 1927

Wolf, Ernst: Art. Naturrecht II. Christliches Naturrecht, in Die Religion in Geschichte und Gegenwart, 4. Bd., Tübingen, 3. Aufl. 1960, 1359–1365

Wolzendorf, Kurt: Staatsrecht und Naturrecht in der Lehre vom Widerstandsrecht des Volkes gegen rechtswidrige Ausübung der Staatsgewalt (Neudr. d. Ausgabe Breslau 1916), Aalen 1961

Wright, Georg H. v., Handlung, Norm und Intention (Aufsatzsammlung), Berlin/New York 1977

Wörterbücher

Deutsches Wörterbuch, v. J. u. W. Grimm, Leipzig 1865 ff.

Etymologisches Wörterbuch der deutschen Sprache, hg. v. Kluge F. und Mitzka W., 21. Aufl., Berlin–New York 1975

Lateinisch-Deutsches Handwörterbuch in zwei Bänden, v. H. Georges, Nachdr. der 8. Aufl., Darmstadt 1983

Philosophisches Wörterbuch, hg. v. W. Brugger, 15. Aufl., Freiburg 1978

Handbuch philosophischer Grundbegriffe, hg. v. H. Krings, H. M. Baumgartner, C. Wild, München 1973

Historisches Wörterbuch der Philosophie, hg. v. J. Ritter u. K. Gründer, Basel 1971 ff.

Namenregister

Sachregister